이름	주소
1	건원릉	(건원릉) 구리시 동구릉로 197 (신덕왕후 정릉) 서울 성북구 정릉동 635-1
2	가락군	(가락군 묘) 인천시 강화군 불은면 두운리 산 297
3	이항복	(이항복 묘)포천시 가산면 금현리 산 4-2 (백사의 조부) 포천시 가산면 금현리 산 2
4	신빈김씨	경기도 화성시 남양동 산 131-17
5	청풍김씨	(안동권씨 할머니) 의왕시 고천동 산31
6	이규보	(이규보의 묘) 인천시 강화군 길상면 길직리 산115
7	안동김씨	(김번의 묘) 남양주시 와부읍 덕소리 산 5 (김상헌의 5대조) 안동시 풍산읍 소산리 산26-1
8	대구서씨	(서성의 묘) 포천시 설운동 산 1-14
9	월사문중	(이정구의 묘) 가평군 상면 태봉리 산 115-1
10	해주오씨	안성시 양성면 덕봉리 산 47-1
11	창녕조씨	화성시 매송면 야목리 산78-1
12	여흥민씨	(민심언의 묘) 김포시 월곶면 개곡리 산 119-1
13	풍산홍씨	(홍이상 외 문중묘) 고양시 일산동구 성석동 산 56-1
14	남이장군	화성시 비봉면 남전리 산145
15	박순부인	(부인 장흥임씨) 경기도 고양시 일산동구 성석동 산 200
16	월산대군	(월산대군 묘) 고양시 덕양구 신원동 산 16-35 (김씨부인의 묘) 고양시 덕양구 신원동 산 11-28 (박원종 외 문중묘) 남양주시 와부읍 도곡리 산 31

지은이 도운 박영진(朴英鎭)

1943년 경기도 평택출생으로 국립교통고등학교를 졸업하고, 명지대학교 경영학과 3학년 중퇴 후 자영업에 종사하였다. 30여 년간 풍수학회 차원에서 현장을 답사하고 기록을 남겼는데, 우리 선조들의 자취에 대한 감명을 독자 여러분들과 함께 나누고자 이 책을 내게 되었다.

현 「동방문화대학원 대학교」 평생교육원 교수, 「한국옥룡지리학회」 회장, 「한국전통과학학술회」 고문으로 활동 중이다.

대유교양시리즈【1】   **도운의 풍수유람 1**   경기도 충청도

- 초판 인쇄   2015년 6월 15일
- 초판 발행   2015년 6월 20일
- 글/사진   박영진
- 편집   윤상철 이연실
- 표지글씨   한혜숙
- 발행인 윤상철   발행처 대유학당 since1993
- 출판등록 2002년 4월 17일   제305-2002-000028호
- 주소 서울 동대문구 휘경동 258 서신빌딩 402호
- 전화 (02)2249-5630~1
- 홈페이지 http//www.daeyou.net 대유학당

- 여러분이 지불하신 책값은 좋은 책을 만드는데 쓰입니다.
- ISBN 978-89-6369-060-5
  ISBN 978-89-6369-061-2(세트)
- 정가 **18,000원**
- 이 책의 내용에 대한 재사용은 저작권자와 대유학당의 동의를 받아야만 가능합니다.
- 문의사항(오탈자 포함)은 저자 또는 대유학당의 홈페이지에 남겨 주세요.

이 도서의 국립중앙도서관 출판예정도서목록(CIP)은 서지정보유통지원시스템 홈페이지(http://seoji.nl.go.kr)와 국가자료공동목록시스템(http://www.nl.go.kr/kolisnet)에서 이용하실 수 있습니다.(CIP제어번호: CIP2015015526)

❶ 경기도 충청도

머리말

풍수 학인으로 30여 년을 지내다보니 어느덧 많은 자료가 쌓였다. 하나하나가 발로 뛰어서 수집한 소중한 자료들이다. 그것을 본 주변의 학우와 선후배 동료들이 꼭 정리해서 책으로 출간했으면 하는 소망을 말했고, 고심 끝에 이 책을 내기로 하였다.

나는 「한국옥룡지리학회」 회장으로 10년이 넘도록 활동하고 있지만, 지금도 내 조상과 나의 가문을 위한 풍수를 연구하는 사람이지, 무슨 풍수사, 지사, 지관이라는 호칭을 싫어한다. 24대를 내려오는 대종손 집안에서 태어났기 때문에 숭조사상과 충효사상을 대물림 받은 유교의 관습이 몸에 배었고, 그래서 나도 모르게 선택의 여지없이 풍수를 연구하게 되었을 뿐이다.

처음 10년은 풍수에 관한 서적이라면 이것저것 가릴 것 없이 탐독을 하고 각종 강좌도 열심히 따라 다녔는데, 주장하는 사람에 따라 풍수이론이 제각각이어서 크게 혼란스러웠다. 더 큰 문제는 똑같은 장소를 두고도 각기 평가가 다를 뿐만 아니라, 같은 서책 내에서도 대입하는 공식에 따라서 대명당이 될 수도 있고 망지가 될 수도 있다는 이론을 내세우는 것이었다.

40대 초반에 훌륭한 지관을 찾아 나섰다가, 우연히 하남(장용득) 선생을 모시고 매월 현장을 답사하는 「요산동지회」를 알게 된 것이

나에게는 큰 행운이었다. 실제에 맞는 이론을 알게 된 것이다.

그 후 전국의 각 지방마다 특색 있는 풍수의 현장을 찾아 이론과 실제가 부합되는지를 살폈다. 그렇게 이론과 실제를 비교하면서 30여 년을 다니며 연구했지만 아직도 미흡한 점이 많다.

풍수이론은 크게 두 가지로 나눈다. 산천형세를 중요시하는 형기론이 있고, 좌향과 음양오행을 접목시킨 이기론이 있다. 하나를 더 추가한다면 영적으로 판별하는 영감도 있다. 좋은 길지를 찾으려면 먼저 산천형세를 살펴야 할 것이고, 길지를 찾은 다음에는 향법에 부합되는지를 살피는 것이 순서인데, 두 가지 법술이 일치할 확률이 대략 8할이다. 나머지 2할을 채우기 위해서 영적으로 살피는 것이지만, 이는 인간의 영역이 아니라 객관성이 결여되므로 신중을 기할 문제이다.

다른 분야와 마찬가지로, 풍수에서도 처음에는 이론무장을 완벽하게 해야 하지만, 어느 선을 넘은 뒤부터는 그렇게 중요시하던 이론이라도 버릴 줄 알아야 한다. 그래서 고서에서 "산에 들 때는 나반 羅盤을 버려라."고 말한 것이다. 풍수가 이론과 공식으로 다 된다면, 지난 수천 년을 지나오면서 찾지 못한 좋은 혈처가 아직도 남아있을 수 있겠는가? 80년대 초 젊은 시절에는 수석에 매료된 적이 있었는데, 수석산지로 유명한 충주댐 수몰지구인 남한강변의 자갈밭을 수없이 다녔다. 그런데 재미있는 것은, 수많은 사람이 밟고 지나간 뒤에도 아주 값진 희귀석이 발견되곤 한다는 것이다. 마찬가지로 필자는 아직도 주인을 기다리고 있는 명당이 도처에 있다고 믿고 있다.

"인걸은 지령이라!" 크고 작은 인물이 태어나는 것은 산천정기의 역량에 따라 일어나는 것이다. 산과 들이 청수하고 유정한 곳에서 국량이 큰 인물이 난다는 것은 너무나도 당연하다. 한반도는 산세가 발달하고 지기가 왕성한 곳이다. 지구상 어느 곳 보다 풍수의 역할이 큰 땅이다. 조상의 유택을 잘 선정하여 조상을 받듦은 둘론이고, 가문을 빛내고, 나아가 국가와 사회의 기둥이 될 후손을 얻기 위해서도 풍수가 필요하다. 필자 역시 그러한 숭조사상을 이어나가고 인재를 배출시키는데 작은 도움이라도 되었으면 하는 마음으로 이 책을 집필한 것이다.

 이 책에 실린 관산 평은 지난 30여 년간 모아둔 답산 기록을 토대로 한 것이다. 저자의 주관적인 생각보다는, 각처에서 참가한 저명한 풍수 학인들의 객관적인 논평을 옮기도록 노력하였다. 다만 선인들의 아름다운 이야기를 글 솜씨가 부족하여 온전히 전하지 못하는 송구스러운 마음 금할 길이 없고, 혹 타문중의 역사기록과 선대묘역 감평에 미흡한 점이 있더라도 선처 있기를 바란다.

 끝으로 이 책을 출간할 수 있도록 많은 도움을 준 진선득 학우, 그리고 이 책의 가치를 인정해서 흔쾌히 출판에 동의한 대유학당의 윤상철 대표와 어려운 편집을 감내하고 아름답고 보기 좋은 책으로 꾸민 이연실 편집인에게 그동안의 노고에 감사드리고 싶다.

2015년 6월
일산 서재에서 도운 박영진

일러두기

1. 이 책은 필자가 수십 년간 전국의 산하를 다니면서 보고 듣고 느낀 것과 그 배경을 기록한 것이다.

2. 전문적인 풍수책이라기 보다는, 풍수에 관심있는 독자들이 사전에 정보를 입수해서 직접 답사할 수 있도록 만들었다.

3. 한 권으로 묶기에는 내용이 많아 둘로 나누었는데, 1권은 경기도와 충청도편, 2권은 강원도·경상도·전라도 편이다.

4. 독자의 이해를 돕기 위해 필자가 직접 사진을 찍고 그림을 그렸으며, 기맥도는 구글에서 사진을 옮겨와 필자가 표시를 한 것이다.

5. 부록에는 필자의 풍수사상에 지대한 영향을 끼친 스승 이선형 님의 행적과 가르침을 기술해서, 장례문화에 대해 생각해 보는 지면을 만들었다.

6. 풍수용어에 익숙하지 않은 분들을 위해, 부록에 간단하고 기초적인 풍수용어와 해설을 넣었고, 찾아보기를 두었다.

목 차

머 리 말   4
일러두기   7
목 차   8

제 1부. 경기도 지역

1. 조선왕조의 초석 건원릉   12
2. 현몽으로 시조 묘 찾은 허선생   30
3. 오성대감의 포천묘역 탐방길   40
4. 신빈김씨와 세조   52
5. 청풍김씨의 발복터 장독대명당   60
6. 고려 시인 삼혹호선생 이규보   72
7. 안동김씨 세도의 근원지 옥호저수   92
8. 대구서씨 중흥조 약봉할아버지   106
9. 3대 대제학 월사선생 묘역   120
10. 해주오씨를 중흥시킨 심씨 부인   134
11. 우찬성 조계상과 국풍 박상의   148

12. 여흥민씨 민심언의 선견지명　　　　　　　160
  13. 풍산홍씨 고봉산 입향조와 내기바둑　　　168
  14. 남이장군과 남이섬　　　　　　　　　　　182
  15. 함흥차사 박순과 황룡산 용강서원　　　　192
  16. 월산대군과 처남 박원종　　　　　　　　　204

제 2부. 충청도 지역

  1. 흥선대원군과 남연군 묘　　　　　　　　　222
  2. 송강의 묏자리를 잡아준 우암　　　　　　　242
  3. 불우한 철학자 구봉 송익필　　　　　　　　258
  4. 경부선 철도를 돌린 전의이씨 복호혈　　　272
  5. 민중의 낙원을 꿈꾸던 토정선생　　　　　　290
  6. 근·현대사의 최고명문 해평윤씨　　　　　　308
  7. 광산김씨를 일으킨 허씨부인　　　　　　　324

부 록

  1. 화장 문화에 대한 소고　　　　　　　　　　338
  2. 풍수용어와 해설　　　　　　　　　　　　　348
  3. 찾아보기　　　　　　　　　　　　　　　　350

제 1부
경기도

1. 조선왕조의 초석 건원릉

유네스코 세계문화유산으로 등재

 조선 왕릉은 우리의 전통문화를 담은 독특한 건축양식과 아름다운 자연이 어우러져 만들어 낸 풍수 예술품이다. 더구나 500년이 넘는 기나긴 세월 동안 조성된 한 왕조의 무덤 100여 기가 훼손되지 않고 잘 보존되어 왔다는 것은 대단한 일이다. 2009년 6월 30일 유네스코의「세계문화유산」으로 등재됨으로써 인류의 문화유산으로 우수하고 탁월한 가치를 인정받게 되었다.
 우리민족은 조상에 대한 숭배를 매우 중요한 덕목으로 여겼고, 특히 조선 왕조에 와서는 임금에 대한 충성과 부모에 대한 효도를 중시하는 유교사상을 국가의 통치이념으로 삼았던 만큼, 그 왕릉이 잘 유지 관리되어 왔다는 사실은 지극히 자연스러운 일이다. 이러한 미풍은 왕가는 물론 민가의 장례문화 형성에도 선도적인 역할을 하였으며, 현재까지도 매장과 제례문화가 꾸준히 이어져 내려오고 있는 것이다.
 현재까지 보존되어 온 조선의 왕과 왕족의 무덤은 119기인데, 이 가운데 능이 42기이고, 원이 13기이며, 묘가 64기이다. 능(陵)은 왕과 왕비의 무덤을 말하며, 원(園)은 왕세자와 왕세자빈 또는 왕의 사친(私親) 무덤을 말하고, 그 외의 왕족은 일반인과 같이 묘(墓)라고 칭한다. 42기의 능 가운데 40기는 남한에 있고, 한평생 함경도의 고향을 지키며 살아왔던 태조 이성계의 제일부인 신의왕후(神懿王后)의 제릉과 정종과 그 왕후(정안왕후)의 후릉은 북한 개성에 있다.

태조 이성계의 건원릉

건원릉(健元陵)이 있는 동구릉은 경기도 구리시 동구릉로 197에 있다. 서울의 동쪽 50여만 평의 넓은 동산에, 아홉 개의 능이 자연과 조화를 이루며 아름답게 배치된 것만으로도 조선조 500년을 대표할 수 있는 풍수 예술품이다.

건원릉은 태조 이성계를 위한 왕릉이었으나, 40여 년 후 5대 문종과 현덕왕후의 현릉(顯陵)이 추가로 조성되었다. 그 후 14대 선조와 원비(의인왕후 박씨) 및 계비(인목왕후 김씨)의 목릉(穆陵), 16대 인조의 계비 장렬왕후의 휘릉(徽陵), 18대 현종과 명성왕후의 숭릉(崇陵), 20대 경종의 원비(단의왕후)의 혜릉(惠陵), 21대 영조와 계비(정순왕후)의 원릉(元陵), 24대 헌종과 원비(효현왕후) 및 계비(효정왕후)의 경릉(景陵), 추존 문조(23대 순조의 아들)와 신정왕후의 수릉(綏陵) 등이 들어오면서 동삼릉·동칠릉·동구릉(東九陵) 등으로 계속하여 명칭이 바뀌었다.

● 1. 건원릉 봉분에는 언제나 갈대가 우거져 있다.

● 2. 건원릉 입구의 신도(神道)와 홍살문 그리고 정자각이 보인다.

젊고 총명한 신덕왕후를 만나다

조선 역대 왕릉 27위 중에서 최고의 명당으로 손꼽히는 건원릉은 태종(방원)과 태조의 기세싸움의 소산물이기도 하다. 태조는 정비(청주한씨)와 계비(신천강씨) 사이에서 8남 5녀를 두었다. 함흥의 고향을 지키고 있던 큰 부인(신의왕후)은 방우(芳雨)·방과(芳果)·방의(芳毅)·방간(芳幹)·방원(芳遠)·방연(芳衍)의 6형제를 낳았으나, 조선 건국 전에 별세하여 개성의 제릉에 묻혔다. 태조보다 20세 연하의 젊고 총명한 계비(신덕왕후)는 방번(芳蕃)과 방석(芳碩)의 두 형제를 두었는데, 강씨부인의 부친은 고려 말 충혜왕 때 문과급제로 출사하여 한림학사와 판삼사사 및 문하찬성사 등을 지낸 강윤성(康允成)이다.

또 숙부 강윤충(康允忠)은 찬성사에 이어 판삼사사를 지냈고, 강윤휘(康允暉)와 강윤부(康允富)는 판서, 강윤의(康允宜)는 찬성사를 역임했으며, 조카는 첨의정승이고, 강순룡(康舜龍)은 은성부원군에 찬성사를 역임하는 등등, 강씨부인의 친정은 이성계 집안보다 훨씬 더 쟁쟁한 귀족권문으로서 이성계의 초기 권력형성과 조선개국에 큰 역할을 할 수 있었다.

이성계가 조선을 건국하기 전 젊은 시절의 일이다. 젊고 패기 넘치는 이성계가 부하장졸들과 사냥을 하다가 목이 말라 샘물을 찾고 있었다. 마침 우물가에서 물을 긷던 아리따운 처자에게 다가가 물 한 모금을 청하자, 그녀는 바가지에 물을 뜨더니 그 위에 버들잎 하나를 띄워 그에게 건네주었다.

성미 급한 장수 이성계는 버들잎이 떠있는 물바가지를 받고는 대뜸 화가 난 목소리로 "이 물을 마시라는 거냐? 심통이냐?" 하고는 그 이유를 따져 물었다. 그러자 그 처자는 수줍어하면서도 단호하게 "말을 급하게 달려오셨는데 갈증이 심하여 급히 물을 마시다가 체하지나 않을까하여 그리 하였습니다."라고 대답하였다. 이때 그녀의 지혜와 용모에 감탄하였고, 그로 인하여 그 처자를 둘째부인으로 맞이하는 계기가 되었다는 것이다.

왕자의 난

조선 개국 한 달 후 큰 부인의 장성한 왕자들에게 분통이 터질만한 사건이 발생했다. 이제 겨우 11살 밖에 안 된 막내 동생 방석을 왕세자로 책봉했기 때문이다. 방석의 세자 책봉 문제는 '태조가 둘째부인 강씨를 편애하기 때문에, 조강지처 한씨의 장성한 아들들을 내치려 한다'는 오해를 불러일으켰다.

이때 두 주먹을 부서져라 내리치며 울분을 터트리던 젊은 호랑이가 있었다. 27세의 혈기왕성한 정안군 방원이었다. 그동안 세간의 눈총을 감수하면서 껄끄러운 정적 정몽주를 죽여 없앴고, 공양왕을 폐위시키는데 앞장섰지만, 개국공신 책록에도 들지 못하는 굴욕을 참아오지 않았던가? 오직 아버지와 왕권강화를 위해 온몸을 바쳤는데, 젊은 계모 강씨 때문에 조강지처의 소생들은 개밥에 도토리 신세가 되어 권력으로부터 철저히 소외당했다는 분한 마음을 도저히 참을 수가 없었다.

　조선개국 6년 뒤, 계모 강씨도 2년 전에 죽었고, 태조는 병환중이라 이빨 빠진 호랑이가 되었다. 1398년 무인년 8월 25일, 그믐달의 야음을 틈타 정도전·남은·심효생 등등 방석을 옹위하는 정적들을 깨끗이 없애버리고, 화의 근원인 이복동생(세자 방석, 무안대군 방번) 들을 귀양 보냈다가 죽여 후환을 없애버렸다. 후세에서는 이 사건을 두고 「제1차 왕자의 난」이라고 기록하였다.

　세상을 한탄하던 태조 이성계는, 왕자의 난이 일어난 다음날 왕위를 둘째아들 방과(장남 방우는 이미 병사했음)에게 물려주고 함흥으로 낙향해 버렸다. 고향땅 함흥으로 내려온 이성계는 방원이 있는 한양 쪽으로는 얼굴도 돌리지 않는 등 분노와 증오의 나날을 보냈다. 방원이 임금이 된 뒤 문안차 보낸 태조의 절친한 옛 동지들마저 방원의 신하라는 이유로 오는 족족 죽였다. 이성계가 있는 함흥으로 보낸 차사들이 모두 죽임을 당했기 때문에, 어디를 떠난 후 소식이 없는 이를 일러 '함흥차사'라고 부르게 되었다.

　그 후 증오와 분노가 끓어 넘치는 이성계를 다시 한양으로 모셔온 이는 무학대사이다. "태상왕 전하! 어찌 악을 악으로 갚으려 하시옵니까? 증오의 우물은 퍼내면 퍼낼수록 깊어만 지는 법입니다. 자식에 대한 미움을 거두시고 백성을 생각하옵소서." 무학대사의 명쾌한 설파에 천하의 이성계도 그동안의 고집을 접을 수밖에 없었던 것이다.

　그는 이성계를 일개 장수에서 군왕으로 이끈 선지자이며 조선개국의 핵심 주체이다. 왕사로서 조선건국에 기여한 일체의 기득권을

조선왕조의 초석 건원릉

주장하지 않은 유일한 인물이라고 후세의 호평을 받는 사람이다. 한양으로 서울을 옮긴 축하연에서, 급하게 도착한 무학대사의 머리 위에서 삶아놓은 통돼지처럼 모락모락 김이 올라오는 모습을 보고는 "대사는 영락없이 돼지를 닮았구려!" 하고 농을 걸자, 무학대사가 "대왕전하는 영락없는 부처님이십니다." 하고 대답하였다. 태조가 "대사도 아첨을 할 줄 아는구려!"하니, 무학대사가 아뢰기를 "부처의 눈에는 부처만 보이고, 돼지의 눈에는 돼지만 보이는 법입니다."하고 일갈하여, 태조로부터 그 말씀 명심하겠다는 항복을 받았다는 일화가 있다.

한양으로 돌아온 이성계는 궐내에 덕안전이라는 법당을 세워놓고 염불삼매로 나날을 보내다가, 74세 되던 1408년(태종8년) 5월 24일 창덕궁에서 승하하여 건원릉에 묻히게 되었다. 원래는 신덕왕후 강씨 곁으로 가길 유언했지만, 그의 아들 태종은 그렇게 하지 않았다.

생전에 불효한 죄를 극복하려는 태종의 엄명이 떨어졌다. 도성에서 당일 도착이 가능한 80리 내에서 최고의 명당을 찾도록 하였다. 그 결과 양주 땅 검암산(儉岩山) 낙맥에 왕릉을 조성하고, 함흥에서 갈대와 봉토를 가져다가 봉분을 덮었다.

태조의 능침을 정하는 일은, 새로 탄생한 조선 왕조의 정통성을 굳건히 세우는 작업의 일환이므로 태종으로서는 온갖 정성을 다하였을 것이다. 일설에는 무학대사가 이 자리를 찾아놓고 한양으로 들어오는 언덕위에서 "이제 한시름 잊게 되었다."고 말하여서 망우리라는 지명이 생기게 되었다고 하지만, 당시 최고 책임자는 태조의 풍수고문인 영의정 하륜이고, 정작 왕릉 터를 잡은 이는 조정대신

김인귀이며, 공사 책임자는 후에 공조판서가 된 박자청이었다.

　영의정으로서 풍수고문이었던 하륜(河崙)은, 중국 호신순의 지리 신법을 근거로 한 이기풍수의 선구자 역할을 했다고 볼 수 있으며, 그 후 중국의 술수성이 강한 이기풍수를 유행하게 만듦으로써 사회적 물의를 일으키게 한 장본인이기도 하다.

태조 이성계의 계비 신덕왕후 강씨의 정릉

　태조는 자신보다 신덕왕후 강씨가 먼저 승하하자 여러 날을 통곡으로 지새우고, 궐내의 조회를 10일간이나 정지시켰다고 한다. 태조가 직접 왕비의 능 자리를 찾아 나섰고, 안암동에 능침자리를 잡았으나 광중을 파보니 샘물이 솟아올랐다. 결국 경복궁에서 가까운 황화방(皇華坊 : 지금의 영국대사관이 있는 중구 정동 4번지)에 능

🌏 3. 신덕왕후의 정릉 : 성북구 정릉동 635-1

● 4. 정릉에는 난간석이 없다.

침을 조성하였다.

 뿐만 아니라 신덕왕후 곁에 묻히기를 원했던 태조는, 신덕왕후 우측에 자신이 묻힐 자리를 미리 마련해두고 이름을 '정릉(貞陵)'이라 하였다. 또 능 옆에 원찰인 흥천사를 세워 매일같이 신덕왕후를 위한 재를 올리도록 하였고, 흥천사에서 재 올리는 소리를 들어야 비로소 수라를 들었다고 하니, 사랑하는 계비 강씨를 잃은 슬픔과 그리움이 어느 정도인지 짐작할 만하다. 그러나 그것도 잠시일 뿐, 태종이 왕위에 오른 날부터 신덕왕후의 능은 천덕꾸러기로 변해갔다.

 능침주변에 다른 건물을 지을 수 있도록 허가를 내주었고, 더구나 당대의 세도가는 물론, 믿었던 풍수고문 하륜마저도 정릉 주변의 아름드리 노송을 베어내고 그 자리에 저택을 지었다. 그럼에도 불구하고 아내의 능침이 초토화 되고 있다는 서운한 마음에 한숨만 지을 뿐 뒷방 늙은이 신세라 어찌 할 바를 몰랐다.

 뿐만이 아니다. 태조가 건원릉에 묻힌 1년 뒤이자 신덕왕후가 정동에 묻힌 지 13년 째 되는 태종 9년(1409년), 태종은 신덕왕후의 능을 북악산 동쪽골짜기 응달인 아리랑고개 언덕 위로 천묘해버렸다. 일설에는 중구 정동에 있는 능침은 처음부터 물이 나는 곳이기 때문에 천묘했다고 하지만, 그것은 천묘를 정당화하기 위한 승자의 기록일 뿐, 실제로는 신덕왕후의 능이 대궐근처에 있다는 것이 반갑지 않았기 때문일 것이다. 또한 태종 9년에 여러 번 무덤을 이장하였다는 기록이 있는 것을 보면, 물이 나기 때문에 길지를 찾아간 것이라고 보기는 어렵다.

 그러나 필자는 현재의 정릉동 묏자리가 중구 정동자리 보다 그렇게 흉지라는 생각이 들지 않는다. 어찌되었든 천묘와 동시에 능(陵)은 묘(墓)로 격하되었다. 화려했던 병풍석과 잡귀가 접근치 못하도록 설치했던 봉분둘레의 신장석(神將石)을 모두 철거하여, 그 당시 도성에서 가장 큰 다리였던 청계천 광통교(廣通橋)의 교대석과 난간석으로 사용해버렸다.

 조선 최초의 왕비였던 강비의 영혼을 지켜주던 신장석을, 개천의 다리 밑에 깔아서 누구나 밟고 지나도록 한 것을 보면, 강비에 대한 태종의 미움이 얼마나 대단했는지 짐작하고도 남는다. 일부 신장석은 광통교 다리 밑에 거꾸로 받쳐 놓기도 했는데, 600여 년만인 2005년 청계천 복원사업으로 인하여 세상에 알려져, 지금은 누구나

● 5. 구름과 당초무늬가 선명한 광통교 신장석(神將石) : 조선 초에 세운 석물로서, 세련된 구름과 당초무늬가 선명하여 600여 년이 지난 지금도 보는 사람마다 신(神)의 솜씨라고 감탄하는 전통문양의 극치를 볼 수 있다. 거꾸로 세운 것 「그림6」도 있다.

● 6. 광통교 밑받침으로 거꾸로 서있는 정릉의 신장석

청계천 시발점인 광화문 동아일보 앞에 가면 확인할 수 있다.

청계천 시발점에서 100여 미터 내려가면 광통교를 복원해 놓은

● 7. 청계천 복원사업으로 나타난 광통교 석물에 대한 안내판

● 8. 청계천 상류에 복원된 광통교 : 지금의 광교이다. 종각역과 을지로입구역 중간에 위치했던 것인데, 유실된 부분을 원래 광통교와 비슷한 석재로 다시 만들어 2005년도에 복원 공사하면서 상류 쪽으로 150m쯤 옮겨 놓았다.

돌다리의 옛 모습이 있는데, 돌다리 밑에는 석축과 함께 쌓아놓은 신장석이 9개 있다. 그 중 2개는 마모가 심하여 신장의 모습을 알아보기 힘들지만, 7개는 「그림5~6」에서 보는 바와 같이 구름과 당초 무늬가 살아있는 듯하여 600여 년 전 도공의 솜씨에 감탄사가 절로 나온다. 선명한 7개의 신장석 중 3개는 바로 서 있으나 4개는 거꾸로 세워져있다.

성북구의 정릉은 그 후 돌보는 이가 없어 폐허가 되었다가, 260년이 지난 현종 때에 개축하여 능으로 조성되었다. 하지만 문인석과 장명등만 있고, 난간석은 광통교 축조에 사용한 이후 복원되지 않아 평민의 묘원이나 다를 바 없어 애석한 마음을 금할 수 없다.

신덕왕후의 정릉을 답사해본 결과, 생각했던 것과는 달리 도심 속의 공원으로 잘 정비되었을 뿐만 아니라, 등 굽은 노송과 오솔길이 한데 어우러져 정숙한 왕비의 안식처로서 뿐만 아니라 인근주민들의 산책로와 휴식처로서도 훌륭한 역할을 하고 있었다.

건원릉이 있는 동쪽을 멀리서 바라보고 있는 지금의 정릉은, 주산에서 힘차게 암반을 깔고 내려오는 내룡맥과 후부한 당판, 긴밀한 보국, 어느 것 하나 흠 잡을 데 없는 모습으로, 활처럼 힘차게 휘감아 돌린 청룡안산[1]의 모습이 웅대한 북악산과 어우러져 유정한 모습의 명국일 뿐만 아니라, 수구를 감추어 교쇄하는 모습이 의외로 길지에 해당하는 곳이었다.

더구나 내 파구에 해당하는 정문 출구 쪽에 깔려있는 너래 바위는, 수중에 높이 솟구친 기석(奇石)은 아니지만, 지리가 들이 아

---

1) 청룡안산 : 좌청룡이 크게 뻗어 안산 역할까지 하는 것.

무리 바쁜 길을 가다가도 발길을 돌려 꼭 들어가 보아야 직성이 풀린다는 금어(擒魚)가 분명하였다. 신덕왕후의 두 아들 중 하나만이라도 살아남았더라면 이 자리가 한층 더 빛났을 텐데 하는 아쉬움이 있다.

「훈민정음」을 창제하는 등 조선조 500년 역사상 가장 찬란한 문화를 꽃피웠던 어진 임금 세종대왕도, 핏줄은 어쩔 수 없었나 보다. 세종 원년에는 조정에서 올리는 정릉제사마저 없애 버리고, 신덕왕후를 후궁으로 강등시켰으며 영정마저 불살라 버린 것이다. 정릉에 대한 이러한 박해는, 그 뒤 200여 년이 지나서야 송시열 등의 건의로 일부 복원될 수 있었다고 한다.

국조오례의

조선조의 역대 왕릉은 모두 부부의 합장릉, 왕과 왕비를 삼합장한 동봉삼실릉 또는 부부쌍릉, 정비·계비까지 모시는 동원삼강릉 등으로, 되도록 왕 가까이에 부인을 두어 사후라도 외롭지 않게 배려하였다. 그러나 태조의 건원릉과 단종의 장릉, 중종의 정릉, 이렇게 세 곳만 홀로 모셔진 단릉(單陵)이다. 그래서 그런지 조선조 27왕 중에서 정혈에 올바로 재혈(裁穴)된 왕릉은 태조의 건원릉 하나뿐이라는 평가를 받는다.

조선 초기에 길(吉)·흉(凶)·가(嘉)·빈(賓)·군(軍)의 다섯 가지 예법가운데, 꼭 지켜야 할 것들을 엄선하여 선포한『국조오례의(國朝

五禮儀)』는 세종의 명으로 허조 등이 편찬을 시작하여, 세조 때 강희맹이 계속했고, 성종 5년 신숙주·정적 등이 완성한 것으로 일명 『오례의』라고도 하였다.

『오례의』에는 능침은 봉분지름이 60척(18m), 높이는 14척(4.2m) 등으로 지정되어 있는데, 제왕들을 합장 또는 쌍분으로 모실 경우 능침 공간 배치상 그렇게 넓은 혈을 구할 수가 없다(일반적으로 혈의 크기는 가로 3~4m × 세로 4~5m이내). 단독으로 쓰는 단릉이라야 정혈의 제자리에 재혈(裁穴)이 가능한 것이다. 『국조오례의』에 맞추자면 부부쌍릉은 최소한 혈의 넓이가 40m 이상 이어야 하고, 정비와 계비까지 한자리에 모시는 삼강릉일 때는 혈의 넓이가 60m 이상 되는 곳을 구해야 된다.

예나 지금이나 중요한 정책결정에서, 현장실무능력자의 의견이 무시되고 상급자의 편의대로 결정되다 보니 이런 일이 발생하는 것이다. 현대인들도 조장할 때 재혈을 심각하게 고려하여야 하고, 호화분묘를 조성하기 전에 다시 한 번 생각해 보아야 하지 않을까 한다.

500년 발복 지지 건원릉

이 시대의 지리연구가들은 조선 왕조가 500년이나 유지될 수 있었던 것은 태조의 건원릉과 제왕들의 모계, 즉 외척들의 묏자리 음덕으로 보고 있는 분들이 많다. 조상의 음덕은 부계 쪽만 있는 것이 아니고 모계 쪽에도 있으므로, 친가와 외가의 조상 음덕을 반반 보아야 하기 때문이다.

역대 제왕들의 왕릉은 당대에 제일가는 국풍들이 잡았다고 하더라도, 여러 가지 제약 때문에 목숨을 거는 위험을 무릅쓰고 소신껏 일할 수 있는 여건이 못 되었을 것이다. 광중을 파다가 물이 나든가 암석이라도 나타난다면 목숨이 달아나기 십상이니 말이다.

그 실례로 중종32년(1537년)에는, 20년 전에 중종비 장경왕후의 희릉을 조성할 때, 돌이 나왔음에도 이를 속였다는 죄목으로 그 당시 상지관(相地官) 성담기와 황득정이 곤장을 맞아 죽었고, 이미 죽은 조윤은 사후 능지처참형을 받았다. 또 1901년 명성황후의 능역

9. 동구릉의 기맥도

작업 중 바위흔적이 나왔다 해서, 해당 상지관 6명에게 종신형 또는 10년 유배형을 내렸다. 그래서 자유스러운 입장에서 마음 놓고 고를 수 있는 사가에서, 왕릉보다 더 좋은 터를 잡을 가능성이 더 컸을 것이다.

이제 건원릉(健元陵)의 풍수적 고찰을 해보기로 한다. 건원릉의 산세는 높지도 않고 낮지도 않다. 부드러우면서도 웅건한 기상을 풍기는 모습이 조선조 최고의 왕릉을 조성하기에 충분하다. 당판입수의 취기가 주산 봉에 있다하여 술사들은 주산입수라는 평을 하기도 한다. 입수처(入首處)를 주산의 정상으로 볼 수 있을 만큼 입수가 후부(厚富)할 뿐만 아니라, 그 취기(聚氣)한 모습 또한 태왕해서 태극원훈(太極圓暈)이 분명하다.

● 10. 동구릉에 있는 태조 이성계의 건원릉 조감도

모름지기 태극은 음양의 본체가 되며, 기(氣)가 비롯된 근원이므로, 혈(穴)의 생기(生氣)는 원훈(圓暈)이 있는 곳에 모이기 마련이다. 모나고 각지면 흉하고, 둥근 모습으로 취기하면 상급(上級)으로 치는 것이 풍수의 기본이다.

후덕한 원을 그리고 있는 입수봉은 입수십자맥(入首十字脈)이 분명하여 제왕지지로서 손색이 없고, 혈을 감싸고 보호하는 좌우의 선익(蟬翼) 또한 그 위용이 대단하여 당판십자(堂坂十字)를 이루었으니 극품중의 극품이다. 과연 천하제일명당이며 500년 발복지로서의 대귀지(大貴地) 임에 틀림없는 것이다.

후부한 당판취기(堂坂聚氣) 또한 태왕하니 왕릉으로써 조금도 손색이 없다. 용호(龍虎)와 안산이 유정할 뿐 만 아니라, 용맥(龍脈) 또한 생왕용으로 기복하는 변화의 생기가 웅대하다. 대명당을 거느리고 남은 여기가 전순주작으로 힘차게 뭉쳐 혈장을 받쳐주었고, 혈증을 증거하는 역할 또한 훌륭하다.

"청룡 백호와 조산 안산이 매우 유정하고 층층으로 중첩되게 감아주고 옷깃을 여미듯이 교쇄(交鎖)하기를 거듭한 곳에, 원진수가 현을지굴곡(玄乙之屈曲)하여 구곡(九曲)이 명당에 들었으니 당조재상(當朝宰相) 틀림없다."는 찬사 그 이상이다.

물이란 원래 래거(來去)를 막론하고 굴곡(屈曲)하여야하며, 횡수(橫水)는 싸안고 돌아야 하고, 직충(直沖)하면 살수(殺水)가 된다. 또 배반하거나 깎여 나가지 말아야 하며, 혈(穴)에게 유정(有情)한 반궁수(半弓水)를 상급으로 치는 것이다.

「물형론」에 따르면 이곳을 장군대좌형(將軍大坐形)이나 맹호출림형(猛虎出林形) 또는 일월상포형(日月相抱形) 등으로 부르기도 하는데, 대명당을 물형에 빗대어 시적으로 표현한 것이리라.

2. 현몽으로 시조 묘 찾은 허선생

김해허씨와 고려시중 허유전

 가야왕국의 시조 김수로왕(金首露王)이 가락국(駕洛國)을 세운 뒤 오랫동안 왕비를 맞이하지 못하다가, 어느 날 신하들로부터 바닷가에 귀인이 도래하였다는 보고를 받고 직접 찾아가서 인도의 공주 허황옥을 왕비로 맞이하였다한다.
 허황후(許皇后)는 허황후 또는 보주태후라고 부른다. 본래 인도 아유타국의 공주인데, 성은 허씨(許氏)이고 이름은 황옥(皇玉)이며, 당시 나이는 16세였다. 허황후가 자기의 신분을 밝히기를 "금년 5월 본국에 있을 때, 부왕께서 '어젯밤 꿈에 상제가 나타나서 가락국왕

🔹 1. 600여 년 만에 후손의 현몽으로 복원된 고려 문하시중 가락군의 묘. 인천시 강화군 불은면 두운리 산 297

수로는 하늘이 내려 보내어 왕이 되게 한 신성한 사람인데, 아직도 배필을 정하지 못하였으니 공주를 보내어 짝을 삼게 하라'고 말씀하시고 하늘로 올라갔다고 합니다. 그래서 부모님께서 저를 이곳으로 보내 주셨습니다."는 설화가 전한다. 허황옥의 친정 오라버니 장유화상은 금관가야 지역에 장유암(長遊庵)이라는 절을 짓고 불상을 모시면서 가야국에 불교를 전래하였으며, 김해시 장유면 대청리에 있는 장유암 경내에는 장유화상의 사리탑이 현존하고 있다.

김수로왕과 허황후는 10남 2녀를 두었으며, 장남은 부친의 뒤를 이어 가락국 2대 거등왕(居登王)이 되었고, 2남과 막내는 허황후의 간곡한 유언으로 어머니의 성을 따르게 되었다고 한다. 그 후 막내 아들은 일본으로 이주하여 계대를 이어오고 있다하며, 김해김씨와 김해허씨는 지금까지도 혼인을 금하고 있다.

김수로왕의 후손인 김해김씨는 우리나라 최대 문벌로 성장하였고, 김해허씨는 허황옥의 35세손 되는 가락군(駕洛君) 허염(許琰)을 1세조로 하여 그 인구가 무려 20만이 넘는 대성이 되었다.

그 외에도 양천허씨(陽川許氏)와 태인허씨(泰仁許氏)는 허황후의 30세손을 1세조로 하고, 하양허씨(河陽許氏)는 허황후의 33세손을 1세조로 하는 데, 가락국에서부터 고려중엽까지 900여 년간의 세계(世系)가 실전되어 상고할 수 없기 때문이라 한다.

663년 만에 무덤이 확인된 충목공(忠穆公) 허유전(許有全)은, 김해허씨 문중의 대표적인 인물이며 가문을 일으킨 중흥조이다. 허유전은 김해허씨 시조인 허염의 4세손이다. 고려 원종 말년 문과에 급제하고, 충렬왕 21년 감찰시사 벼슬을 할 때 무고로 인해 순마소에 갇혀서 사형될 뻔했으나, 순마지유 고종수의 변호로 석방되었다.

이후 충렬왕 24년에는 전라도 안렴사가 되었고, 1307년 감찰대부 권수 동지밀직사사가 되어 지공거를 겸임하였으며, 국학사예·전조시랑을 지낸 뒤 도첨의참리·지밀직사사에 올랐다. 충숙왕 1년에는 가락군에 봉해지고 단성수절공신의 호를 받았으며, 충숙왕 8년에는 수첨의찬성사(정2품)가 되고 곧 이어서 정승이 되었다.

또 토번으로 유폐된 충선왕이 고국으로 돌아가고 싶다는 간곡한 편지를 전하자, 그의 환국을 위해 81세의 고령을 무릅쓰고 민지 등과 함께 원나라에 갔으나 심양왕(瀋陽王)과 그 일파의 방해로 뜻을 이루지 못한 채 돌아오기도 했다.

허유전의 23세손 허관구 선생의 현몽

허유전의 무덤을 600여 년 만에 찾게 된 것은, 김해허씨 27세손이며 허유전의 23세손인 허관구(許官九)선생의 남다른 집념과 효심에서 비롯된 것이다. 허관구선생은 강원도 홍천군 동면 속초리에서 출생(1933년)했다. 한평생 교직을 천직으로 알아 교단을 떠나본 적이 없었고, 철원군 갈말읍의 토성초등학교 교감으로 명예 퇴임한 전형적인 교육자이다.

50대 중반 무렵부터 중시조 허유전의 묘소를 찾겠다는 일념으로 김해허씨 족보를 연구하였다. 족보에는 허유전의 초명은 허안(許安)이고, 묘소는 강화 불곡(佛谷, 일명 탑곡塔谷)에 있다고만 되어

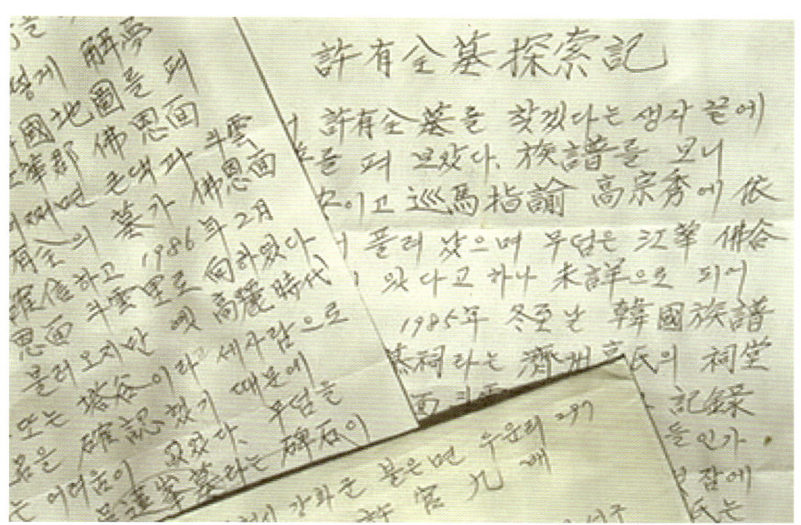

2. 허관구선생이 우편으로 보내주신 친필 원고 「허유전묘 탐색기」

3. 23대조 할아버지묘지를 찾게 된 사연을 필자에게 설명하는 허관구선생 (2012. 01. 13)

있었다. 허관구선생은 『한국족보』에 제주고씨(濟州高氏)의 영모사라는 사당이 강화군 불은면 두운리(江華郡 佛恩面 斗雲里)에 있다는 기록을 보고, '혹시 23대 조부 허유전의 누명을 벗겨준 일이 있었던 고종수의 후예들이 강화에 살고 있지 않은가?' 하는 생각을 하면서 잠이 들었다고 한다.

꿈에 허관구선생이 강원도 홍천에 있는 큰댁의 대문에 서 있었는데, 사촌형수가 흰색의 네모진 물체를 안고 동쪽으로 가다가 허관구선생을 보고는 발걸음을 멈추었다. 그 순간 '아! 이건 꿈이구나' 하고, 두 번째 잠이 들었다고 한다.

그런데 이번에는 홍천읍 연봉리에 거주할 당시 허관구선생 보다 20세 정도 연상의 세무공무원 오(吳)씨가 나타났다. 이 꿈은 분명 무슨 계시가 있다는 직감이 들어 여러 날을 고민하다가, '사촌형수가 안(安)씨이고 나는 허(許)씨이다. 두 글자를 합하면 허안(許安)이 되고, 허안은 다름아닌 허유전의 초명이다. 그런데 흰색의 네모진 물체는 무슨 뜻일까? 오행으로 흰색은 금(金)이고, 금의 계절은 가을이며, 방향은 서쪽을 상징한다. 그렇다면 정 서쪽에 허안(許安) 즉 허유전(許有全)이 있다는 뜻이 분명하다. 그런데 연봉리에 사는 오씨는 무슨 뜻일까? 어쨌든 서쪽이라는 것만은 분명하다.'고 생각한 허선생은, 우리나라 전도를 펴놓고 큰댁(강원도 홍천 동면)을 중심으로 정서쪽에 '강화군 불은면 두운리'가 있음을 확인했다.

'아! 허유전할아버지의 묘가 강화도 두운리에 있구나!'하고는, 난생 처음으로 강화도를 찾아 나섰다고 한다. 수없는 시행착오와 시간을 보낸 뒤에, '불당골'이라는 마을이 옛날에는 '불곡' 또는 '탑곡'이었다는 것을 알아냈다. 그곳에서 옛무덤이 있을만한 곳을 찾던 중,

「학생 해주오공 연봉지묘(學生海州吳公蓮峯之墓)」라고 새겨진 상석을 발견하였다.

● 4. 허유전의 묘에서 동남쪽 70여 미터 되는 곳(백호 선익 끝)에 있는 묘소의 상석에는 '학생 해주오공 연봉지묘(學生海州吳公蓮峯之墓)'라는 글이 있다.

그 순간 꿈에서 오씨를 본 일을 떠올린 허관구선생은, 상석의 '오공연봉지묘(吳公蓮峯之墓)'라는 글과 '연봉리(蓮峰里)의 오(吳)씨'와는 발음은 물론이고 한자(漢字)도 일치함에 몸이 다 오싹했다고 한다. '네모진 물건은 네모난 상석을 뜻하는 것이 아닌가!'

그런데 이날 밤 꿈에 또 허유전할아버지의 모습이 보이고, 그 아래쪽으로 은은한 달빛이 훤히 비추면서 하늘에서 쇠밧줄을 내려주었다. 그래서 밧줄을 타고 올라가 봤더니, 커다란 대청마루에 외조모가 가만히 앉아 계셨다. 그래서 오랜만에 인사를 드린다며 큰절을 올리다가 그만 잠이 깨었다.

그런데 외조모도 안(安)씨였다. 꿈속에서 허유전할아버지의 모습을 분명히 보았고, 외조모도 안씨라는 생각에 해주오공의 산소 위쪽에 있는 주인 없는 봉분을 파서 확인하고 싶은 마음이 굴뚝같았지

🍀 5. 기상이 빼어난 재실 두산재(斗山齋). 꿈속에서 외조모 안씨에게 인사 올리던 대청마루 자리는 현재 재실(두산재)의 대청마루가 되었다. 좋은 혈 자리에 위치하여 흐린 날씨에도 양명한 기상이 있음을 느낄 수 있다.

만, 누가 보아도 미친놈의 소행인지라 한참을 머뭇거렸다. 결국 처벌을 받을 각오를 하고 다음날 무조건 파보았다고 한다.

그런데 상석과 묘표석(墓表石)으로 추정되는 석물이 나오기는 했지만, 마멸이 심해 '말씀 언(言)' 자 하나 외에는 알아볼 수 있는 글자가 없었다. 그렇지만 우리나라 성씨 중에 '말씀 언(言)' 자가 들어가는 문중은 허(許)씨가 유일하며, 묘역으로 추정되는 언저리도 크고 하여 허유전의 묘가 틀림없다는 생각에 표석을 춘천으로 가지고 가서 염산으로 씻어보았더니, 희미하지만 "가락 허시중(駕洛許侍中)"의 다섯 글자가 나타났다.

인천광역시 기념물 제 26호로 지정

그 후 1988년 6월 「한국선사연구소(韓國先史研究所)」 주관하에

● 6. 무덤에서 나온 묘지석. 원본은 박물관에 보관되어있고, 복제품을 묘소앞면에 배치하여 누구나 볼 수 있도록 하였다.

발굴 작업이 이루어졌다. 도굴흔적이 있었음에도 불구하고 고려청자 잔 1점, 토기병 10여 점, 송나라 엽전 20여 점, 금나라 엽전 1점 및 고려시대 관제유물 등 여러 점이 출토되어 고려시대 묘제(墓制)와 문물연구에 많은 기여를 하게 되었다. 현재는 묘역복원공사가 잘 마무리 되어「인천광역시 지방기념물 제26호」로 지정되었고, 허관구선생이 관리이사가 되어 재실을 지키며 두 내외분이 내방객을 맞이하고 있다.

또한 허관구선생에 의하면 600여 년 된 무덤임에도 불구하고 손바닥만한 '대퇴부'의 일부가 나왔다 하니, 이곳이 진혈처(眞穴處)가 틀림없는 것이다. 김해허씨는 20여만 명의 대문중을 이루고 있으며, 그중 70~80%가 시중공파 허유전의 후손이라고 하는 것 또한 이 묘자리가 대단한 길지라는 증표로 볼 수 있다.

고려 정승 시중공 허유전은, 시조 허염(許琰)의 손자인 상서(尚書)

허자(許資)의 손자이고, 사록(司錄) 허연(許延)의 4남 중 막내아들이다. 또한 허유전의 아들 손자 모두 막내 쪽에서 번성하게 된 연유는 허유전공의 묘역에서도 여실히 드러난다.

풍수적인 관점에서 살펴보자면 당판(堂坂)이 후부(厚富)하고 청룡과 백호가 긴밀하고 유정(有情)하며, 안산(案山)과 조산(朝山)이 겹겹이 에워싸 장막을 두른 듯하다. 이는 본인은 물론 후손 역시 만인의 공경을 받을 수 있는 길지임에 틀림없다고 보는 것이다.

안산 쪽에 내려다 보이는 국세(局勢)와 사격(沙格)은 『그림7』에서 보는 바와 같이 청룡과 백호가 겹겹이 옷깃을 여민 듯 하고, 안산은 조공하는 듯 득수와 득파가 상합되어 청수하니 흠 잡을 데 하나 없는 명국을 이루고 있는 것이다.

아쉬운 점은 내룡맥(來龍脈)이 너무 넓은 은맥(隱脈)으로 들어왔으므로 입수(入首)가 정돌취기(正突聚氣)할 수 없었고, 그런 연유로 장손(長孫)쪽은 큰 음덕을 못 받았을 것으로 해석되는 것이다. 풍수

🔅 7. 묘소 앞 좌측에 재실 두산재가 있고, 청룡 백호가 교쇄하여 긴밀하며, 안산의 국사봉과 조산이 파구를 아주 잘 막아놓은 모습이 명국을 이루고 있다.

에서 "주산과 내룡의 기세를 보면 그 가문의 기세를 알 수 있다"는 말이 있는데, 그것은 주산과 내룡이 부·귀·손(富·貴·孫)의 세 가지 복중에서 인물 즉 귀를 주관하기 때문이다.

또한 현재의 재실(斗山齋) 자리는 복원해 놓은 묘소 봉분 위치보다 기상(氣相)이 훨씬 빼어나니, 단순히 재실로 쓰기 보다는 「김해 허씨 청소년 수련원」 등등의 교육장소로 활용하는 것이 좋지 않을까 하는 생각이 들었다.

후손 중 현대인물로는 전 과도정부의 내각수반 허정(許政)이 있으며, LG그룹 창업주 허정구(許鼎九)는 허유전의 장형 가락군 허인전(駕洛君 許仁全)의 후손이다.

🔸 8. 옛 모습으로 복원된 고려 시중 허유전의 묘

3. 오성대감의 포천묘역 탐방길

 필자가 회장으로 활동하는「한국옥룡지리학회」에서는 매월 둘째 일요일만 되면 어김없이 명당을 찾아 전국의 산하를 누빈다. 12월의 추운 날씨임에도 대구·청주·당진·수원·용인 등지에서 KTX를 비롯한 버스와 승용차편으로 새벽길을 달려와 출발시간에 맞춰 도착하는 회원들을 반갑게 맞이하면서, "참으로 편리한 세상이 되었구나."하는 생각을 해본다. 몇 년 전만 하더라도 지방에서 오시는 분들은 하루 전에 상경하여 여관신세를 져야 했는데….

 몇몇 회원들은 1980년대「요산동지회」시절부터 30여 년을 한결

● 1. 매월 정기적으로 전국의 명당을 답사하는「한국옥룡지리학회」회원

같이 참여하였는데, 풍수의 이론과 실증 그리고 역사적 사실들이 풍수이론과 부합되는 것을 확인하는 즐거움을 찾았기 때문이다. 또한 전국에서 모여든 풍수의 고수들이 자유토론형식으로 서로의 견해를 발표하는 과정을 통해서, 자신의 모순된 이론을 수정하는 것은 물론이고 다른 회원들의 인정을 받는 기회가 되기 때문일 것이다.

  참고로 우리학회는 전국 각처 250여 명의 풍수전문가로 이루어졌으며, 서로가 존경할만한 고수들이므로 토론할 때에는 상대의 의견을 존중하며 경청하면서 학문의 발전을 기하고 있다.

말년에 불우했던 백사 이항복(白沙 李恒福)선생

  경주이씨 상서공파 9세손 이항복은, 형조판서를 지낸 이몽량(李夢亮)이 57세 되던 해에 출생한 늦둥이라 하여 아명을 만득(晚得)이라 하였다. 9세에 부친을 여의고 16세에 모친상을 당하는 등 4형제 중 막둥이로 성장하였다.

  19세에 영의정 권철의 손녀딸이며 도원수 권율장군의 따님인 안동권씨를 아내로 맞이하였다. 32세에 14세 된 나주오씨 부인을 또 맞이하였는데, 오씨부인은 매일 아침 등청하는 대감에게 그날의 일들을 예언하여 화를 면하도록 했으며, 또한 앞일을 꿰뚫어 내다보며 점칠 수 있는 예지력을 소지하여 그 내조가 뛰어났었다 한다.

  이항복은 명종 11년 지금의 서울 필운동에서 이몽량의 넷째 아들로 태어나서, 호를 필운(弼雲)이라 했다가 뒤에 백사(白沙)로 고쳤다. 태어나면서 이틀이나 젖을 먹지 않고 사흘 동안 울지도 않아 맹인에게 점을 치게 하였더니 "극히 귀한 인물이 될 것"이라 하여 안심했다 한다. 또 8세에는 아버지가 칼과 거문고를 넣어 글을 지으라 하니 "칼은 대장부의 기상이요, 거문고는 천고의 음을 간직했노라"하여 장차 큰 인물이 될 줄 알았다 한다.

어릴 적 백사는 장난꾸러기였다고 한다. 필운동의 하인들이 앞마당에 열린 탐스러운 감을 따면서도, 담 넘어 병조판서 댁으로 뻗은 나무 가지의 감은 하나도 건드리지 않는 것이다. 옆집 권판서가 무서워서 그랬다는 것을 알고는, 괘씸한 생각이 들어 따져 보기로 하였다. 권판서가 계시는 사랑방으로 찾아가서는 다짜고짜 창호지 바른 방문 안쪽으로 한쪽 팔을 쑥 들이밀었다.

조용히 책을 보던 권판서가 깜짝 놀라 "웬 놈이냐?"고 호통 쳤지만 어린 만득이가 "대감님 지금 이팔은 누구의 것입니까? 지금 제 몸은 밖에 있어도 방안으로 들어간 이 팔뚝은 분명 저의 팔이 맞지 않습니까? 그렇다면 대감님 댁으로 가지를 뻗은 감나무 역시 우리 집

2. 영의정 백사 이항복선생의 묘 : 포천시 가산면 금현리 산 4-2
검소한 묘역에는 작은 묘비와 망부석 그리고 초라한 상석뿐이다.

것이 분명한데, 못 따게 하심은 어인일입니까?" 하고 물었다. 권대감은 그때 이미 만득이가 큰 그릇이 될 것임을 알아보고는 손주사위감으로 점찍으면서 흐뭇한 미소를 지었다고 한다.

그는 성격이 호방하고 뛰어다니기를 좋아하며 장난이 심하였지만, 어머니가 꾸짖자 그 뒤부터는 심기일전하여 공부에 열중하였다 한다. 25세에 알성문과에 병과로 급제하였고, 5세 연하인 한음 이덕형도 같은 해 별시문과에 을과로 급제하여 그 둘은 동시에 벼슬길에 나아갔다.

한음 이덕형은 남인 출신으로 영의정 이산해의 사위가 되었고, 그 후 남·북인의 중간노선을 취하였으며, 영의정으로서 당쟁의 조정에 힘썼다. 광해군 5년 영창대군의 처형을 반대하고 폐모론을 반대하다가 삭직되어 양근에 내려가 세상을 떠났다.

한편 이항복은 임진왜란의 와중에 38세에 병조판서, 40세에 이조판서 겸 홍문관대제학, 예문관대제학, 지의금부사 우참찬 등을 역임하였고, 42세에 지병으로 귀향했다가 다시 병조판서로 복직했는데, 공은 임진왜란의 와중에 모두 5번이나 병조판서에 기용되어 풍전등화 같은 나라의 안위를 지켰다.

또한 이항복은 44세에 대광보국숭록대부 우의정 겸 지경연감춘추관사 오성부원군이라는 명재상이 되어 보국안민의 중추를 담당하였다. 그렇지만 이항복의 벼슬은 5세 연하였던 이덕형 보다는 조금씩 느렸다. 우의정에 올랐을 때 이미 이덕형은 좌의정에 올라 있었고, 선조 33년에는 이덕형의 뒤를 이어 영의정에 오르는 식이었다.

62세 되던 해에 중풍을 맞아 거동이 불편하던 차에, 영창대군의 생모 인목대비의 폐모론에 극력 반대하다가 삭탈관직을 당하고 유배를 가게 된다.

　여러 충신들을 곤경에 빠트린 문제의 발단은, 정실 소생을 간절히 원했던 선조에게 늦둥이 정실소생이 태어나면서 일어난다. 자신과 같은 후궁소생에게는 왕위를 물려주고 싶지 않지만, 정비의 소생이 없자 공빈김씨의 소생인 광해군을 세자로 책봉하였다. 그런데 광해군이 장성하여 32세 되던 선조 35년, 선조의 젊은 계비인 인목왕후에게서 영창대군이 출생한 것이다. 그 앞의 13왕자와는 달리 정비소생이었다.

　소북파는 영창대군을, 대북파는 광해군을 옹립하려고 하는 소란스런 와중에, 선조가 선왕의 정릉동 행궁 정침에서 먹은 점심에 탈이 생겨 갑자기 승하하였다. 광해군이 국상을 뒷전으로 미루고 하루만에 왕위를 계승함으로써 대북파가 정권을 독점하게 되었다. 결국 9살 된 영창대군을 강화도에 위리안치 하였다가 죽였고, 영창대군의 생모인 인목대비마저 폐모하는 와중에 대신들까지 화를 입게 된 것이다.

오성 대감과 경주이씨 문중 묘역

　오성대감이 63세 되던 해, 함경도 북청으로의 유배는 이미 다시는 살아서 돌아오지 못할 것을 예감한 길이었다. 제주도로 가는 유배는 가다가 풍랑을 맞아 죽으라는 것이고, 함경도로 가는 유배는 도중에

● 3. 백사의 부친 이몽량 묘, 그 위에 조부 이예신의 묘가 보인다.
  위치 : 이항복 묘의 내백호. 금현리 산 2

● 4. 백사의 조부 이예신의 묘. 돌아가신 해에 좌찬성으로 추증되었다.

호랑이 밥이 되라는 죽음의 길이 아니던가!!

 몹시도 춥던 정월 어느 날, 포천의 선영에 들러 마지막 하직인사를 올리고 난후, 당신의 사후 무덤자리도 그때에 친히 정했다고 한다. 일설에는 선조와 광해군시대에 국풍으로 활약했던 백우당 박상의

5. 백사 이항복의 초상, 서울대학교 박물관 소장

가 오성대감의 신후지를 찾아준 것이라고도 한다.

 선조 37년에는 호성일등공신에 봉해졌고, 또한 청백리로서 후세의 사표가 되었으며, 평생을 일신의 안위를 돌보지 않고 국태민안에 힘썼고, 당쟁 속에서도 붕당에 가입하지 않고 서로간의 화해에 힘써왔으며, 임진왜란의 위기 속에서도 국기를 바로잡아왔던 공신의 마지막 안식처를 잡은 것이다.

 백사는 본래 산수를 좋아하여, 틈만 있으면 한둘의 식솔만 데리고 한양 근교에 있는 중흥동 산골짜기에 가서 시를 읊으며 놀다가 해가 저물어야 돌아오곤 했다고 한다. 47세에 삭탈관직을 당했을 때는, 망우리 고개 밑의 두어 칸 초가집에 살면서 삼시 세끼도 제대로 해결하지 못할 정도로 가난했지만, 아무런 불편도 느끼지 못할 정도로 민초의 길을 걸어왔다고도 한다.

 유배를 떠난 다음해 무더운 여름날 배소에서 유명을 달리하게 되었는데, 공의 유해가 함경도 북청을 떠나 포천의 향리로 돌아오는 길은 긴 여름 장마에 하천이 범람하고 도로가 유실되는 등 수많은 고초가 기다리고 있었다. 오뉴월 장마와 무더위를 무릅쓰고 수개월을 운구한 상여꾼은 얼마나 고생을 했겠는가?

 포천의 백사 묘역 관산모임에 참여한 고수들은, 엄밀히 따지자면 백사 이항복선생의 묘는 보국명당에 속하는 곳이지 진혈은 아니라는 평가가 지배적이었다. 내룡맥은 편룡에 해당하며, 좌우의 선익이 뒤로 돌아섰으니 안타까운 노릇이 아닌가? 훌륭한 생애를 살았던 인물들이 좋은 터에 묻혀야 할 것이지만, 그것은 어디까지나 신의 소관이지 인간의 영역은 아닌 것이다. 그러나 오성대감의 묘를 비룡상천형(飛龍上天形)이라고 하면서 대명당으로 평가하는 분도 있기는 하다.

 필자의 견해로는 오히려 오성대감의 청룡선익 아래에 좌정한 둘째부인인 나주오씨의 묘가 진혈에 가깝다고 본다. 오씨부인의 묘는 명당수가 좌수도우(左水到右)한 형국으로, 내룡과 선익 당판이 명당수를 거스르면서 우선(右旋)으로 감아 돌아 격국을 갖추었다.

 나주오씨는 '금성(錦城)오씨'라고도 한다. 오씨부인은 평민출신이었지만, 미모와 재능이 뛰어났을 뿐만 아니라 시와 문장에도 능하여, 혼인 전 부터 18세 연상의 백사와 한음 등 당시의 저명인사와 잦은 교류가 있었다 한다. 오씨는 점잖은 한음을 마음에 두고 있었으나, 적극적이고 호탕한 백사가 선수를 쳐서 둘째부인으로 삼아버렸다.

 오씨부인은 오성대감이 어려움에 처할 때 마다 특유의 예지능력과 기지를 발휘하여 곤경에서 벗어나게 하였다. 뿐만 아니라 오성이 임금을 모시고 의주로 떠나는 피난길에 동행하여 온갖 고생을 마다

⊕ 6. 백사 이항복과 친산 및 조부의 묘

⊕ 7. 이항복의 묘소 기맥도

않고 뒷바라지를 훌륭하게 하였다. 선조임금은 오씨부인의 공로를 인정하여서 그녀와 그녀의 소생들에게 면서의 특혜를 줌으로써 서출을 면하게 하였다. 또한 그녀의 소생들이 큰 부인(안동권씨)의 자손보다 더 번성하였다고 하는 기록으로 보아, 오씨부인의 묘가 백사의 묘(큰 부인과 합장) 보다 더 좋은 자리라는 말이 설득력이 있는 것이다.

  한편 오성대감 묘소의 백호언덕에 있는 친산(親山 : 부모의 무덤)은 무기절(戊己節)[2])이지만, 친산 우측 둔덕에 있는 조부 이예신의 묘는 대단히 좋은 자리이다. 내룡의 변화에 생기가 넘쳐 힘이 있고, 당판에는 양명한 기상이 넘쳐나며, 입수취기(入首聚氣)가 태왕하여 좌우의 선익이 탄탄하고, 더구나 우측 선익이 왕성하여 우측으로 흘러 빠지는 명당수의 거수사(拒水砂) 역할을 해서 확실한 우선(右旋) 작국(作局)으로 혈(穴)을 만들었다. 또한 백호 끝이 파구(破口)를 힘차게 휘감아 틀어막았으니, 명당수가 빠져 나갈 수 없는 긴밀한 보국이 되었다.

  안산 역할을 하는 오성대감의 묘는 일산봉[3])이 완연하여 정승이 배출될 것으로 해석하는데, 포천의 입향조가 되는 백사의 조부는 스스로 자신의 묏자리를 소점하면서 "내가 죽은 뒤에 반드시 큰 인물이 나올 것이다."라고 예언했는데, 과연 그의 사후 오성(막내손자)과 같은 걸출한 인물이 나왔으니 그의 예언이 적중한 셈이다.

  또한 백사 이항복의 선대묘역은 경기도 평택시 진위면 동천리 무봉산 낙맥에 자리한 대명당이다. 특히 5대조 공조참판 이연손(李延

---

2) 무기절(戊己節) : 혈의 증거가 없을 때 하는 말로, 일명 육산(肉山)이라고도 한다. 그냥 흙덩어리라는 뜻이다.
3) 일산봉(日傘峯) : 영상사격.

● 7. 백사의 5대조 참판 이연손의 묘
　위치 : 경기도 평택시 진위면 동천리 산 164-2

孫)과 6대조 판관 이승(李昪)의 묘소는 수려하기로 이름난 무봉산(진위의 진산)의 정기를 타고난 명국을 이룬 대길지이다. 포천의 조부 묘소와 더불어 오성과 같은 걸출한 인물이 배출된 근원지임에 의심의 여지가 없는 것이다.

이항복선생이 살아 돌아오지 못할 귀양길임을 잘 알고, 눈물로 지었을 시조 한수는 아직도 보는 이의 심금을 울리기에 충분하다.

철령(鐵嶺) 높은 재에 자고 가는 저 구름아
고신원루(孤臣冤淚)를 비삼아 띄워다가
임 계신 구중궁궐에 뿌려 본들 어떠하리

혹독한 찬바람이 휘몰아치던 1618년 1월 18일 철원 평강을 지나 강원도 회양의 철령(677m)고개를 넘으면서, "외로운 신하의 원통한 눈물을 구중궁궐에 뿌려보면 어떠할까?" 라고 읊은 것이다.

백사 이항복의 자손에서 정승이 6명, 대제학 2명 등등 많은 인물이 배출되었으니, 영조 때의 명신 영의정 이광좌와 좌의정 이태좌는 백사의 현손이고, 영조 28년 영의정을 지낸 이종성은 5대손이며, 순조 때 좌의정을 지낸 청헌 이경일은 6대손이다. 또한 대한민국 초대부통령 성재 이시영도 백사의 10대 후손이 된다.

4. 신빈김씨와 세조

세종대왕의 후궁 신빈김씨

　세종대왕의 후궁으로 밀성군 등 여섯 왕자를 낳은 신빈김씨는, 아름다운 마음씨와 조심성 있는 행실로 높이 칭송되었으며, 500여 년이 지난 오늘날에도 좋은 귀감이 되고 있다.
　신빈김씨(愼嬪金氏)는 첨지중추원사 청주김씨 김원의 따님인데, 내자시의 노비로 있다가, 13세(세종 원년)에 세종의 모후인 원경왕후에 의해 왕비(세종의 정비 : 소헌왕후)의 궁인이 되었다. 훗날 세종의 승은을 입어 후궁이 되고, 세종 9년에는 계양군을 출산하여 정2품 소의가 되고, 세종 21년에는 종1품 귀인, 세종 29년에 정1품 신빈에 책봉되었다.

✦ 1. 신빈김씨 묘 탐방 - 「한국옥룡지리학회」
　　위치 : 경기도 화성시 남양동 산 131-17

2. 신빈김씨 묘역의 앞모습

　노비출신의 신빈은 심성이 착하고 조심스러워 소헌왕후에게도 많은 사랑을 받았다. 원래 내명부의 여인들 사이에는 제왕의 총애를 독점하고 싶은 욕망에서 서로를 견제 대상으로 볼뿐, 좀처럼 속마음을 열어주지 않지만 소헌왕후의 경우는 달랐다.

　왕권강화라는 미명하에 왕실의 외척들을 쑥대밭으로 만들던 그 시대에, 세종의 처가댁인 청송심씨 집안이라고 무사할 리가 없었다. 세종이 즉위하자 세종의 장인(영의정 심온)이 사은사가 되어 명나라에 다녀오게 되었다. 그런데 심온(沈溫)의 아우 도총제 심정이 "국군의 대사를 상왕이 된 태종이 처리하는 것이 부당하다."는 말을 병조판서 박습에게 했다하여 옥사가 일어났다.

　태종은 기다리고 있었다는 듯이 그 옥사의 수괴를 영의정 심온이라고 지목하고, 명나라에서 귀국하는 그를 의주에서 체포하여 압송한 후 변론 한마디 듣지 않은 채 수원에서 사사(賜死)하였다.

심온은 청성백(靑城伯) 심덕부(沈德符)의 아들로 태어나, 11세에 진사가 되고 문과급제 하여 형조와 호조 및 이조판서를 거쳐 영의정이 되는 등, 조선 초기 왕권안정에 크게 기여한 인물이다.

소헌왕후도 역적의 딸이므로 폐위시켜야 마땅하다는 주장이 나왔으나, 원래 목적이 외척의 소탕이었으므로 "내조의 공이 크다"는 이유를 들어 용서하였다. 세종은 그녀를 애틋하게 여기며 총애하여 소헌왕후와의 사이에서 8남 2녀의 자녀를 두게 되었다. 조선조 500여 년간 왕자를 가장 많이 둔 임금 중에 으뜸이 18왕자를 둔 세종대왕이고, 다음은 16왕자를 둔 성종이고, 그 다음이 15왕자를 둔 정종이다.

둘째 아들 수양대군을 낳은 지 2년 만에 안평대군이 태어났다. 어머니의 사랑을 빼앗긴 어린 수양대군이 칭얼대며 보채자 신빈에게 맡겨 키우도록 했다. 그 후 신빈이 6남 2녀를 낳아 기를 때도 중전은 아무 거리낌 없이 자신의 소생들을 키우도록 맡기고, 매사를 신빈에게 위임하였으며 8번째 왕자 영응대군의 유모역할까지 주었다. 세종이 도승지 김돈에게 "성품이 바르고 근신하지 않았다면 중전이 아들을 맡겼겠느냐?"고 말했다는 기록이 『세종실록』에 의해 전해지고 있다.

신빈이 어린 수양대군을 정성으로 보살펴준 덕으로, 훗날 신빈의 차남 의창군이 단종 복위운동에 가담했어도 모르는 체하고 불문에 붙였으며, 셋째 밀성군을 중용하는 등 신빈 소생의 이복형제들을 보살펴 준 것은, 자기를 업어 키운 사정을 알게 된 세조의 신빈에 대한 보답으로 보아야 할 것이다.

또 300년이 지난 후 정조가 화성의 부친 능침에 참배 가는 길에도, 신빈의 묘역을 잘 보살펴주고 치제를 정성껏 올리도록 명하였는데, 그때 내린 제문이 지금도 전해오고 있다고 한다. 신빈 소생의 6형제[4] 후손들도 크게 번창하였고, 지금의 화성시청 바로 옆 남양동에 위치한 신빈의 묘역을 능(陵)이나 원(園) 못지않게 잘해놓았다.

풍수에서 본 묘역의 모습

많은 후손들이 대를 이어 치산을 잘 하고 있고, 또한 신빈의 온화함은 오늘을 사는 모든 어머니들의 표상이다. 필자는 고인의 유택을 잘 보존하며 숭고한 정신을 이어가는 일에 보탬이 될 수 있기를 바라면서, 관산모임에 참가한 40여 명의 「한국옥룡지리학회」 회원

3. 용소혈대명당 : 후부한 당판에 비하여 용맥이 빈약하다.

---

4) 신빈김씨 소생 6왕자 : ①桂陽君, ②義昌君, ③密城君, ④翼峴君, ⑤寧海君, ⑥潭陽君

들의 의견을 종합 판단하여 답산 소견을 남긴다.

4. 안산의 양물이 택지조성으로 훼손되고 있는 것이 안타깝다.

청계산 백운봉과 의왕의 진산 오봉산을 태조(太祖)로 하여, 남서쪽으로 50여 리를 뻗어내려 봉담에서 삼봉산 태현산을 중조(中祖)로 만들고, 무봉산을 거쳐 능 고개에 머물며 긴밀한 혈장을 열었다.

내룡맥이 계속 서진하여 고초봉 에서 조산(朝山)을 이루고, 그 여기(餘氣)가 계속 서북진하여 남양 성모성지에 이르니 분명 '이끼야(也)'자 혈이 분명하다. 만대영화지지(萬代榮華之地)가 맺힐 수 있는 충분한 조건을 갖춘 곳이다.

아쉬운 점은 "주산내룡(主山來龍)을 보면 그 집안의 기세를 알 수 있다."는 말이 생각난다는 것이다. 주산이란 모름지기 내 주변 산들을 제압할 수 있는 능력이 있을 때 으뜸으로 치는 것이다. 신(神)들의 영역에서는 우리 인간세상과 달라서 용서가 없고, 주변여건이 오직 나 하나만을 위하여 존재하기를 바라기 때문에, 주변 사격은 모두 나를 향하여 공손하게 인사해야 하고, 돌아앉거나 도망해서는 안 되며, 불끈 솟아오르는 역리사(逆理沙)의 모습을 결코 용서치 못한다. 주산은 곧 나의 부모혈육과 같은 존재이므로, 내가 힘을 발휘하려면 주산에 "내가 제일이다" 하는 기세가 있어야 하는 것이다.

내룡맥은 변화의 기가 있으므로 생룡(生龍)이 분명하나, 강왕한 윤기가 부족하여 대혈판(大穴坂)을 컨트롤 할 수 있는 조정능력이 부족하다. 그러므로 명당작국이 잘 이루어졌더라도 발복이 오래가지 못할 것으로 판단되는 것이다.

당판 또는 혈판이라 칭하는 묘터는 와(窩)·겸(鉗)·유(乳)·돌(突)의 사상(四象) 중에서 겸혈에 속하는 음혈로 분류할 수 있는데, 그 증거가 되는 입수(入首)·청룡선익·백호선익·혈판·전순(氈脣)의 다섯 가지 혈증(穴證)에서 전순의 꼬리부분을 훼손하며 재사(齋祠)를 건축한 것이 좀 아쉬운 부분이다.

재사를 한자리 내려서 홍살문이 있는 곳에 조성했더라면 좋았을 터인데, 묘소와 재사가 가까이 붙어있어 재실지붕의 용마루가 묘혈전의 앞을 가로 막는 것도 보기 좋은 모습이 아니다. 그것도 하나의 능압(陵壓)이 되기 때문이다. 묘역사업에 풍수의 자문이 필요한 이유를 알 수 있게 하는 대목이다.

또한 앞길 건너 쪽에 안산의 뿌리를 절단해서 택지조성을 하고 있는데, 겸혈은 대길지를 말하지만, 말발굽처럼 앞쪽이 집게발 벌리듯 한 음혈이므로 앞산에 양물이 있어야 격식에 맞고 발복이 빠르며 오래 가는 것으로 보아야 한다. 그런데 그 양물이 훼손되었으니 음양배합이 이루어질 수 없는 것이다. 또 한 가지 덧붙인다면 혈장

후면의 입수에 연결된 내룡맥이 훼손되지 않도록 보호할 필요가 있을 것으로 본다. 용맥을 따라서 뒷산을 오르는 등산로가 계속 개

● 5. 신빈김씨 묘역 기맥도

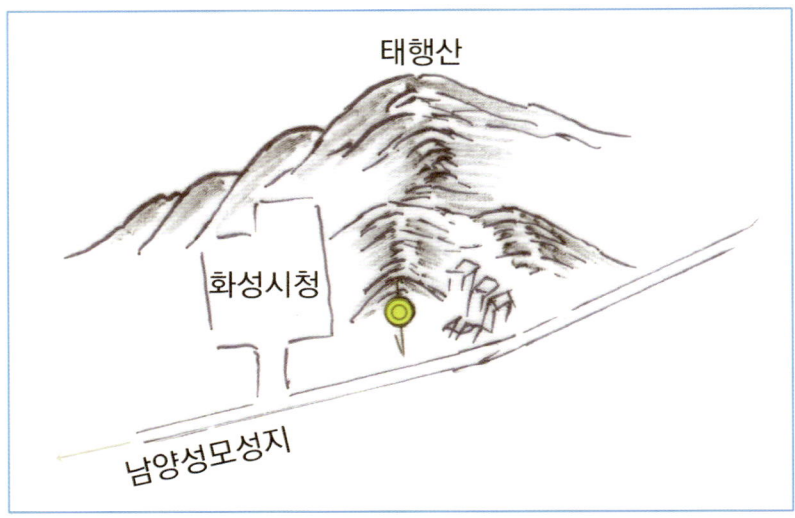

● 6. 신빈김씨 묘

척되다 보면 지금의 오솔길이 도로가 되는데, 그 길이 물길로 발달될 수 있고, 결국 패이다가 무너져 깊어지면 바람길이 되어[5] 곡살풍(谷殺風)을 부르기 때문이다.

---

[5] 풍수에서는 도로(道路)·수로(水路)·풍로(風路)를 같이 보며, 도로가 수로가 되고, 수로가 풍로로 진행하는 것으로 본다.

5. 청풍김씨의 발복터 장독대명당

조선 3대 명문 청풍김씨(淸風金氏)

　조선시대의 3대 명문거족을 꼽는다면 누구나 청송심씨·달성서씨, 그리고 청풍김씨를 거명한다. 청풍김씨가 명문 반열에 오를 수 있었던 근원지를 탐방하여 풍수의 입장에서 소개하고자 한다.
　청풍김씨의 시조 김대유(金大猷)는 신라 56대 경순왕의 넷째아들 김은열(金殷說)의 후손이다. 고려말엽에 문하시중을 지내고 청성부원군에 봉해졌는데, 청성(淸城)이 청풍(淸風)으로 개칭됨에 따라 본관을 청풍으로 고쳤다고 한다.

　1. 풍수 강좌 후 현장실습 : 의왕시 안동권씨부인의 묘역

청풍김씨의 인구는 2000년도 통계에 따르면 9만5천여 명이다. 조선조에서 정승 8명, 대제학 3명, 왕비 2명, 호당(사가독서) 2명, 청백리 1명, 공신 7명, 문과급제자 110명이 배출되었는데 참으로 놀라운 수치이다. 또한 3대 연속으로 정승이 나오고 부자가 연속하여 영의정이 됨으로써 단숨에 명문반열에 올라서게 된 것이다.

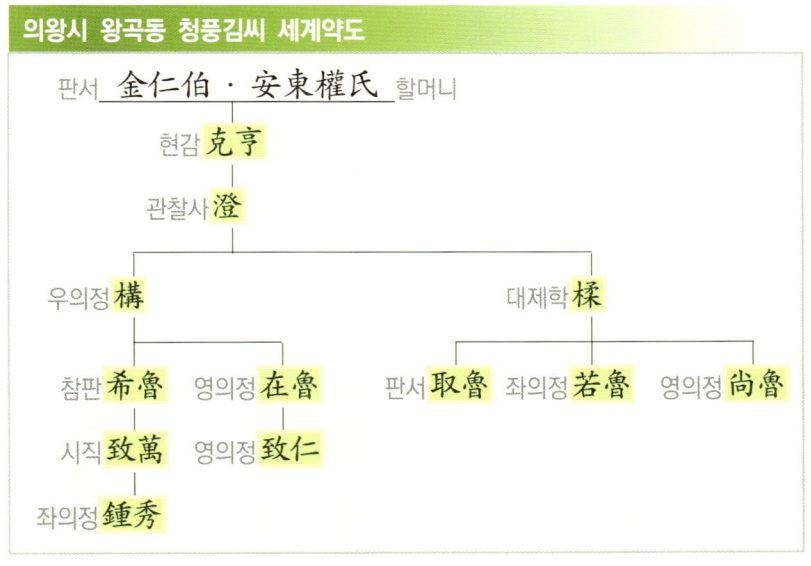

조선조 500년간 3대 연속으로 정승을 배출한 성씨는 청송심씨와 달성서씨 그리고 청풍김씨 이렇게 세 가문이 있다. 또 부자 영의정을 배출한 것도 청송심씨·장수황씨·남양홍씨·해평윤씨·안동김씨·연안김씨 등 몇몇 집안에 불과하다. 그런데 한 가문에서 이 두 경우를 다 누렸다는 것은 참으로 쉽지 않은 일이다.

청풍김씨는 김인백의 증손과 현손에서 많은 인물들이 연이어 태어나 두각을 나타내기 시작하였다. 김인백은 부인 안동권씨와의 사이에 아들(김극형)을 하나 두었는데, 그는 문학과 도덕이 뛰어나 당시의 저명군자로 손꼽힌 현감이었고, 손자 김징은 전라도관찰사를 지냈으며, 증손자인 김구와 김유때부터 자손과 벼슬이 크게 번성하여 청풍김씨 세도정치의 서막을 올리기 시작했다.

먼저 김구는 문과에 장원급제하여 6조의 판서를 역임한 후, 숙종 29년 우의정에 이르렀다. 권씨 할머니의 현손이자 김구의 아들인 희로는 영조 때에 호조참판과 동지중추부사에 이르렀고, 그의 아우 재로는 숙종 36년 문과에 급제하여 출사한 후, 영조 4년 병조판서·우의정·좌의정을 거쳐 16년에는 영의정에 올랐으며, 이때 김종서·황보인의 복관을 건의하여 신원케 하였다. 재로의 아들 치인(致仁)은 영조 24년 정시 문과에 장원하여 벼슬길에 올라, 우의정·좌의정을 거쳐 영조 42년부터 여러 차례 영의정에 기용되었으며, 말년에는 정조의 명으로 당쟁의 조정에 힘썼다.

김구의 아우 김유는 박세채(朴世采)·송시열의 문인이다. 인선왕후(효종의 비) 장례에 자의대비의 복상문제로 스승인 송시열이 화를 당하자 경기도 이천에 은거하기도 했으나, 숙종 25년 문과 급제 후 이조참판 겸 홍문관·예문관의 양관대제학에 승진하였다. 권씨 할머니의 현손이자 김유의 아들인 취로는 판서를 지냈고, 다음 약로는 우의정에 이어 좌의정에 올랐으며, 상로는 문과 급제하여 이조판서·호조판서를 거쳐 영조 28년에 우의정, 이듬해에 좌의정을 지내고 4년 후 영의정에 이르렀다.

이로써 안동권씨 할머니의 후손들이 조선후기 숙종·영조·정조 시대에, 4대에 걸쳐 6명의 정승과 부자 영의정 및 대제학·판서 등의 인물이 배출된 것이다. 특히 영의정 세 분(재로, 상로, 치인)은 모두 한 임금(영조)을 모시고 시대를 풍미하였을 뿐만 아니라, 청풍김씨 가문을 일으켜 세운 자랑스러운 권씨 할머니의 후손들이다.

훌륭한 가문의 근원지가 증조와 고조에 있다고 이야기 하는 것은, 아무리 속발하는 대명당에 조상이 묻혔더라도, 그 명당의 발복은 태어난 후손보다는 명당을 쓰고 난후 태어난 후손이 더 음덕을 누릴 수 있기 때문이다. 지금으로부터 십여 년 전, 용인에 부모의 묘를 이장하고 2~3년 만에 최고의 권좌에 오를 수 있었다는 소문으로, 한때 그 묘소를 점지했다는 손모도사라는 분이 세간의 화제였지만, 십수 년이 지난 지금은 그러한 사실을 믿는 이가 없을 뿐만 아니라 이치에 맞지도 않는다.

의왕시 오봉산의 대명당을 알아낸 풍수스님

지금의 의왕시 고천동 오봉산 손방의 산진처에 있는 의왕시청 부근일대는, 얼마 전까지만 해도 시흥군 의왕면 왕곡리였다. 본래 광주 땅으로 백제 서북변방 남한산성의 영역이자 고구려의 매홀군과 인접한 국경지대로 '왕륜'이라고 하던 곳이다.

백두대간의 태백준령이 속리산에서 멈추는 듯 하다가 수백 리를 서북진하여 수원 북쪽의 광교산맥을 이루고, 또 다시 한 줄기가 서쪽으로 뚝 떨어져 내려오다가 지지대고개에서 산머리를 북으로 돌려 단아한 다섯 봉우리를 이룬 곳이 오봉산이다. 땅속의 지기가 흐르다 멈추어 모이고, 그 모인 맑은 기운이 솟구치는 곳에는, 땅이 만들고 하늘이 감추어놓은 길지가 있어서 3대 이상 적선을 하여 복을 지은 주인을 기다린다고 한다. 조선 8대 명당의 한곳으로 알려진 이 자리의 주인공이 바로 안동권씨 할머니이다.

✤ 2. 안동권씨 할머니묘 : 경기도 의왕시 고천동 산31

산의 형세는 금계포란(金鷄抱卵)형으로, 누가 보아도 닭이 둥지 안에서 알을 품고 있는 형상을 하고 있다. 원래 이 자리는 묘터가 아니라 갑부 석씨네 집터였는데, 청풍김씨가 이 자리를 얻어 쓴 데에는 재미있는 전설이 전해 내려온다.

지금으로부터 400여 년 전, 한양 남쪽 70여 리에 수려하고 빼어난 산세를 자랑하는 오봉산에는, 크고 작은 5개의 봉우리가 연이어 있어서 장차 5명의 큰 인물이 태어날 것이라는 전설이 전해내려 왔다. 어느 날 이곳을 지나던 두 스님이 오봉산의 범상치 않은 기운을 보고는 이집이 "틀림없다" "아니다" 하며 논쟁을 하고 있었다.

그 두 스님은 천문지리에 통달한 분으로 팔도강산을 내 집 삼아 각처의 명당을 찾아 평가하고, 서로 의견이 어긋나면 시험을 하여 확인하며 세상을 유람하는 기이한 도승이었다. 한번은 파주를 지나다가 명당터를 발견하고는 격론이 벌어졌는데, 때마침 근처에서 밭을 일구던 떠꺼머리총각이 그들의 모습을 훔쳐보게 되었다. 이야기의 핵심은, "이 자리의 임자는 천민이며, 지금이 2월이므로 지금쯤 묘를 쓰면 8월 보름날 발복을 하게 될 것이다. 또 한 스님은 9월 보름날이다."라고 다투는 것이다.

총각이 살그머니 다가서서, 나무지개를 걸머진 채로 두 분 스님에게 코가 땅에 닿도록 큰절을 올리고는 신세타령을 늘어놓았다. 총각은 천한 신분으로 이 산 아래 사는 이대감 댁 머슴이었다. 두 분 스님은 당장 총각 애비의 무덤을 옮기도록 돕고는, 9월 보름날 다시 만나기로 약속하였다.

떠꺼머리총각은 무슨 기적이 일어날 것인지 궁금한 나날을 보내던 차에 마침 팔월 한가위 정오가 되었다. 때마침 뒷동산 선영에 성묘 차 올라왔던 이대감이 상석에 제물을 진설하다 말고는 머슴총각에게 급히 내려가 산적 한 접시를 가져오라 일렀다. 서두르다보니 부엌 옆의 큰 항아리에 있는 제물을 깜박한 것이다.

한걸음에 달려간 총각이 큰독을 열었지만 너무 깊었다. 혼자서는 도저히 안 되겠다는 생각에 마침 후원에 있는 이대감 댁 따님에게 도움을 청하게 되었다. 한사람은 거꾸로 엎드려 꺼내고 한사람은 뒤에서 붙잡아야 하는데, 튼튼한 총각이 붙잡고 처녀는 엎드려 거꾸로 매달리는 통에, 어쩔 수 없이 대감댁 처녀는 머슴총각에게 허리

청풍김씨의 발복터 장독대명당

● 3. 안동권씨 묘 후경 : 원래의 집터 모습과 장독대에 올라앉아있는 묘의 모습

를 내맡기게 되었다. 그 일이 있은 후 자연스럽게 음양의 경지를 넘고 말았다. 그후 낭자가 모친에게 전후사정을 고하고 딴사람에게는 시집갈 수 없음을 아뢰니, 하는 수 없이 머슴총각을 사위로 삼을 수밖에 없었다. 길일을 택일하고 보니 9월 보름날이었다. 인근에 통지하고 큰 잔치를 벌이니, 구름같이 많이 모인 하객 중에는 불청객 두 스님도 끼어 있었다.

한 스님이 "여보게! 내가 뭐라 했는가? 9월 보름이 아닌가?"라고 하자, 또 한 스님은 머리카락도 없는 머리통만 긁적거리며 아무 말이 없었다. 그런 일이 있은 얼마 후, 두 스님이 이번에는 오봉산 아래의 왕곡동에 나타난 것이다.

장독대에 할머니 묘 쓰고 발복한 청풍김씨

"지금은 최씨 아니면 석씨의 집터이지만, 묘터 명당은 장독대가 차지하였구나."

"진혈을 비켜 집을 지었으니 물건과 주인이 따로 노는구나, 장차 김씨가 차지할 것이다."

"장곡봉이 윤습하니 3대 정승은 무난하구나."

두 스님이 청솔잎을 두어 줌씩 따오더니, 한 덩어리로 꼭꼭 묶어 장독대 항아리 밑에 깊숙이 파묻었다. 그리고는 내년 이맘때 다시 만나서 파보기로 약속하고는 어디론가 사라졌다. 우연히 모든 광경을 지켜보게 된 김인백의 아들 김극형은 꿈속의 세상인양 기이하였다. 두 도승의 말과 행동을 숨죽이며 다 듣고는, 혹시나 하는 마음에 다음해 이맘때보다 조금 미리 와서 파보았다. 일 년 전 묻었던 청솔잎이 누런 황금빛으로 변하였고, 청솔에서 배어나온 송진이 엉겨붙어 투명하고 반짝반짝 빛나는 돌덩어리가 미라보석과 흡사하다.

그는 일 년 전에 묻어둔 것과 같은 청솔잎으로 바꿔 묻고는, 두 도승이 다시 나타났다가 탄식하며 쓸쓸히 사라지는 모습까지 숨죽이며 확인하고는 회심의 미소를 지었다. 그 후 세월이 흘러 석씨네 집의 가세가 기울고 더구나 화재로 인하여 집이 소실되니 어렵지 않게 청풍김씨 소유로 넘어갔고, 김극형은 자신의 어머니(안동권씨)의 묘를 오봉산 대명당 석씨네 장독대 터에 모실 수 있었다.

권부인의 대명당은 지금도 옛 모습이 그대로 전해지는데, 이곳 명당터는 부곡벌판을 호령하듯이 우뚝 서서 내려다보는 오봉산 낙맥이, 동쪽으로 십여 리를 내달려 멀리 동녘의 백운산(白雲山)을 마주하고 회룡고조6)하여 멈춰선 곳이다. 의왕시 고천동 돌고지 마을에 있는 안동권씨 할머니 명당은 풍수 학인들의 발길이 끊임없이 이어지며, 금계포란형(金鷄抱卵形)의 대명당인 이곳 주변의 하찮은 돌덩어리도 둥지 안에 닭이 알을 품어서 나온 병아리의 형국으로 평가하는 것이 정론처럼 되어있다.

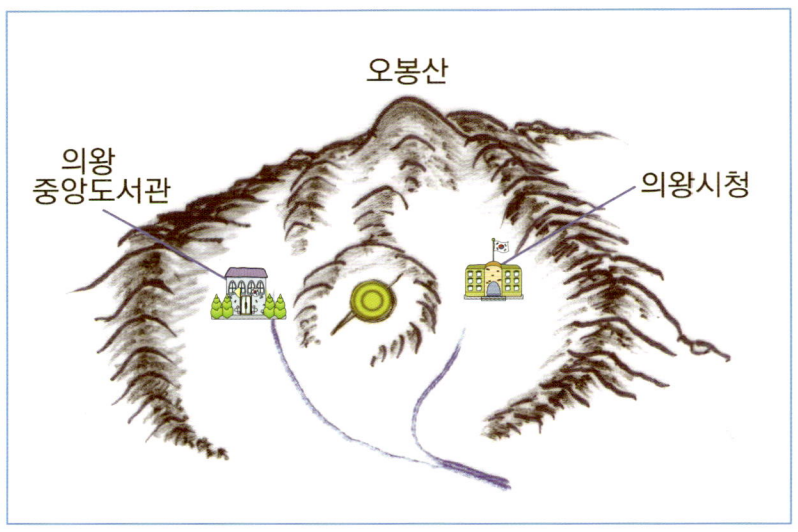

🔴 4. 청풍김씨 발복터, 안동권씨 할머니 장독대 산소

청풍김씨 후손들은 이 일대를 신성시하고 몇백 년간 외부의 접근을 막았으나, 지금은 이동고개를 넘어가는 오봉로가 시원스럽게 묘역의 앞길을 가로질러 오봉역과 의왕역에 이르고, 뒤편에는 의왕시청이 있으며, 오른쪽에는 의왕시 중앙도서관이 자리잡고 있다. 이곳은 아담한 집 한 채 정도의 공간에, 오봉산 낙맥의 왕기를 듬뿍 받아

---

6) 廻龍顧祖 : 내룡이 오던 길을 되돌아보는 모습.

대단히 양명한 대명당이다.

● 5. 오봉산과 권씨할머니 묘 기맥도

　주산인 오봉산의 정기는 주변 30리는 족히 제압하고도 남음이 있으며, 힘차게 내려뻗은 내룡은 변화의 생기가 왕성하고, 횡룡으로 입수한 후장은 시청 쪽에서 암반이 받쳐주어 이곳이 대길지임을 암시한다. 둥글게 둘러쳐진 청룡 백호는 자연 그대로의 울타리 역할을 한다. 집 한 채 들어선다면 별도의 울타리가 필요치 않을 정도의 훌륭한 자연 담장의 모습을 하고 있는 것이다. 백운산 낙맥에 자리잡은 부군인 김인백과 증손자 김유의 묘 또한 진혈(眞穴)이며, 안동 권씨 할머니의 묘와 동서로 마주하고 있다.

　고서에 이르기를 "꼭 대길지를 탐할 것 없다. 대소를 가릴 것 없이 2~3대에 하나씩이라도 진혈을 얻을 수 있다면 천하 대길지를 얻음보다 못하지 않으리라."고 하였다.

● 6. 이조판서 김인백의 묘. 위치 : 의왕시 왕곡동 산 8

● 7. 김인백의 증손자 김유의 묘. 위치 : 의왕시 왕곡동 산9-3

청풍김씨의 발복터 장독대 명당

6. 고려 시인 삼혹호선생 이규보

여주이씨 이규보의 묘역

이규보(李奎報)는 고려 의종 22년, 지금의 여주 땅인 황려현(黃驪縣)에서 태어났고, 몽고의 난을 피해 임금과 함께 강화도로 피난 갔다가 74세에 별세하여 강화 백운곡에 묻혔다.

선생의 무덤은 지리가들에 의해서 강화 제일명당으로 평가되곤 한다. 묘역의 명당을 살펴보면 주산과 청룡 백호의 균형이 맞고, 안산과 조산이 적당한 거리에서 조응하는 모습이 매우 안정되어

✤ 1. 고려 시인 삼혹호선생 이규보의 묘역
　　위치 : 인천시 강화군 길상면 길직리 산115

2. 청룡 백호가 교쇄하는 안산. 조산은 정족산(전등사의 진산)이다.

평화롭다. 술사 마다 살피는 관점이 다르기는 해도, 균형과 안정을 제일로 삼는 것에는 이론의 여지가 없다.

중조산(中祖山)은 불은면 덕정산(325m)으로, 동남방으로 십여 리 지나서 고려 시중 허유전의 명당을 만들고, 다시 십여 리 남진하여 길상면 길직리 백운곡을 만들고 좌측으로 정족산 전등사에 이르는 용맥이 흘러들어 청룡을 만들었다.

백호는 효자터 마을을 감싸 안으며 길상저수지 상류에서 멈추니, 혈장이 좌선하여 백호작국을 이루기 안성맞춤이다.

내룡맥은 변화의 생기가 왕성하여 후덕한 혈판을 거느리기에 족하며, 입수는 취기가 긴밀하고, 좌우선익이 혈판을 넉넉하게 보호하며, 전순 주작이 튼튼하게 받쳐주니, 입수·좌우선익·혈판·전순의 당판오악(堂坂五嶽)이 완벽하다.

결혈(結穴) 조건이 빈틈없고 온화하여 혹 나태할까 두렵다. 필자의 30여 년 경험에 비추어 보더라도 "사후 유택의 모습을 보면 무덤

3. 이규보의 묘역 기맥도

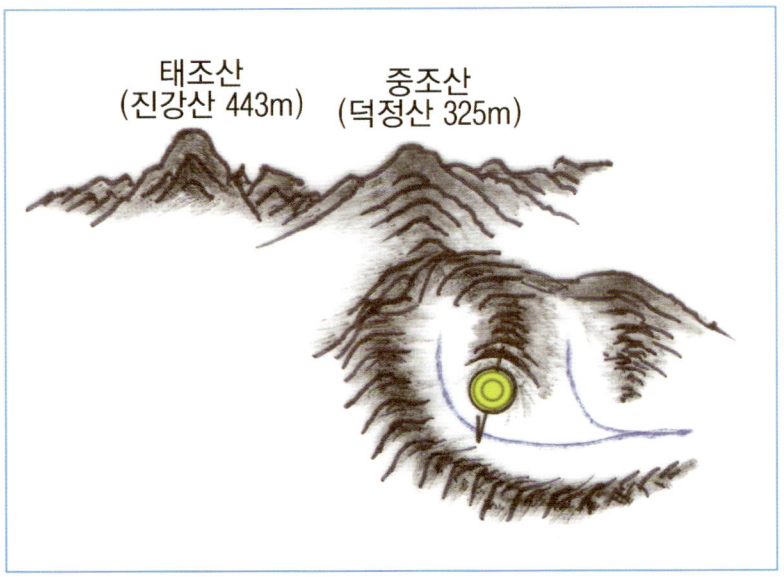

4. 이규보의 묘역

주인의 생전의 모습을 알 수 있다."고 할 정도로 그 성정(性情)이 같을 확률이 높기 때문이다.

　몇 년 전 남한강변의 이포나루에서 멀지 않은 곳에 있는 서희(徐熙)장군의 묘역(여주군 산북면)을 답사하기 위해 지나다가, 도로변에 아주 화려한 유영각(遺影閣)의 문을 활짝 열어놓은 묘역을 발견하고는 호기심이 발동하여 찾아간 적이 있었다.

　보존 상태가 양호한 영정과 묘역을 둘러보고 내려오는데, 그 묘역의 후손인 듯한 청년이 앞길을 막고 시비를 걸기를 "왜 사전 양해 없이 묘역을 살펴봤느냐?"는 것이었다. 적당히 사과를 하고는 황급히 자리를 피했는데, 담장이나 경계를 표시한 안내문도 없이 출입을 금한다니, 이럴 때는 꼭 무슨 곡절이 숨어있기 마련이다. 틀림없이 그 무덤의 주인이 떳떳치 못한 생전의 오점이 있을 것이다. 만인의 존경을 받는 훌륭한 인물이라면 "어서 오십시오." 하고, 빛나는 조

● 5. 이규보의 영정을 모신 유영각(遺影閣)

상의 업적을 밝힌 안내문을 비치하고 환대하는 마음으로 방문자를 맞이했을 것이다.

그렇지 않아도 그 묘역의 좌선익이 혈장을 감싸 보호하지 않고 반대로 역하고 있었고, 그래서 못 볼 것을 본 것처럼 기억을 지우면서 서둘러 발길을 돌리는 중이었다. 사실 그 주인공은 인종과 명종 때 소윤·대윤의 진흙탕 싸움과 무관치 않았던 것이다.

오늘의 주인공 삼혹호 이규보선생은 생전에 나태한 듯 유약한 듯 지내며, 한 자루의 붓과 한 잔의 술로 시를 지으며, 거칠고 무식한 무인세상을 유유자적하게 살았다. 그 편안한 모습이 천 년 세월이 흐른 지금도 변함없이 그대로 묻어나고 있어 찾는 이의 마음에 감동을 준다. 선생은 한평생 수많은 시를 지어 해동의 공자(孔子)요 민족의 서사시인으로 추앙받고 있는데, 한평생 시와 거문고와 술을 즐겼다하여, 별호가 시·금·주(詩琴酒)를 미치도록 좋아한다는 뜻의 '삼혹호(三酷好)선생'이다.

어릴 때부터 술 마시고 시 짓는 것을 즐기며 과거 시험을 소홀히 하다가, 22세에 그것도 4번 만에 사마시에 장원을 했다. 그렇지만 나이 30이 넘도록 번듯한 벼슬 한번 못하였다.

● 6. 백운 이규보선생 문학비

🔸 7. 재실(四可齋)

32세가 되어서야 고위 무관들 앞에서 술 마시고 시를 짓다가, 그 실력을 인정받아 제법 벼슬다운 직위를 얻게 되어 관직생활을 시작한 것이다.

단 한 자루의 붓으로 세상을 평정한 이규보

이규보는 고려중기 무인천하에서 단 한 자루의 붓으로 호부상서·집현전대학사·금자광록대부 문하시랑평장사로 치사(致仕 : 정년퇴임)한 학자요 정치가이다. 본향인 여주 땅은 원래 골내근현(骨乃斤縣)으로 불리던 곳이었다. 고려 태조 23년에 황려현(黃驪縣)이 된 후, 고종 1년에는 영의(永義)가 되고, 충렬왕 31년에는 여흥군(驪興郡)으로 승격하여 불리다가, 조선조에 들어와서 여주(驪州)가 되었다.

　여주이씨(驪州李氏)는 시조를 달리하는 인덕계(仁德系)·윤수계(允綏系)·세정계(世貞系)의 3파가 있는데, 이규보선생은 윤수계의 시조가 되는 호부낭중 이윤수의 아들이며, 선생의 후손이 여주이씨의 거의 전부라 할 정도로 번창한 문중이 되었다.

　선생의 초명은 인저(仁氐), 자는 춘경(春卿), 호는 백운거사(白雲居士)·삼혹호선생이다. 9세에 이미 신동으로 알려졌으며, 소년시절부터 술과 시를 좋아하여 자유분방하게 지냈지만, 14세에 이미 성명재(誠明齋)의 하과(夏課)[7]에서 시를 지어 기재(奇才)로 명성을 날리며, 과거시험 보기를 하찮게 여기고 강좌칠현(江左七賢)의 모임에 드나들었다 한다.

　강좌칠현이란, 고려후기에 청담(淸談)을 즐기던 7명의 선비를 말하는데, 그 당시 무인정권이 수립된 이후 문인을 숙청하는 분위기가 계속되자 문인들이 산림에 은거하거나 불교에 의탁하는 자가 많았다. 이 가운데 서로 의(義)를 맺어 망년지우(忘年之友)를 삼고 시와 술을 즐긴 이인로(李仁老)·오세재(吳世才)·임춘(林春)·조통(趙通)·황보항(皇甫抗)·함순(咸淳)·이담지(李潭之)를 중국의 죽림칠현(竹林七賢)에 비유하여 강좌칠현이라 불렀으나, 후일 이인로(李仁老) 등은 무인정권하에서 벼슬을 하기도 하였다.

　이규보는 자유분방한 생활로 16세, 18세, 20세 등 3번에 걸쳐 사마시(司馬試)에 낙방하고, 22세에 어렵사리 급제를 하였다. 그러나 출

---

7) 여름철에 절을 빌려서 과거시험 준비를 하던 학습모임.

세의 기회를 잡지 못하고, 개성 천마산(天摩山)에 들어가 백운거사라고 자칭하면서 시를 지으며 장자(莊子)사상에 심취하였다.

　26세에 개성으로 돌아와 궁핍한 생활을 하면서도, 당시의 문란한 정치와 혼란한 사회를 보고 크게 각성하여, 민족의 대서사시(大敍事詩)라 평가 받고 있는 「동명왕편(東明王篇)」을 지었다. 그 후 최충헌 정권에 시문으로 접근하여 문학적 재능을 인정받고, 32세에 전주목에서 사록 겸 장서기로 벼슬길에 오르게 되었다.

　선생은 그 후 위도에 유배당하고 삭직을 당하기도 했으나, 한림시강학사 등 여러 벼슬을 하면서 비교적 순탄한 관료생활을 했고, 말년에는 인신(人臣) 최고위직을 거쳐 순탄한 정년을 마치게 되었으며 불교에 귀의하였다.

무인천하에서 문운(文運)을 일으킨 삼혹호 선생

　이규보선생은 술과 거문고 그리고 시를 너무 좋아하여 스스로를 삼혹호선생이라고 하였다. 항상 자세를 낮추고 살아온 호탕한 인품으로, 그 시풍 또한 거침없고 활달하기로 이름이 나있다.

　한 시대를 풍미한 걸출한 시호(詩豪)이며, 벼슬에 임명될 때마다 그 감상을 즉흥적인 시로 표현하여 많은 작품을 남길 정도로 시를 좋아하였다. 시인으로서의 명성뿐만 아니라 문장력도 대단하여서, 몽고가 전승국으로서 군사와 재물 등을 가혹하게 요구할 때, 「진정표(陳情表)」를 지어 몽고황제를 감복시킴으로써 스스로의 요구를 물리게 한 것으로도 유명하다.

또한 '규보'라는 이름에는 특별한 사연이 있었다.

선생이 22세 되던 해 과거를 준비하다가 곤한 잠이 들었는데, 꿈속에서 검정 옷을 입은 한 무리의 사람들이 우거진 숲속에서 술을 마시고 있었다. 술 좋아하는 이규보선생이 참지 못하고 한잔 술을 부탁하며 통성명을 하자 "우리들은 하늘의 이십팔수(二十八宿)이다" 하는 것이 아닌가! 이규보가 절하면서 이번 과거에서 합격할 사람이 누구인지 물으니, 건너편 사람을 가리키며 저 사람이 규성(奎星)으로 과거시험을 맡고 있는 별자리이니 잘 알고 있을 것이라고 하였다. 다가서서 물어보려는 순간 잠이 깨었는데, 잠시 후 다시 꿈속에서 그 규성이 와서 "그대가 이번에 장원하게 될 것이다. 허나 하늘의 기밀사항이니 누설하지 말라."고 하였다. 이규보의 초명은 인저(仁氐)였는데, 규성이 꿈속에서 장원급제를 알려준 고마움에 보답한다는 뜻에서 규보(奎報)로 개명하게 되었다고 한다.

그래서인지 무사히 과거에 급제하였다. 허나 무신정권과의 결탁이 없으면 출사를 꿈도 못 꾸던 시절이었다. 가난의 고통에도 불구하고 무신정권의 횡포에 동조할 수 없었던 이규보는, 개성의 천마산에 들어가 세상을 관조하며 10년이란 인고의 세월을 흘려보냈다.

그 당시 정중부와 경대승의 뒤를 이어 무인시대를 주름 잡던 최충헌·충수 형제는, 명종·신종·희종 등을 마음대로 폐위시키기도 하고 옹립도 하며, 문무의 인사권을 모두 장악하여 무인천하를 만들고 있었다.

이규보선생이 32세 되던 해였다. 무소불위의 권력가 최충헌이 무인통치로 인하여 이반된 민심을 돌리고, 퇴폐했던 문운(文運)의 부흥을 꾀하려는 동기에서 성대한 시회(詩會)를 열었다. 이규보도 더 이상 버티기 어려웠던지, 초청에 응하여 최충헌을 칭송하는 시를 짓고서야 겨우 전주목의 사록 겸 장서기 자리를 얻을 수 있었다. 그러나 부패한 환경 속에서 업무를 이룰 수 없었고, 또 강좌칠현의 옛 동지들이 그렇게 나약하냐고 비판을 해오자 1년 4개월 만에 그만두었다.

유아무와(有我無蛙)가 인생지한(人生之恨)

우리말에 와이료(蛙餌料)가 있고, 일본말에도 이와 비슷한 와이로(わいろ 賄賂)가 있다. 모두 뇌물을 뜻한다. 와이료는 고려시대를 대표하는 문인 이규보의 일화에서 찾을 수 있다.

고려 중엽 임금이 백성들의 민생을 파악하기 위해 평복으로 위장하고 야행을 다니던 중, 찢어지게 가난해 보이는 시골의 어느 초가에서 선비의 낭랑한 글 읽는 소리를 듣고 "지나가는 나그네인데 몹시 시장하니 요기할 것을 좀 줄 수 없겠느냐?"고 청하였다. 주인이 "지금 저희 집은 너무나 가난해서 먹을 것이라곤 냉수 한 사발밖에 없습니다. 조금만 더 내려가면 주막집이 있으니 오늘밤은 그곳에서 유숙 하시지요."라고 정중히 답했다.

어쩔 수 없이 임금이 발길을 돌리려는 순간, 대문에 붙어있는 글귀가 눈에 띄었다. "유아무와(有我無蛙) 인생지한(人生之恨)"이라는 문장이었다. 즉 "나의 학문적 실력은 뛰어나지만 개구리가 없는 것이 내 인생의 한"이란 뜻이다.

나름 글공부를 많이 했다고 자부하는 임금이지만, 전혀 보거나 듣지 못하던 이상한 글이었다. 그래서 이 말이 무슨 뜻인지 선비에게 물었다.

옛날 중국우화에 꾀꼬리와 뜸부기가 서로 자기 목소리가 훨씬 아름답다고 다투었다. 승부를 가릴 수가 없어 이웃에 사는 두루미를 심판으로 내세우고 3일 후에 결판을 보기로 하고 헤어졌다. 자신만만한 꾀꼬리였지만, '그래도 시험 당일까지는 노력하자'하고 열심히 연습을 했다. 한편 실력도 형편없는 뜸부기는 노래연습은 커녕 논두렁을 다니며 열심히 개구리만 잡으러 돌아다녔다. 개구리를 잡아서는 두루미에게 뇌물로 주며 뒤를 잘 부탁해 놓았다.

3일 후 꾀꼬리와 뜸부기가 노래를 한곡씩 뽑은 다음 초조한 눈으로 심판의 판정을 기다렸다. 그런데 두루미는 자신만만하게 노래실력을 자랑한 봄의 전령사 꾀꼬리는 본체만체하고, 대신 뜸부기의 손을 번쩍 들어 주고는 퇴장해 버렸다. 대문에 쓴 글은 이 우화를 자신의 처지에 비춘 것으로, 부패한 조정에 대한 탄식의 글이라고 하였다.

이 말을 다 듣고 난 임금이, 조정에서 실시하는 과거가 5일 후에 있다는 것을 아느냐고 물으니, 선비는 내가 수년을 한결같이 옳은 답을 적어냈으나, 매번 낙방한 것은 시험관에게 주어야하는 개구리가 없었기 때문인 것을 아는 이상 과장에 나갈 뜻이 없다고 하였다.

임금이 자신도 시골의 별 볼일 없는 서생으로서 당신보다 더한 낙방을 했으나, 희망을 잃지 않고 과거를 또다시 보러가는 중이다. 나와 같이 마지막으로 한 번만 더 과거에 참가하자고 설득했다. 그리곤 대궐로 돌아오는 즉시 5일 후에 임시 과장을 열도록 명하였다.

이규보가 과장에 와보니, 시험관이 내걸은 시제가 '유아무와 인생지한'이었다. 다른 사람들이 그것이 무엇을 의미하는지 몰라 당황하고 있을 때, 용상을 향해 큰 절을 올리고는 단숨에 답안을 적어 올렸다. 당연히 장원급제였다.

이규보의 글은 『동국이상국집(東國李相國集)』에 잘 나와 있다. 특히 회문시(回文詩)를 잘 지었는데, 회문시는 첫 글자부터 순서대로 읽어도 뜻이 통하고, 제일 끝 글자부터 거꾸로 읽어도 뜻이 통하는 재미있는 시 형식이다. 또한 뜻만 통하는 것이 아니라 운도 잘 맞아야한다. 일종의 배체시이자 유희시이다. 앞뒤로 운의 제한을 받고 또한 순서대로 읽거나 거꾸로 읽거나 뜻이 통하도록 하여야하는 특징 때문에 짓기가 여간 어려운 것이 아니다. 여기에 『동국이상국집』에 실린 이규보선생의 회문시 중에 「미인원」 한 편을 소개한다.

미인원(美人怨)

① 장단제앵춘 腸斷啼鶯春 꾀꼬리 우는 봄날 애간장이 타는데
② 낙화홍족지 落花紅簇地 떨어지는 꽃잎은 둥지를 물들이네
③ 향금효침고 香衾曉枕孤 향내 나는 이불속 새벽 베개 외로우니

④ 옥검쌍류루 玉臉雙流淚 옥같이 고운 뺨 두 줄기 눈물일세
⑤ 낭신박여운 郎信薄如雲 임의 약속 못 믿을 건 뜬구름 같고
⑥ 첩정요사수 妾情搖似水 이 내 마음 물같이 흔들리네
⑦ 장일도여수 長日度與誰 긴긴 날을 누구와 함께 지낼까
⑧ 추각수미취 皺却愁眉翠 근심하느라 검은 눈썹 주름지네

위의 시를 역독8)했을 때는 다음과 같다.

⑧ 취미수각추 翠眉愁却皺 검은 눈썹 수심 겨워 주름이 지고
⑦ 수여도일장 誰與度日長 뉘와 함께 긴긴 날을 지새워볼까
⑥ 수사요정첩 水似搖情妾 냇물은 내 마음인양 출렁거리고
⑤ 운여박신낭 雲如薄信郎 구름은 못 믿을 님의 마음일세
④ 루류쌍검옥 淚流雙臉玉 두 뺨에 주옥 같은 눈물 흐르고
③ 고침효금향 孤枕曉衾香 새벽녘 외로운 베개 이불만 향기롭네
② 지족홍화락 地簇紅花落 땅 위엔 가득하게 붉은 꽃잎 떨어지고
① 춘앵제단장 春鸎啼斷腸 봄 꾀꼬리 우는 소리 애간장만 타누나

역시 『동국이상국집』에 수록되어있는 고구려 건국신화의 대서사시 「주몽·동명왕편」은 고구려를 건국한 동명왕에 관한 신화와 전설을 오언시로 쓴 장편서사시로 총 282구 4천자에 이른다.
이 글은 기사체 문학의 선구적 위치에 있다는 평가를 받고 있는데

---

8) 逆讀 : 맨 끝 자부터 역으로 읽음.

다음과 같다.

　세상에서는 동명왕의 신통하고 이상한 일을 많이 말한다. 어리석은 남녀들까지 흔히 그 일을 말한다. 내가 그 얘기를 듣고 웃으면서 "선사(先師) 중니(仲尼)께서는 괴력난신(怪力亂神)을 말씀하지 않았다. 동명왕의 일은 실로 황당하고 기괴하여 우리들이 얘기할 것이 못 된다."고 하였다.
　뒤에 『위서(魏書)』와 『통전(通典)』을 읽어보니, 역시 그 일을 실었으나 너무 간략하여 자세하지 못하였다. 그 까닭이 국내의 것은 자세히 하고, 외국의 것은 소략히 하려는 중국사람의 뜻인지도 모른다.
　지난 계축년 4월에 『구삼국사(舊三國史)』를 얻어 「동명왕본기(東明王本紀)」를 보니, 그 신이(神異)한 사적이 세상에서 얘기하는 것보다 더했다. 처음에는 믿지 못하고 귀(鬼)나 환(幻)으로만 생각하였는데, 세 번 반복하여 읽어서 점점 그 근원에 들어가니, 환(幻)이 아니고 성(聖)이며, 귀(鬼)가 아니고 신(神)이었다. 하물며 『국사(國史)』는 사실 그대로를 쓴 글이니 어찌 거짓을 전하였으랴! 김부식공이 『국사』를 중찬할 때에 그 일을 생략하였으니, 공은 『국사』는 세상을 바로잡는 글이므로 크게 이상한 일은 후세에 보일 것이 아니라고 생각하여 생략한 것이 아닌가?
　「당현종본기(唐玄宗本紀)」와 「양귀비전(楊貴妃傳)」에는 방사(方士)가 하늘에 오르고 땅에 들어갔다는 일이 없는데, 오직 시인 백락천(白樂天)이 그 일이 인멸될 것을 두려워하여 노래를 지어 기록하

고려시인 삼혹호선생 이규보

였다. 저것은 실로 황당하고 음란하고 기괴하고 허탄한 일인데도 오히려 옳어서 후세에 보였거늘, 동명왕의 일은 신이(神異)한 것으로 여러 사람의 눈을 현혹한 것이 아니고, 나라를 창시한 신기한 사적이니 이것을 기술하지 않으면 후인들이 장차 어떻게 알 것인가? 그러므로 시(詩)를 지어 기록하여 우리나라가 본래 성인(聖人)의 나라라는 것을 천하에 알리고자 하는 것이다.

고구려 시조 동명성왕의 탄생 설화

　…중략…
해동의 해모수는 / 海東解慕漱
참으로 하느님의 아들이시네 / 眞是天之子
처음 공중에서 내려오는데 / 初從空中下
자신은 다섯 용이 끄는 수레를 타고 / 身乘五龍軌
따르는 사람 백여 인은 / 從者百餘人
고니를 타고 깃털 옷을 화려하게 입었다 / 騎鵠紛襂襹
맑은 풍악 소리 쟁쟁 울리고 / 淸樂動鏘洋
채색 구름은 뭉게뭉게 / 彩雲浮旖旎
　……
금와왕이 해모수의 왕비인 것을 알고 / 王知慕漱妃
이내 별궁에 모셨다 / 仍以別宮置
해를 품고 주몽을 낳으니 / 懷日生朱蒙

이해가 계해년이다 / 是歲歲在癸

골상이 참으로 기이하고 / 骨表諒最奇

우는 소리 또한 매우 컸다 / 啼聲亦甚偉

처음에 되만한 알을 낳으니 / 初生卵如升

모두가 깜짝 놀랐다 / 觀者皆驚悸

금와왕이 "상서롭지 못하도다 / 王以爲不祥

이것이 어찌 사람의 종류인가!" / 此豈人之類

마구간 속에 두었더니 / 置之馬牧中

여러 말들이 모두 밟지 않고 / 群馬皆不履

깊은 산 속에 버렸더니 / 棄之深山中

온갖 짐승이 모두 옹위하였다 / 百獸皆擁衛

……

채찍을 잡고 저 하늘을 가리키며 / 秉策指彼蒼

개연히 큰 소리로 외치기를 / 慨然發長喟

"천제의 손자 하백의 외손이 / 天孫河伯甥

난을 피하여 이곳에 이르렀소 / 避難至於此

불쌍한 고아의 마음을 / 哀哀孤子心

하늘과 땅이 차마 버리시니잇가?" / 天地其忍棄

활을 잡아 하수를 치니 / 操弓打河水

고기와 자라가 머리와 꼬리를 나란히 하여 / 魚鼈騈首尾

높직한 다리를 만들어 / 屹然成橋梯

이에 건널 수 있었다 / 始乃得渡矣

조금 뒤에 쫓는 군사 이르러 / 俄爾追兵至

고려시인 삼혹호선생 이규보

다리에 오르자 곧바로 무너졌다 / 上橋橋旋圮

……

고구려왕으로 재위한지 십구 년 만에 / 在位十九年

하늘에 오른 뒤 내려오지 않았다 / 升天不下莅

뜻이 크고 기이한 능력 있으니 / 俶儻有奇節

원자의 이름은 유리이다 / 元子曰類利

칼을 얻어 부왕의 위를 이었고 / 得劍繼父位

물동이 구멍 막아 남의 꾸지람을 그치게 했다 / 塞盆止人罵

……

「동명왕편」은 중화중심의 역사의식에서 탈피하여 『구삼국사』에서 소재를 취함으로써, 우리의 민족적 우월성 및 고려가 위대한 고구려를 계승하였다는 고려인의 자부심을 천추만대에 전하겠다는 의도에서 쓰여진 것으로 파악된다. 이것은 젊은(26세) 이규보의 국가관과 민족에 대한 자부심, 그리고 외적에 대한 항거정신이 잘 나타나 있는 작품이다.

북방대륙에서 한반도의 남단에 이르기까지 넓은 강토와 천상·해상 등 삼계를 무대로 설정하고, 영웅호걸의 상호갈등을 통하여 사건이 전개 발전되고, 힘과 힘, 꾀와 꾀, 신통력의 대결을 통하여 국가를 건설해서 역사적 대업을 완수하는 사실이 반영되고 있는 것이다.

절화행(折花行)

이규보의 시는 서정적이기도 해서 「동명왕편」에서 보이는 영웅의 기개와는 또 다른 면을 보인다. 그 대표적인 시로 「절화행」을 소개한다.

목단함로진주과 牧丹含露眞珠顆 진주이슬 머금은 모란꽃을
미인절득창전과 美人折得窓前過 예쁜 신부 꺾어들고 창가로 와서
함소문단랑 含笑問檀郎 방긋 웃으며 신랑에게 묻기를
화강첩모강 花强妾貌强 꽃이 예쁜가요, 제가 예쁜가요?
단랑고상희 檀郎故相戱 신랑이 일부러 장난치느라
강도화지호 强道花枝好 꽃이 자기보다 더 예쁘구려
미인투화승 美人妬花勝 그말에 신부가 샘이 나서
답파화지도 踏破花枝道 꽃가지를 밟아 뭉개면서
화약승어첩 花若勝於妾 꽃이 저보다 예쁘시거든
금소화여숙 今宵花與宿 오늘 밤은 꽃하고 주무시구려

이 시를 읽으면 깊이 생각할 필요도 없이 저절로 얼굴에 미소가 지어진다. 또 이규보는 픽션의 창작도 하였는데, 그의 다양한 정신세계와 더불어 다양한 문학쟝르를 넘나든 다재다능을 엿볼 수 있다. 그 대표작으로 「국선생전」을 소개한다.

국선생전(麴先生傳)

「국선생전」은 술을 의인화하여 지은 작품이다. 이 작품에 등장하는 인물이나 지명을 모두 술과 관련된 한자(漢字)를 골라 적었으며, 술도 이용하기 나름이라고 미화하면서 낙천적으로 썼다는 특징이 있다. 또 주인공의 이름을 국성(麴聖 : 누룩 국, 성인 성)이라고 해서 '성인 성'자를 써서 높인 것과, 작품의 끝에 "국(麴)씨는 대대로 농군이었고, 국성이 두터운 덕과 많은 재주로 임금의 심복이 되어 나라의 정사를 이끌고, 임금의 마음을 기쁘게 함이 있어, 거의 태평한 세상의 공을 이루었으니 장하도다!" 라고 평하고 있는데서 볼 수 있듯이, 국성을 훌륭한 신하의 모범으로 설정하고 있다. 임금을 도와 태평성대를 이루게 하는 공신으로 그리고 있는 것이다.

이 작품의 주인공인 국성의 자는 중지(中之)이며 주천(酒泉)사람이다. 그의 조상은 온(溫)땅 사람으로 농사를 지으며 살았는데, 그의 아버지 때에 이르러 비로소 벼슬을 하였다. 국성은 어려서부터 국량(局量)이 깊었고, 유령(劉伶) 도잠(陶潛)과 더불어 벗으로 지냈다. … 임금이 국성을 기특히 여겨 그의 이름을 부르지 않고 국선생(麴先生)이라 부르게 되었다.

그러나 그의 아들 혹(酷 : 독한 술)과 포(醺 : 단술, 계명주)·역(醳 : 쓰고 진한 술)이 아버지의 총애를 믿고 방자하게 굴다가 중서령 모영(毛穎 : 붓)의 탄핵을 받아 자살을 하고 국성도 서인으로 떨어지고 말았다.

국성이 파면된 틈을 이용하여 제군(齊郡)과 격주(鬲州) 등지에서 난리가 일어나자 다시 국성을 불러 원수로 삼았다. 국성은 수성(愁城)에 물을 대어 한 번에 적을 궤멸시켰고, 그 공으로 상동후(湘東侯)에 봉해졌다. 그 후 국성은 여러 번 표를 올려 물러난 뒤, 고향에 돌아가 갑자기 병에 걸려 죽었다.

 역시 술을 의인화한 「국순전(麴醇傳)」이 술의 나쁜 점을 취하여 현실을 풍자한 것과는 대조적으로, 이 작품은 술의 좋은 점을 취해 의인화하고 있다는 점에서 주목받는 작품이라고 볼 수 있으며, 고난과 풍파를 많이 겪었음에도 불구하고 낙천적인 작품활동을 했음을 알 수 있다. 앞서 필자가 "결혈(結穴) 조건이 빈틈없고 온화하여 혹 나태할까 두렵다."고 했는데, 이규보선생의 생애와 작품을 감상해볼 때 사후지와 너무 잘 어울린다는 생각을 지울 수 없다.

7. 안동김씨 세도의 근원지 옥호저수

안동김씨는 매운 피가 흐른다

안동김씨(安東金氏)는 시조를 달리하는 신(新) 안동김씨와 구(舊) 안동김씨가 있다. 신 안동김씨는 신라 말 고창군9) 성주였으며, 권행10) 및 장정필11)과 함께 왕건을 도와 개국공신 대광태사에 오른 김선평(金宣平)을 시조로 하고, 구 안동김씨는 경순왕의 손자인 평장사 김숙승(金叔承)을 시조로 한다.

그러나 안동김씨 하면 신 안동김씨를 떠올릴 정도로 조선중기 이후 권문세도의 지위를 누렸다. 2011년 인구통계에 의하면 남한거주 신 안동김씨는 47,000여 명이고 구 안동김씨는 425,000여 명으로 1 : 9의 비율이다. 그런데도 조선시대 문과 급제자수는 158명과 163명으로 거의 같은 수준이다. 풍수에서는 화복을 논할 때 귀(貴)·부(富)·손(孫)으로 분류하고, 이 세 가지가 충족되면 오복(五福)을 타고난 것으로 평가하는데, 구 안동김씨는 자손복이 많고, 신 안동김씨는 인물복이 많다고 볼 수 있겠다.

---

9) 고창군(古昌郡) : 안동의 옛 지명.
10) 권행(權幸) : 안동권씨의 시조.
11) 장정필(張貞弼) : 안동장씨의 시조.

신 안동김씨는 은관자·금관자가 3말이라 하는데, 관자(貫子)란 조선조에서 정3품 이상의 고관들이 망건 줄에 꿰던 옥과 금으로 만든 고리를 말한다. 종1품 숭록대부와 숭정대부 이상은 무각옥관자를 달았고, 정3품 통정대부는 조각옥관자를 달았으며, 정2품 가의·가선대부는 무각금관자, 종2품 정헌·자헌대부는 조각금관자를 달았다.

금관자를 양적으로 따진다면 안동김씨를 따를 문중이 없을 것이라는데, 조선조 말엽의 짧은 기간에 무려 15명의 정승과 6명의 대제학, 3명의 왕비를 배출하면서 10촌 안팎의 형제·친척들이 국정을 장악하여 세도가문의 대명사 노릇을 하게 된 것이다. 그 서막을 열기 시작한 인물은 병자호란 때의 척화파 청음(淸陰) 김상헌(金尙憲) 선생을 들 수 있는데, 청음과 같은 인물의 근원지를 풍수적으로 고찰하자면, 그 5대조와 증조의 명당을 찾지 않고는 설명할 수 없을 것이다.

신 안동김씨의 번창은 학조대사의 작품

청음의 5대 조부인 한성부 판관 김계권(金係權)과 5대 조모 예천 권씨(醴泉權氏)의 묘는 창평부수(蒼萍浮水) 형국으로 알려진 대명당으로 안동시 풍산읍 소산리 역동마을에 있다. 또 증조부 평양부서윤 김번(金璠)의 옥호저수(玉壺貯水) 대명당은 남양주시 와부읍 석실마을에 자리 잡고 있다.

🌐 1. 김상헌의 5대 조부 김계권의 묘(김계권의 장남 학조대사가 묏자리를 잡았다).   위치 : 경북 안동시 풍산읍 소산리 산26-1

🌐 2. 김계권의 묘 후경

 3. 김상헌의 5대 조모 예천권씨(학조대사의 모친)의 묘
　 위치 : 5대조부 김계권의 50여 보 윗자리

 더욱 특이한 점은 이 두 곳의 터를 잡은 분이 세조의 국사였던 등곡(燈谷) 학조대사(學祖大師)였는데, 학조대사는 김계권의 아들 5형제 중 장남이며, 김번의 백부가 된다. 다시 말하면 학조대사는 자신의 속가 부모와 조카의 묏자리를 정해준 것이다.

 구전에 의하면 학조대사는 어릴 적부터 신동으로서 재주가 뛰어났으며, 특히 낭랑하게 글 읽는 소리를 지나던 노승이 듣고는 "저 아이는 속세를 떠나지 않으면 대역죄인이 될 것이다."라 하여 절집으로 떠나게 되었는데, 그의 발바닥에는 임금왕(王)자가 주서(朱書) 되어 있었다 한다. 지금과는 달리 왕조시대에 장차 제왕이 될 아이가 민가에서 성장하고 있다면, 그것이야말로 삼족이 멸망하고도 남을 큰 화근이었던 것이다.

역동마을에 있는 창평부수 형국의 대명당을 살펴보면, 윗자리에 청음의 5대 조모인 예천권씨의 명당이 유혈(乳穴)이고, 주산은 주위를 압도하며, 내룡은 변화의 생기가 왕룡으로 힘차고, 입수취기와 암반을 깔고 있는 당판결응이 태왕하여,「옥룡지리학회」관산모임에서도 이구동성으로 찬사를 아끼지 않았던 곳이다.

그러나 한 가지 결점이랄까 특징적인 것은, 5대 조모 바로 아래에 있는 5대 조부 김계권의 묘는, 당판의 취기한 모습이 권부인 묘의 안산역할을 하는 것 까지는 좋은데 이 모습이 일종의 역이라는 것이다. 이러한 형국은 윗자리가 완벽한 대길지일 경우는 결점으로 보지 않는다. 그 이유는 역을 할지라도 윗자리를 능가하는 정도가 아니기 때문에, 대국에 해가 안 되는 일종의 충성스러운 역으로 보아야 하기 때문이다.

5대 조모 아래의 판관공(5대 조부) 묘역 역시 당판 결응과 보국으로 보아 대단한 명당임에 틀림없으나, 한 가지 부족한 점은, 내룡 일절과 속기입수 한 부분이 빈약하여 일종의 절맥으로 볼 수 있을 정도이므로 대당판을 컨트롤하기에는 역부족이라는 것이다.

용맥은 장자 몫이 많고 당판결응은 지손 몫이 많다고 보는 것인데, 이 명당의 후손에서 장자에게 양자를 들이는 일이 빈번했고, 중간 자손에서 현달한 인물이 많이 배출되었다는 것 또한 여기에 그 연유가 있음을 암시하는 것이다.

옥호저수와 내팔거팔(來八去八)

학조대사가 속가 인척으로 막내아우의 둘째 며느리가 살고 있는 집을 방문하고는 대단한 명당이 숨어있음을 알았다. 그래서 조카며느리에게 지금 쓰고 있는 디딜방아간이 대명당임을 넌지시 일러주고는 어디론가 떠나버렸다. 그러나 이 땅은 조카며느리의 친정 남양 홍씨 가문의 소유였다. 조카며느리는 학조대사의 뜻을 잊지 않고, 친정집에 부탁하여 그 땅을 묫자리로 허락받아 자신과 부군(김번)의 사후지지로 삼았다.

친정집에서 그 땅이 명당자리임을 뒤늦게 알아차리고, 장례전날 밤사이에 물을 길어다 붓고는 이 자리는 물이 나는 곳이므로 다른 곳을 알아보도록 종용하였지만, 그 며느리는 한번 약속한 땅이므로 되돌릴 수 없다고 고집을 꺾지 않았다고 한다.

이 자리가 지금의 남양주시 와부읍 석실마을에 전해지고 있는,

◈ 4. 김상헌선생의 증조 김번 묘- 옥호저수 대명당의 전경.
위치 : 경기도 남양주시 와부읍 덕소리 산 5

옥호저수 대명당인데, 이곳 또한 범부의 눈으로는 도저히 납득이 안 된다. 학조대사가 아니면 아무도 모를 대길지가 아닌가 생각된

◉ 5. 옥호저수 후면에서 본 안산의 역한 목습. 김번 묘 후경

◉ 6. 김상헌 묘의 후면에서 본 안산 모습.

다.

결론부터 말하면 이 자리는 조선 8대 명당이라 하여 이름난 대명당이지만, 이기론과 형기론은 물론이고 같은 학파 사이에서도 서로 다른 주장이 첨예하게 맞서는 곳이다. 신 안동김씨의 세도가문을 연구하다 보면 이곳으로 귀착되므로, 순리에 역행한 사격이 있음에도 불구하고 '옥호저수(玉壺貯水)'라는 멋진 작명을 앞세워 명당임을 합리화시키려는 것이 아닌가하는 열띤 토론이 끊이지 않는 것이다.

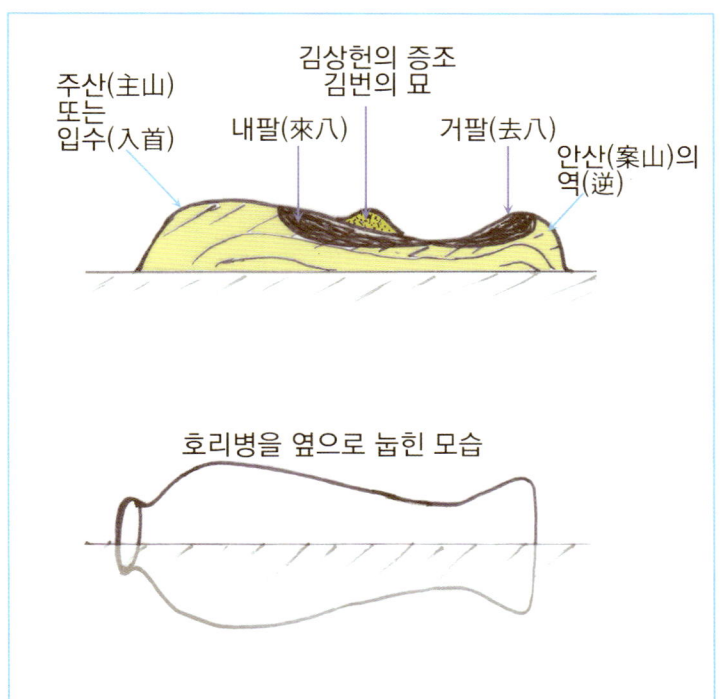

7. 호리병에 물을 채워 눕혀 놓았다고 하여 옥호저수(玉壺貯水)라 한다. 주산이 내미는 팔자형의 교쇄는 내팔이고, 안산봉이 내미는 팔자형의 교쇄는 거팔이라 한다. 세조의 왕사 학조대사가 자신의 조카며느리에게 일러주어 안동김씨가 크게 발복했다고 하는 대명당이다.

99

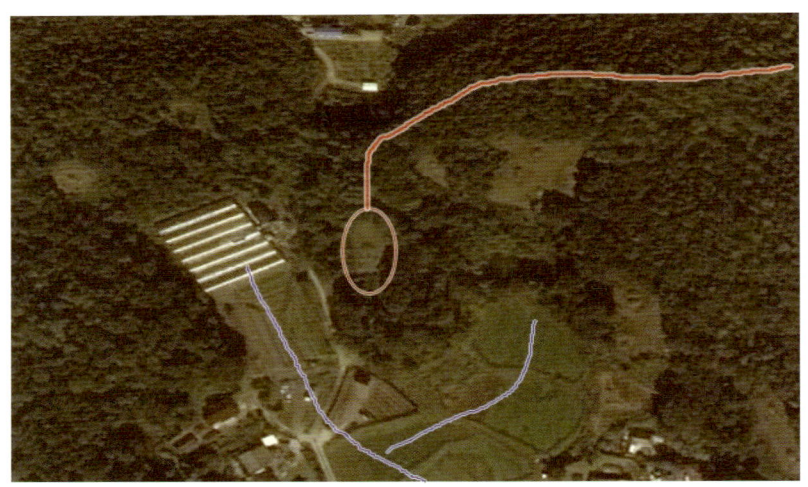

● 8. 옥호저수의 기맥도

　생김새가 호리병에 물을 반쯤 받아 옆으로 뉘어놓은 모습이라 하여 옥호저수라 한 것이지만, 요즘 같으면 날씬한 코카콜라병을 옆으로 뉘이고, 잘룩한 부분에 재혈하는 것을 찬성할 지사가 어디 있겠는가!. 말도 안 되는 무식한 짓이라는 비난의 소리가 온천지를 시끄럽게 하여 도저히 참지 못하고 다른 곳을 찾았을 것이다. 그러나 학조대사가 누구인가? 왕명으로 금강산 유점사를 중창했던 세조대왕의 왕사이며, 시아버지 사헌부 장령 김영수(金永銖)의 5형제 중 장형으로서 집안의 어른 아닌가!

　이 자리는 전순 주작에 연이어 매달린 안산독봉이 대단한 역리사(逆理沙)에 해당한다. 그러함에도 진혈(眞穴)에 재혈(裁穴) 할 수 있었던 것은, 안산독봉이 내려가던 길을 멈추고 되돌아서서 양팔을 벌리며 혈장(穴場)을 보호하고 있기 때문에 이것을 주인에 대한 순종으로 평가한 것이다.

또한 입수와 좌우선익이 혈판을 보호하며 양팔을 벌린 모습이 내팔(來八)이면, 흘러가던 안산독봉의 되돌아선 양팔은 거팔(去八)이다. 오고가는 두 사격이 혈을 보호하는 모습을 '옥호저수'와 '내팔거팔'이라 이름붙인 것이다.

그렇다고 해서 함부로 역리사격을 알면서도 취할 것은 못된다. 이것은 분명 순리가 아니고 개혁이며 또한 혁명적인 것을 암시하는 것이 틀림없기 때문이다. 실제로 병자호란 때 순절한 김번의 증손자 김상용(金尙容)선생은, 병자호란 시 주전파의 대표격인 김상헌의 형이다.

1636년 병자호란 때 원임대신으로 왕을 수행하여 강화도로 피난하였으나, 성이 함락되자 옷을 벗어 하인에게 주며 "이 옷을 내 자식에게 주어 이 의관으로 장사를 지내도록 하라."고 이르고는 화약고 위에 올라앉아 "담배를 피우겠으니 불을 가져오라."하여 화약에 불을 당겼다. 손자 수전(壽全)이 옆에 있는 것을 본 상용이 하인에게 그를 피신시키라 하였으나, 13세의 어린 수전이 극구 뿌리치며 "할아버지와 함께 죽겠다"고 하여 결국 함께 순절하고 말았다.

김상헌선생 또한 서인의 청서파(淸西派) 영수로서, 청과의 화의에 적극 반대하고, 명나라를 치기 위한 청나라의 파병요구를 강력히 반대하다가 심양으로 잡혀가는 몸이 되었다. 돌아올 기약 없는 발길을 옮기며 읊은 시조는 오늘날에도 많은 이들이 애송하고 있다.

가노라 삼각산아 다시보자 한강수야
고국산천을 떠나고자 하랴마는
시절이 하수상하니 올동 말동하여라

그는 6년 만에 살아 돌아왔지만, 청태종 앞에서도 "허리가 아파서 꿇어 엎드리지 못하겠다."고 한 기개를 보고 안동김씨는 "머운 피가 흐른다."고 한 것이며, 옥호저수와 내팔거팔의 역리사격에 연관지어 평가하는 것이다.

안동김씨의 인물

조선조의 3대 세도가문을 꼽는다면 첫째는 조만영(趙萬永)의 풍양조씨(豊壤趙氏)가 있고, 둘째로는 김조순(金祖淳)의 안동김씨(安東金氏)이며, 셋째는 민유중(閔維重)의 여흥민씨(驪興閔氏)를 들 수 있다.

안동김씨는 옥호저수에 묻힌 김번의 증손자인 우의정 김상용과 좌의정 김상헌 형제시대부터 두각을 나타내었으며, 또한 김상헌의 손자 수증(壽增)·수흥(壽興)·수항(壽恒)의 3형제는 빛난 가문을 더욱 화려하게 재조명하였다.

첫째인 수증은 효종 때 형조정랑을 지냈고, 숙종 때는 성천부사 재임 중, 셋째 동생 수항이 송시열과 같이 유배를 당하자 춘천의 산중에서 숨어 살았다. 둘째인 수흥은 효종 6년 문과에 급제하여

9. 김상헌과 조부 김생해의 명당 모습.

숙종 14년 영의정에 올랐다. 셋째 수항은 효종 2년 문과에 장원하여 대제학·이조판서 등을 거쳐 숙종 6년 영의정이 되어 둘째와 셋째가 한 임금을 섬기는 영의정의 영예를 안았다.

안동김씨의 6창(昌)이라 불리는 수항의 아들 6형제는 모두가 유명한 인물인데, 맏이 김창집(金昌集)은 숙종 43년 영의정에 올라 부친 김수항과 함께 부자 영의정이라는 영광을 차지하였고, 둘째 창협(昌協)은 대사간, 셋째 창흡(昌翕)은 성리학자이고, 넷째 창업(昌業)은 도학자(道學者) 등으로 현달하였다.

김창집의 손자 이소(履素)는 정조 때 좌의정이었고, 창집의 현손 김조순(金祖淳)은 양관대제학을 역임하고 그의 딸이 순조의 왕비가 되자 영안부원군이 됨으로서 안동김씨 세도정치의 시발점이 되었다. 그 외에도 영의정 김창집의 5대손인 병국(炳國)·병학(炳學)과 6대손인 흥근(興根)·좌근(左根)이 모두 영의정을 지냈다. 이중 하옥(荷屋)대감으로 유명했던 김좌근은 안동김씨 세도정치의 중추적인 인물인데, 헌종 4년 문과에 급제하여 6조의 판서를 모두 거치고, 철종 14년까지 영의정을 3번이나 중임하면서 세도를 누렸다. 그러나 고종 1년 흥선대원군의 등장으로 영의정은 물론 가문의 권세를 내려놓음으로써, 사실상 신 안동김씨 세도정치의 막을 내리는 인물이 되었다.

　참고로 신 안동김씨는 10대에 걸쳐 풍산의 창평부수(蒼萍浮水) 명당혈과, 남양주의 옥호저수(玉壺貯水) 및 김상헌과 그의 조부 김생해, 그리고 증손 김창집(金昌集)의 묘역 외에도 많은 명당을 쓰고, 그 음덕으로 찬란한 가문의 역사를 일으켜 300여 년간이나 권문세도를 누릴 수 있었다는 것이 대다수 지리가들의 견해이다.

안동김씨 세도의 근원지 옥호저수

8. 대구서씨 중흥조 약봉할아버지

『서씨 사적정해』에 조선 19대 임금인 숙종이 "마치 어미 쥐가 새끼 쥐를 거느리고 다니는 듯하다."고 하였다는 말이 있다. 조례에서 임금이 용상에 높이 앉아 있다가 한 말이다. 서씨 집안이 얼마나 번창했는지는 이 한마디 외에 무슨 말이 필요할까? 숙종시대에 서씨 문중에서 약봉 후손들은 참판급 이상만도 30여 명이나 되었다니 말이다. 그래서 용상에서 내려다본 숙종이 "어전회의에 줄지어 오가는 신하들이 온통 서씨 문중의 약봉 후손이구나!" 하고 감탄한 것이다.

대구서씨는 이천서씨에서 분적

서씨의 연원은 아득한 옛날 기자조선 시대에서부터 시작된다. 『조선 씨족통보』에 의하면 기자(箕子)의 40세손 준(準)이 난을 피하여 서아성[12]에 옮겨 살았으므로, 후손들이 '서아성'이라는 지명을 따라서 성을 서(徐)씨로 하고 관향을 이천으로 했다고 전한다. 신라의 개국공신으로 아성대장군을 지낸 서두라(徐豆羅)의 후손 서신일(徐

---

12) 서아성(徐阿城 : 지금의 경기도 이천.

神逸)이 이천서씨의 시조가 되었으며, 그 후 달성·장성·연산·남평·부여·평당·대구 등으로 분파되었다.

서씨는 모두 서신일의 후손으로 기록하고 있으므로, 모든 서씨는 이천서씨에서 분파한 것으로 추정하고 있으며,[13] 그중 대구서씨가 빼어난 인물을 가장 많이 배출한 집안으로 알려져 있다. 대구서씨의 대표적인 인물은 서거정과 서성을 꼽는데, 서거정(徐居正)은 서성의 고조부가 되는 서거광(徐居廣)의 동생이다. 대제학 권근의 외손으로 태어나, 세종에서 성종에 이르는 6대 왕조에 걸쳐 45년간 육조의 판서와 홍문관·예문관의 대제학 등을 역임한 대학자이다.

대구서씨 약봉(藥峯) 서성(徐渻)의 후손집안은, 전주이씨 백강 이경여(李敬輿), 연안이씨 월사 이정구(李廷龜), 광산김씨 사계 김장생(金長生) 가문과 함께 조선 4대 명벌로 손꼽는다.

약봉 서성

함재공(涵齋公) 서해(徐嶰)의 외아들 약봉 서성은, 당대 최고의 석학 이율곡과 송구봉의 문하에서 글을 배우고 20세에 문명을 날려 사림의 존경을 받기 시작했으며, 6도의 관찰사를 거쳐 5조의 판서를

---

13) 『만성 대동보』에서는 부여서씨의 시조는 백제 의자왕의 아들인데, 나라가 망하자 당나라에 들어갔다가 당나라 고종으로부터 서씨(徐氏) 성을 하사받은 것으로 기록하고 있다. 다만 그 이후의 확실한 고증자료가 없어 상고할 수는 없다.

연이어 중임하였고, 그 후 좌참찬·판중추부사에 이르렀다.

  약봉은 학문을 즐겼고 특히 역학을 깊이 연구하였으며, 서화에도 뛰어 났다. 인품이 후덕하였고, 조정의 의례가 문란할 때는 언제나 약봉과 의논해서 해결할 정도로 대신들의 장형과 같은 인물이었다 한다.

  약봉은 명종 13년 경북 안동군 일직면 망호리 소호헌(蘇湖軒)에서 태어났는데, 첫 돌이 지난 어린나이에 아버지가 돌아가시고, 어머니 고성이씨 마저 앞 못 보는 맹인이었으니 비록 양반가의 후손이었지만 앞날을 예측할 수 없는 암울한 시기를 보내야 했다.

  어쩔 수 없이 큰아버지 서엄(徐崦)이 맡아 길렀는데 큰 아버지마저 또 일찍 세상을 떠났다. 어린 서성은 수많은 어려움과 재난을 스스로 극복해야 했으며, 홀어머니의 훈육을 받으며 성장하였다. 운좋게 당대 최고의 석학인 이율곡의 문하에 들 수 있었는데, 이는 어린자식을 향한 어머니의 열화와 같은 교육열과 그의 탁월한 귀재를 인정받았기 때문이다.

  29세가 되는 선조 19년 별시문과에 장원급제하여 벼슬길에 들어섰으며, 사관·전적 등을 거쳐 병조의 관원이 되었다. 그 당시 조장이 서성의 재주를 알아보고 어려운 일은 언제나 그의 몫으로 돌려놓았는데, 능숙하게 잘 처리함으로써 동료들의 탄복을 샀다.

  선조 25년 임진왜란이 일어나자 왕을 호종하는 황정욱(黃廷彧)의 종사관으로 함경북도에 이르렀을 때에, 황정욱 등이 두 왕자와 함께 적에게 포로가 되었다. 서성이 홀로 계교를 써서 탈출 한 후, 군사를 일으키고 평사 정문부와 함께 연달아 적을 쳐부수고 승리를 거둠으로써, 병조정랑·병조참의 등으로 승진하였으며, 강원도·황해도·함경도·평안도감사 등 외직으로 옮겨 다니면서, 시기하는 자들의 방해를 알고는 칭병하고 물러나기도 하였다.

그 후 도승지·형조판서·병조판서 등의 내직을 역임하되, 오래 머물지 않고 사양하여 또다시 함경도 변방으로 나가게 되니, 그때 나이 40여 세로 발로 뛰고 눈으로 확인하면서 직책을 수행했다.

광해 5년 계축옥사가 일어났다. 계축옥사는 대북파 정인홍·이이첨 등이, 조령새재에서 잡은 살인강도들을 살려주는 조건으로, 인목대비의 부친 김제남이 영창대군을 옹립코자 군자금을 마련키 위하여 산적질을 시켰다고 허위 자백케 하여 소북파를 제거하는데 이용한 옥사이다. 이 사건에 서성도 연루되어 단양·영해·원주 등의 적소에서 11년간 있었지만, 조금도 흔들리지 않는 자세로 문을 굳게 닫아걸고 『주역』을 열심히 읽었다 한다.

인조반정으로 적소에서 풀려나와 형조판서 및 대사헌을 제수 받은 뒤, 영창대군과 인목대비 등을 폐했던 간당들을 말끔히 척결하여 누구나 할 것 없이 통쾌히 여겼다고 한다. 인조 9년, 74세를 일기로 별세하니 영의정에 추증되었다. 공은 역학과 서화에 뛰어났으며 『약봉문집』이 전한다. 시호를 충숙(忠肅)이라 하였으며, 정조 7년에 왕명으로 부조지전14)이 주어졌다.

---

14) 부조지전(不祧之典) : 나라에 공훈이 있는 사람의 신주를 영구히 사당에 모시게 하는 특전.

● 1. 약봉 서성의 묘 - 후면에 왕방산이 보인다.
　　위치 : 포천시 설운동 산 1-14

● 2. 약봉 서성의 묘와 신도비각 - 도로변에 평범한 모습이다.

● 3. 약봉의 묘에서 바라본 안산. 송우리 쪽에 아파트가 보인다.

● 4. 약봉 부모의 묘. 그 아래 계하에 조부모의 묘, 그리고 종택과 재실이 보인다.

4대 명벌이 된 약봉가문

　대구서씨가 명벌이 된 것은 선조 이후 고종에 이르는 300여 년간 약봉의 후손이 크게 현달하여 번창하였으며, 3대를 연이은 정승과 3대 연속 대제학, 그리고 대학자가 3대 이상 연이어 배출된 때문이다.

　약봉은 경우(景雨)·경수(景霌)·경빈(景霦)·경주(景霔)의 네 아들을 두었는데, 장남 경우는 인조 21년에 우의정을 지냈고, 넷째 경주는 선조의 딸인 정신옹주(貞愼翁主)와 혼인하여 부마가 되었다. 이 네 명의 아들에게서 손자가 13명, 증손자 34명, 현손 65명으로 번창함으로써 약봉일가의 세력신장에 크게 도움이 되었다.

　또 둘째 경수의 후손에서 영조의 왕비가 나왔고, 현손인 서용보는 영의정이 되었다.

　넷째 경주의 집안에서는 영의정 7명, 좌의정 1명, 대제학이 5명이나 배출하였다. 종합적으로 보면 약봉문중에서 당상관 28명, 정2품

이상이 34명, 종2품 이상 15명 등등 문과 급제자가 연속 6대에 걸쳐 105명이나 배출되어 서씨를 명벌의 반석 위에 올려놓은 것이다.

약봉의 가문은 선조 이후 300여 년간 국정을 이끌면서 정계를 주름잡았지만, 이렇다 할 사화나 옥사와 같은 참화를 벌이지 않은 것만 보더라도, 옳지 않은 일에는 나서지 않으며 중용의 도를 철저히 지켜온 훌륭한 가문임을 알 수 있다.

약봉이라는 인물이 출중하기도 하거니와, 또한 그의 자손들이 크게 번창하였기 때문에 약봉을 대구서씨의 중흥조라 하며 높여 부르는 것이며, 한편으로는 풍수연구가들이 약봉과 그의 친산 및 조부의 명당자리를 연구대상으로 삼는 것이다.

약봉의 부친 서해

약봉의 부친 서해(徐嶰)는 중종 32년(1537)에 출생하여 명종 14년(1559)에 사망하였으니, 이 세상에 머문 기간이 22년뿐이다. 한평생이 22년뿐이라면 무슨 경력이 있겠는가마는, 서해의 경우는 남긴 일화가 한둘이 아니다.

자신의 짧은 역사를 아름답게 꾸며놓은 까닭에, 그의 사후 후손들이 크게 번창할 수 있는 밑거름이 되었다. 서울에서 태어나 어린 시절을 보냈으며, 명종 8년 16세의 어린나이로 경북 안동군 일직면 망호의 고성이씨 가문으로 장가를 갔는데, 이때 신부의 나이는 14세였다.

서해의 일행이 혼례 일에 맞추어 안동의 고성이씨 신부 집에 당도한 다음에야 신부가 앞 못 보는 맹인이라는 것을 알게 되었다. 이거야말로 맑은 하늘에 날벼락이 아닌가? 난감해하던 집안의 후행 어른이 어린 신랑에게 "이 사람아 ! 돌아가세. 속았네." 혼인을 파하고 천리 길을 되돌아갈 것을 권한 것이다.

그러나 열여섯 살의 어린 신랑은 말없이 먼 하늘을 바라보며 한동안 생각에 잠기더니 "이것 또한 저의 운명으로 받아들이겠습니다. 제가 돌아서면 저 신부는 어떻게 되겠습니까? 혼례를 올리겠습니다."라고 하는 것이 아닌가! 어린 나이의 새신랑이 무슨 앞날을 예견할 수 있는 선견지명이 있었겠는가? 다만 자신이 손해를 보는 한이 있더라도 어린처자가 세상을 비관하는 일이 있어서는 안 된다는 일종의 의리가 발동했으리라.

훗날 처가인 고성이씨가 서씨 가문의 후원자가 되어 약봉의 일가를 반석위에 올려놓는 공을 세우게 되는데, 모든 일들이 저절로 나온 것이 아니고 일종의 인과응보 아니겠는가!

아내 고성이씨가 비록 앞을 보지 못하는 불구의 몸이지만 경제적인 여건은 남편보다 우위에 있었고, 당시 고성이씨 가문이 훨씬 더 뛰어남을 장점으로 선택하지 않았냐는 연구와 주장도 있지만, 꼭 그렇지만은 않은 것으로 보여 진다. 당시 서해의 부친 서고(徐固)는 충주목사를 거쳐 예조참의를 지내고 있었기 때문이다. 고성이씨는 안동의 명문가로, 청풍군수 이고의 무남독녀 외동딸이었으니, 향리의 토호세력으로서 재력은 앞섰는지 모르지만 신분차이는 신랑댁보다 나을 것이 없었다.

서해(徐嶰)는 혼인한 다음날부터 안동의 처가에서 살게 되었는데, 안동의 명문 도산서원에서 퇴계 이황을 스승으로 만나게 되는 행운을 잡았다. 그는 스승으로부터 재능을 인정받아 문하생으로서 수학하게 되었고, 어느새 학식과 덕행이 뛰어났다 해서, 젊은 나이에 안동향교의 전교로 추대되어 앞날이 창창했지만, 꽃다운 나이에 요절하고 말았다. 첫아들 서성을 낳은 지 불과 1년 만에 22세의 젊은 나이로 세상을 하직한 것이다.

당시 퇴계문하에서 동문수학했던 이들을 보면, 서애 류성룡은 5세 연하의 17세였고, 학봉 김성일은 1살 아래의 후배였으며, 한강 정구 선생은 15년 선배이다. 후일 이 나라 정계를 주름 잡던 이들이었으니, 퇴계의 수제자 서해의 요절이 국가적으로도 얼마나 안타까운 일이었겠는가?!

20세에 어머니가 된 이씨부인은 하늘같이 받들던 젊은 남편이 죽었으니, 하늘이 무너지는 충격에 휩싸여 차라리 남편의 뒤를 따르겠다는 결심을 몇 번이고 되뇌이며 반복했지만, 강보에 쌓인 어린자식을 생각하는 순간 어머니로서의 소임이 있다는 것을 깨달았다. 조선조 500년 역사상 명문가를 만드는 것은 권위적이고 매사에 자기중심으로만 살았던 남자들의 몫이 아니라, 자식을 위해서라면 어떠한 고통과 희생이 있더라도 달게 받아들이며 살아온 어머니들의 몫이 아니었던가!.

당시 혼자 사는 과부를 야음을 틈타 보쌈을 하는 풍속이 있었다. 서성의 어머니도 이웃 불량배들이 나이 어린 과부집을 넘보고 있다는 소문을 전해 듣고는, 시댁이 있는 서울로 가야겠다는 결심을 하

5. 2011.12.11 「한국옥룡지리학회」 현지답사.
   필자의 관산평을 듣고 있다.

게 된다. 결국 서울 약현15)으로 이주하게 되었고, 그 약현 마을이 후일 약봉(藥峯)이라는 서성의 아호가 된 것이며, 이후 약식의 발상지로 더욱 유명하게 되었다. 지금도 전통한식으로 자리 잡고 있는 약식·약과·약주의 원조는 약현 마을이고, 서성의 어머니 고성이씨가 고안하여 만든 발명품이라는 것은 세상이 다 아는 사실이라 새로울 것도 없다.

　서성의 어머니는 약식을 만들어 부자가 되었다는 주장도 있지만 믿을만한 것이 못된다. 그러나 약식이 궁중요리가 되어 수라상에 오르게 됨으로써, 일약 고급식품의 반열에 오르게 된 것은 사실이다. 서성의 어머니는 얼마 후 열두 칸 기와집을 짓게 되었는데, 거의 완성 단계에서 이씨부인이 기둥을 더듬어 만져 보고는 아래위가 바뀌었다고 지적하여 대청마루 기둥 하나를 즉시 교체하게 되었다는 말이 전해온다.

---

15) 약현(藥峴) : 중구 중림동 약현성당 부근

서성은 앞 못 보는 어머니의 가르침을 받아 열심히 공부하더니, 당대 최고의 석학인 율곡의 문하에 들게 되었다. 이것은 서성의 인생과 가문의 대전환점이 될 수 있는 사건으로 볼 수 있다.

조선조 500년 역사를 주도했던 양대 학파는 영남학파와 기호학파로 양분할 수 있다. 약봉의 부친 서해는 은둔을 강요받게 되었던 영남학파의 거두 퇴계의 문하생이었으나, 약봉은 정계의 주도권을 행사했던 기호학파의 거두인 이이·송시열·김장생의 문하에 들게 됨으로써, 결과적으로 대구서씨가 약진의 길목으로 들어서게 된 것이다.

조부·부모·약봉의 3대 묘역

풍수이론에 "평야 지대에서는 논두렁 밭두렁도 청룡 백호가 될 수 있다."는 말이 있다. 포천시 설운동에 있는 약봉의 3대 묘소를 두고 할 수 있는 말이다. 맨 윗자리에 부친, 그 바로 밑에 조부, 그 아래에 종택과 재실, 그리고 약봉의 묘 순이다.

부친은 안동에서 별세하였으니, 후일 모친이 별세하여 포천 땅에 모실 때 천묘하여 좌우에 쌍분으로 모셨을 것으로 본다.

그러나 약봉의 부친 서해의 계하에 있는 조부 서고(徐固)의 묘는, 자신의 네 아들 중 22세에 요절한 셋째아들 서해의 아랫자리를 차지하고 있는데, 이곳을 눈여겨 보아야 한다. 지난 겨울 「한국옥룡지리학회」 관산 시 자유토론에서도 논의되었던 이야기이다.

● 6. 약봉 묘의 기맥도

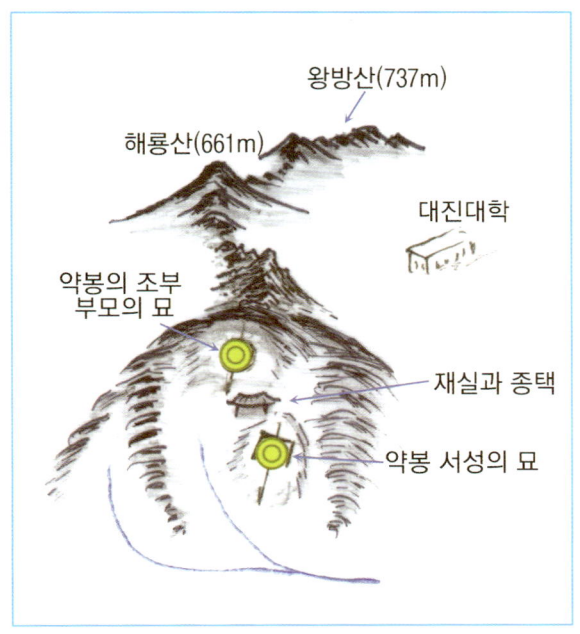

● 7. 대구서씨 중흥조 약봉 서성의 묘

상하장으로 모신 아들과 부친의 묘는 누가 보아도 윗자리가 혈인데 그 자리를 아드님께 양보한 것이다. 그러면 어느 자리를 먼저 썼을까? 약봉의 모친이 조부보다는 후일에 별세하였을 것이므로, 밑에 있는 조부의 자리가 먼저일 것으로 본다. 그리고 모친이 별세하고 묏자리를 찾던 중 조부의 윗자리가 비어있으니, 안동에서 약봉의 부친 묘를 이장해서 모친 옆에 모셨을 것으로 추정된다.

상하역장에 대하여 부정적으로 보는 인식은 일반화 되어있지만, 이 글을 접해본 독자들은 이제 고정관념을 버려야 할 것이다. 30여 년간 훌륭한 분들의 번창한 가문묘역을 답사한 결과이기도 하다.

3대 대제학으로 유명한 월사 이정구선생의 3대 묘역은 위에서부터 아들·손자·조부의 순으로 썼고, 이율곡선생이나 사계 김장생, 남양홍씨, 풍산홍씨, 안동권씨 중흥조인 충암선생, 그리고 토정 이지함선생 등등 양반가의 훌륭한 문중 묘에는 역장·도장의 개념이 없다는 것을 알아야 한다.

"역장이면 위아래 할 것 없이 양가 모두 같이 망한다"는 말과, "시신의 좌향이 어느 집 용마루를 가로지르면 그 집에 줄초상난다"는 믿음 등은 조선조 병자호란 이후부터 생겨나 횡행하는 속설로써, 사이비 풍수들이 혹세무민용으로 세인을 속이는 위세에 지나지 않는 것이다. 그것을 철저히 지키는 것은 힘없는 백성뿐이라는 것을 일러둔다.

대구서씨 재실과 종택을 사이에 두고 상하로 나뉘어있는 약봉의 3대 묘역은, 누구나 쉽게 지나쳐 버리기 쉬운 아주 평범한 모습으로 한적하고 평화롭다. 포천의 진산(鎭山) 왕방산이 서북쪽의 찬바람을 가로막으며 떡 버티고, 곤방으로 은은하게 내려뻗은 내룡맥은 일면 숨은 듯 살아나고 달리기를 십여 리 하면서 숨을 고른 다음 설운동 모래들 명당벌판을 만나 멈춰 섰다.

앞에는 태봉산이 가로막아 안산이 되었고, 청룡파구는 화봉산이 가로막고, 백호는 해룡산 낙맥이 발달하여 사방 오십 리에 이곳을 향하고 에워싸지 않은 사격은 하나도 없다. 음택은 앞뒤 가릴 것 없이 모두 나에게 인사하듯 공손히 읍하여 나만을 위하여 존재하기를 바란다. 또한 산의 형상은 모름지기 좌우가 반듯하고 단정하여야 한다. 좌우의 균형이 맞지 않고 일그러지거나 깨져서 허결한 곳이 있으면 흉격으로 간주한다.

이 자리의 장점은 크게 두드러지지 않으나 모나지 않고, 앞서지 않으며, 낮은 자세로 겸손한 듯 엎드려있어 외풍이 없을 뿐만 아니라, 은은하게 자중하는 뚝심이 있어 크나큰 능력이 장구하게 펼쳐지는 장점이 있으므로, 약봉가문을 더욱 튼튼한 반석위에 올려놓을 수 있었던 것으로 평가받고 있다. 멋쟁이 빌딩에 근무하는 아가씨는 옷맵시가 아름답고, 누추한 집에 거처하는 늙은이는 그 모습에 추함이 묻어나는 것처럼, 그 조상 묏자리가 모나거나 추악하지 않고 겸손한 자세로 자중하는 모습이라면, 그 후손 또한 겸양지덕을 아는 예의 바른 사람이 되는 것이다.

9. 3대 대제학 월사선생 묘역

우리나라 사대 명벌과 월사가문(月沙家門)

연안이씨 시조 이무(李茂)는 원래 당나라 출신이다. 태종무열왕 7년 나당연합군 대총관 소정방(蘇定方)의 부장으로 참전하여, 백제와 고구려 침공에 큰 공을 세워 제후가 되었다. 그 후 신라에 귀화하여 살게 되었으므로, 후손들이 그를 시조로 하고 식읍으로 하사받은 황해도 연안(延安)을 본관으로 삼았다고 한다.

그 후 상계가 실전되어 정확한 계대를 알지 못하므로, 후손들은 태자첨사공파(太子詹事公派) 습홍(襲洪)·판소부감공파(判小府監公派) 현려(賢呂)·대장군공파(大將軍公派) 원주(元柱)·부사공파(副使公派) 지(漬) 등 각 지파마다 각파의 파조를 일세조(一世祖)로 하여 계대를 이어오고 있다.

우리나라 사대명벌(四大名閥)로는 사계(沙溪), 월사(月沙), 약봉(藥峰), 백강(白江)의 가문을 꼽는다. 부자가 연속하여 조선조 예학의 태두로서 동국 18현에 오른 사계 김장생 및 그의 아들 신독재(愼獨齋) 김집(金集)의 가문과, 3대 연속 정승·대제학과 조선조 3대 문장을 배출한 약봉 서성의 집안, 인조·효종조 이후 3대 연속 대제학과 5정승을 배출한 백강(白江) 이경여(李敬輿) 문중, 인조·효종조에

3대 연속 대제학을 배출한 월사 이정구선생의 집안을 4대 명벌로 꼽는 것이다.

연안이씨 중 뛰어난 인물로는 판소부감공파의 9세손 문강(文康) 이석형(李石亨)과 13세손 월사 이정구선생의 양대 산맥이 있다. 월사의 고조부 연성부원군 이석형은 고려 말에 대호군을 지낸 이회림(李懷林)의 아들인데, 늦도록 대를 이을 아들이 없어 걱정을 하던 중, 부인께서 삼각산 산신령에게 아들을 점지해달라고 정성을 드려 얻은 자손이라고 한다.

하루는 이회림이 금성에서 숙직을 하게 되어 잠시 눈을 붙였는데, 꿈속에서 커다란 바위가 있어 그 위에 앉으려는 순간, 그 바위가 붉게 타오르는가 싶더니 백룡(白龍)이 바위를 쪼개고 나타나면서 잠이 깨었다. 다음날 새벽 부인이 아들을 낳았다는 기쁜 소식을 전해 듣고는, 그 아들 이름을 '돌 석(石)' 자와 '형통할 형(亨)' 자를 사용하여 석형(石亨)이라 하였다. 그 후 석형은 생원·진사·문과 초시에 모두 장원하였고, 다음해 잇달아 관시·회시·전시의 삼장에서도 모두 장원을 하였다. 당시 삼장에 모두 장원한 사람은 상주 출신 난재공 채수(蔡壽)와 이석형 둘 뿐이었으므로 세조의 깊은 총애를 받았으며, 이후 석형은 한성부윤·관찰사·대사헌 등을 거쳐 예종 1년 보국숭록대부 연성부원군에 봉해졌다.

월사 이정구선생은 이석형의 현손이며, 월정(月汀) 윤근수(尹根壽)의 문하생이다. 6세에 글을 깨우쳐 이미 신동으로 일컬어졌고, 선조 23년 문과 급제 후 여러 관직을 거쳐 인조 초에 그 벼슬이 우의정과 좌의정에 이르렀다. 그는 문장과 외교에 재치와 수완이 뛰어나 조선 중기 4대 문장가로 이름을 날렸으며, 선조 36년 40세에 대제학에 오르고, 명나라에 갔을 때는 그곳 문사들의 청에 의하여 『조천기행록(朝天紀行錄)』이라는 기행문을 간행하였다.

월사의 장자 이명한(李明漢)은 인조 19년 47세에 대제학을 지냈는데, 광해군 8년에 문과 급제하여 부제학·한성부윤을 역임한 후 대사헌·도승지 겸 대제학과 이조판서 등을 지냈으며, 병자호란 때는 이경여·신익성 등과 함께 척화파라는 죄목으로 심양에 잡혀가 억류되기도 하였다. 이듬해 볼모로 잡혀간 세자를 모시러 다시 심양에 갔으며, 인조 23년에는 명나라와 밀통하는 자문(咨文)을 썼다하여 다시 청나라에 잡혀갔다가 풀려나와 예조판서를 지냈다.

월사의 장손 이일상(李一相)은 17세에 문과에 급제하였으나 연소하여 벼슬길에 나아가지 않다가, 22세 이후 정언·검열 등을 지냈으나, 병자호란 때에는 화의를 반대하는 척화파라는 죄목으로 절도에 유배되었다. 그 후 진하부사로 청나라에 다녀왔고, 효종의 북벌계획에 참여하여 청의 실정을 상세히 보고하는 등 조정업무를 적극적으로 주도하였다. 또한 효종 8년 부제학으로서 『선조수정실록』을 편찬하고, 48세 되던 해에는 양관대제학에 오름으로써 삼대 연속 대제학이라는 영광을 누렸다. 현종이 즉위하자 호조와 예조판서를 역임하였고 사후에는 우의정에 추증되었다.

월사문중 삼대 대제학의 역장묘

① 1. 위에서부터 아들·손자·조부의 순으로 제일 아래쪽에 월사 이정구선생의 묘가 있다. / 위치 : 경기도 가평군 상면 태봉리 산 115-1

 가평군 상면 태봉리 현등산 해좌원(亥坐原)에는, 조선조에서 문과 급제자 250명, 정승 8명을 배출한 연안이씨 문중의 중심인물 이정구 선생과 그 후손 3대의 재실, 「월사집 목판각(月沙集木板刻)」 및 분묘 3기가 상하장으로 잘 보존되어 있다.

 혈장에서 바라본 주산은 취기(聚氣)가 수려하며 연이은 삼태봉(三胎峯)의 기상이 하늘을 찌르는 듯 충천하고, 암반을 깔고 힘차게 내려뻗은 내룡맥이 정출맥으로 강왕룡(强旺龍)에 속하는 것은 가문의 기세가 태왕하고 장구할 것을 예고하는 것이다.

 입수(入首)에 취기한 암석은 그 역량이 태산을 능가하는 길석의

● 2. 묘역 기맥도

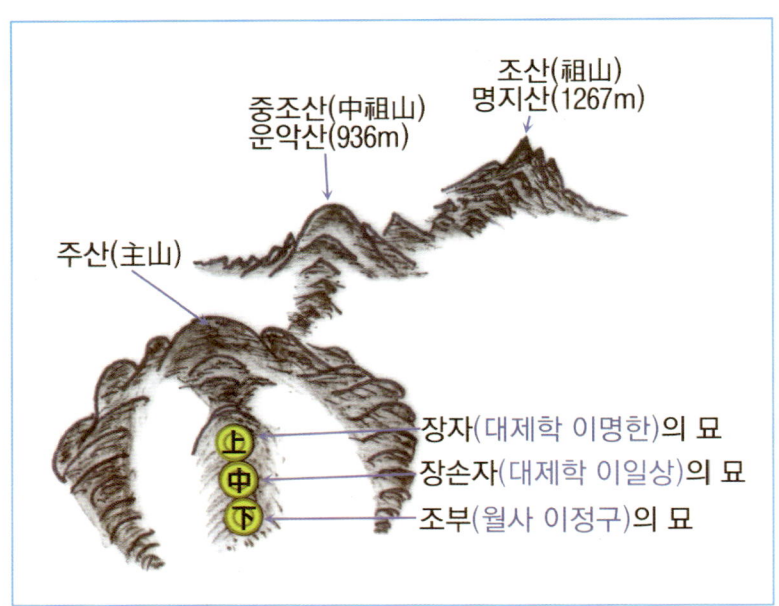

● 3. 대제학 월사 이정구선생 묘

자태를 보는 듯하다.

좌우 선익이 후부하지 못하여 이재(理財)에는 능하지 못하였을 것이지만, 종(從)으로 길게 연이은 대 혈판은 태왕한 용맥의 역량으로 보아 만인을 거느릴 만하다. 청룡의 어깨가 허결한 듯하지만 대혈장을 잘 감싸안은 모습이 환포(環抱)하여, 10여 년 전에 용인에서 천장을 모신 월사의 부친(증 영의정 이계)묘소까지 품어 안기에 충분하다. 백호가 좀 허하여 긴밀함이 부족하게 느껴지는 것은 당판결응이 후부하지 못한 것과 직결된다. 또 백호 안산은 역하여 순행치 못한 모습이 있는 것이 결함이지만, 내가 부릴 만하니 문제 될 것은 없다.

"주산 내룡을 보면 그 집안 기세가 보이고, 청룡을 보면 내룡의 모습을 알 수 있으며, 백호를 보면 당판의 모습을 알 수 있다"는 이치는, 명풍 하남(河南) 장용득(張龍得)선생의 법칙이다.

제일 윗자리에서부터 월사의 장자 이조판서 및 대제학 명한(明漢)의 묘가 있고, 다음에는 월사의 장손자 예조판서 및 양관대제학 일상(一相)의 묘가 있으며, 세 번째 유택이 일상(一相)의 조부가 되는 좌의정 및 대제학 월사 이정구선생의 묘이다.

같은 당판에 아들·손자·조부가 역으로 재혈된 것에 대하여 재실과 묘역을 관리하는 후손의 말을 옮겨보면, 선조·광해군·인조·효종 대에 3대 연속 좌의정·이조판서·예조판서에다가 양관대제학까지 연이어 배출되니, 이를 시기하는 무리가 조정 안팎으로 '임금자리까지 넘보는 권세가문이 되고 있다'는 유언비어를 퍼트렸다.

그래서 역(逆)으로 장사를 지내서 조부의 묘혈은 손자가 누르고, 손자의 묘혈은 장자가 꼼짝 못하도록 누르게 함으로써, 권세를 부리

　2. 맨 윗자리 : 월사의 장남 문정공 이명한의 묘

　3. 문정공묘에서 내려다본 안산의 모습. 살짝 돌아선 모습도 있다.

● 4. 제일 위쪽 입수암반의 웅장한 모습. 그 기운이 내려가며 대길지를 만들었다.

지 못하도록 한 것이라고 했다.

하기는 그 시절에 권세가 날로 팽창하다가는 왕권에 도전할지도 모르는 일이므로 미리부터 싹을 도려내야 했다. 역모에 연루되어 멸문지화를 당할 것이 두려웠던 것이다. 비록 풍수이론상 맞지 않는 이야기이지만, 그 당시로서는 그렇게라도 하지 않을 수 없는 사회적 분위기가 있었음을 이해해야 한다.

제일 처음 자리 잡은 월사 이정구선생의 묘소는 용호가 실하여 좌우균형이 잘 이루어졌을 뿐만 아니라, 생룡이 분명하고 산진처에 해당하는 대길지이므로 제일 먼저 선택되는 것에 대하여 이론이 없을 것이다.

문정공의 묘가 부친의 윗자리에 재혈된 것은 아무리 보아도 좌우

선익이 제일 후부할 뿐만 아니라 당판취기(堂坂聚氣)가 셋 중 으뜸이라, 역장 이론에 연연치 않고 최고의 자리를 선택한 것으로 보여진다.

월사의 손자 문숙공이 부친과 조부사이에 모셔진 것 또한 주산 내룡의 태왕한 기세로 보나, 입수암석의 태왕한 역량으로 코나 너무도 좋은 자리이므로, 월사 이후 연이어 3대에 걸쳐 양관대제학에 오르고 예조판서로서 가문을 빛나게 한 손자의 자리가 될 만하다.

따라서 이 세 분묘는 당시의 여건상 최선책으로 선택되었을 뿐만 아니라, 삼연성으로 모신 것도 정확하게 혈심의 위치를 아는 분이 재혈한 것으로 볼 수 있다. 옛 도인의 선견지명으로 한 가문에서 3대 연속 대제학과 정승이 배출되었고, 단숨에 명문가를 이룬 월사 문중 묘에서, 우리는 조선중기 명문가의 장법을 눈여겨 배울만하지 않은가?!

3대 대제학이라는 인물이 배출된 배경에는 월사의 고조브이며 포은 정몽주의 증손주사위가 되는 문강 이석형의 유택을 들 수 있다. 용인의 모현면 능원리에는 정몽주와 이석형의 묘가 좌우에 쌍유혈(雙乳穴)로 자리 잡고 있는데. 술사들은 그 두 자리가 대명당이기 때문에, 이석형의 고손자(월사)와, 5대손(명한·소한)및, 6대손(일상·단상·가상·은상·유상)에서 걸출한 인물들이 쏟아져 나온 것으로 보고 있다.

또한 월사의 후손에서도 연속하여 많은 인물들이 배출된 것은, 월사와 아들 손자의 3연성 묘역이 크나큰 대길지이기 때문이다.

월사의 5대손에는 영의정 이천보(李天輔)가 있고. 6대손에는 이조판서 이문원(李文源), 7대손에는 좌의정 이존수(李存秀)가 있으며, 이시백(李時白)은 효종 때 영의정이었고, 이복원(李福源)과 이만수(李晩秀)는 영조때 부자가 연속하여 대제학을 지냈으며, 이복원의 큰아들 이시수(李時秀)도 영의정을 지내는 등등, 정승이 8명, 대제학 8명, 청백리 7명 등으로 가문의 위세를 떨쳤다. 이는 문강공과 월사의 유택과 같은 명혈이 있기 때문에 그 조상의 음덕으로 성공했다고 보여진다.

정몽주와 이석형의 묏자리가 뒤바뀐 일화

일설에 의하면 포은선생이 들어갈 유택은 바로 옆에 있는 이석형의 묏자리였다고 한다. 그 자리가 대단한 길지임을 알아차린 연일정씨의 출가외인(이석형의 부인)이, 밤새도록 물을 길어다 부었고, 장례 날 아침에 광중에 물이 가득 찬 것을 보고 옆자리로 옮겨 쓰자, 그 출가외인이 자기의 시댁 묏자리로 만들었다는 것이다.

이방원에게 선죽교에서 처참히 죽은 정몽주의 시신은, 반역이라는 죄명으로 저자거리에 내다 버려졌고, 이를 송악산 스님들이 몰래 수습하여 풍덕군(豊德郡)에 묻었으나 돌보는 이가 없어서 초라하게 방치되어 있었다. 정종(定宗)에 이어 왕위에 오른 태종(太宗)이 왕권강화와 흩어진 민심을 수습하고, 또 신하들의 충성심을 강조하기 위하여 충절을 지키다 살해된 정몽주를 복권시켜 영의정에 추증하고, 그의 묘도 포은(圃隱)이 태어나 살았던 외가(영천이씨, 경북 영천)의 문중 산으로 이장할 것을 허락하였다.

　포은이 선죽교에서 살해된 지 15년만인 태종 6년, 후손과 유림의 많은 선비들이 정몽주의 상여를 뒤따르며 영천을 향해 가던 중, 용인의 모현면 능원리를 지나게 되었다. 그때 갑자기 먹구름이 끼고 회오리바람이 몰아치더니, 상여 앞에 펄럭이던 명정(銘旌)이 날아가 버렸다. 명정이 멈추는 듯 하다가 다시 날고 잡힐 듯 하면서도 날아가기를 반복하더니 지금의 이석형 묏자리에 떨어졌다. 이를 이상하게 여긴 후손이 지관을 불러 물어보니 보기 드문 대명당이라는 것이었다.

　그 후손들이 "하늘이 충신을 알아보는 구나!" 하고 감탄하면서, 영천까지 갈 필요 없이 그 자리에 모시기로 하고 천광 작업을 하였다. 날이 저물어 하관은 다음날 하기로 하고, 인부 몇 명만 남겨 자리를 지키게 하고 모두 하산하였다.

　그런데 그 일행 중의 한사람인 포은선생의 증손녀는 생각이 달랐다. 그녀는 독한 술과 근사한 안주를 준비하여 광중을 지키는 인부들에게 고생이 많다는 위로와 함께 권하였다. 피곤한 몸으로 독주를 마신 인부들은 당연히 곤한 잠에 떨어졌고, 포은의 증손녀인 정씨부인은 밤새도록 묘소 아래쪽에 있는 연못에서 물을 길어다가 광중을 가득 채워 놓았다. 다음날 아침 하관을 하려고 광중을 들여다보는 순간 명당이 아니라 샘터를 잘못 보았다 판단하고 낙심하던 차에, 바로 옆자리 언덕이 또한 명당인 것을 알고는 정몽주선생을 그곳에 모셨다고 한다.

　그 후 세월이 흘러 정씨부인은 자신의 남편 저헌공(樗軒公) 이석형이 죽자 명정이 떨어진 곳에 남편의 묘를 쓰고, 사후에 자신도 그 자리에 들어갔다는 것이다.

 포은과 이석형의 묏자리는 쌍둥이처럼 똑같은 형태를 취하고 있으나, 필자가 볼 때 증손주 사위가 되는 저헌공의 자리가 용세와 혈성의 취기가 월등하였고, 이씨와 정씨후손들의 모습을 보더라도 월사의 가문이 월등한 것이 이를 증명하는 것이다.
 그러나 연안이씨 『파보(派譜)』에 9세손 석형(石亨)의 방주(傍註) 기록을 보면, "배 연일정씨 부 현감 증 사복시정 보(配 延日鄭氏 父 縣監 贈 司僕寺正 保)"라 하였다. 즉 석형의 배위는 정보(鄭保)의 따님인 것이다. 정보는 정몽주의 손자이므로, 이석형의 부인은 포은의 증손녀가 된다.
 포은 사후 15년 되던 해에 일어난 일이므로, 혹 증손녀가 이미 태어났다하더라도 광중에 물을 채울 수 있는 나이는 아닐 것이다. 그렇다면 그 전설은 다른 뜻이 있어 둘러댄 것으로 보아야 할 것 같다.
 혹 치산하고 산역할 때에는 아녀자들의 접근을 금하는 것이 전통의식처럼 내려오는데, 이런 풍습을 합리화시키기 위한 수단으로 이용되지 않았나 생각되기도 한다. 이와 같은 일화는 경기도 화성의 남양홍씨와 개성왕씨 부인의 이야기에서도 나온다.

역장(逆葬)에 대하여

예로부터 장법에서는 순역을 가리지 않았는데, 병자호란 이후부터 역장(逆葬) 또는 도장(倒葬)을 하면 역장을 한 쪽이나 당한 쪽 모두 패가한다는 이론이 민가의 신앙처럼 자리잡게 되었다. 그러나 필자의 지리단체회원으로 몇 년만 참여하다 보면, 수많은 답산을 통하여 물어볼 것도 없이 맞지 않는 이론임을 자연적으로 터득하게 된다. 또한 일설에는 병자호란 이후 끊임없이 청을 배격하는 인물이 연이어 나오자, 청나라에서 이를 방지하기 위한 술책으로 민간신앙을 호도하는 미신을 만들어 유포했기 때문에 전래되던 장법이 일부 변질된 것이라고도 한다.

조선 전기에는 역장(逆葬)·계장(繼葬)·순장(順葬) 등에 다하여 금기시 않다가, 17세기 이후 유교적인 질서가 완성되면서부터, 유교의 효친사상에 따라서 조선후기 풍속으로 굳어진 것으로 보인다. 이러한 풍속은, 묘의 좌향이 용마루를 가로 지르거나 대문을 충하면 흉하다는 믿음과 더불어서, 타향 사람을 자기마을에 못 들게 하거나, "사촌이 땅 사면 배 아프다"는 속담같이 남 잘되는 꼴을 못 보는 이기주의의 성향을 타고 급속도로 전파된 것으로 판단된다.

예학(禮學)에 밝은 대학자와 명문가에서 역장이론에 개의치 않는 장법으로 오히려 번창한 예를 쉽게 찾을 수 있다. 앞서 살핀대로 대구서씨의 중흥조 약봉선생은 부친인 서해(성리학의 대가)의 묘가 조부인 서고의 윗자리에 있고, 성리학의 태두 사계(沙溪)선생의 묘는 7대 조모의 윗자리에 있으며, 율곡선생과 월산대군(성종임금의 형)은 부인이 상좌에 있다. 정암(靜庵) 조광조(趙光祖)선생도 조부와 부친의 윗자리에 있다. 또 풍산홍씨 중흥조 홍이상의 문중 묘는 모두 6대조인 홍구(洪龜)의 윗자리에 역장을 하고서도 대발복을 하여서, 사헌부 대사헌을 지낸 홍이상(洪履祥)의 후손에서 대과 급제자가 20여 명이나 쏟아져 나왔다.

자연은 인간의 의식처럼 분별력이 있는 것도 아니고, 말 그대로 진리를 현상으로 나타낼 뿐이다. 이러한 자연의 진리를 그대로 따르면 되는 것이지, 대자연의 이치를 인간의 의식 속으로 끌어들여 재단하려는 것은 요사한 자의 얕은 술수에 지나지 않는 것이다.

"백문이 불여일견이라!" 전국에 산재한 지리학회 모임에 참여하여 명산 답사 길에 열심히 동행하면 자연스럽게 개안이 될 것이며, 누구에게 물어 볼 것도 없이 이러한 자연의 이치를 쉽게 터득할 뿐만 아니라, 좋은 길지가 분명하면 상하를 구별할 것 없다는 진리를 깨닫게 될 것이다.

10. 해주오씨를 중흥시킨 심씨부인

산자수명(山紫水明)한 양성(陽城)

해주오씨가 발복한 배경으로는, 머나먼 유배지에서 돌아가신 남편과 시아버지의 시신을 정성껏 운구하여 친정의 문중산에 모신 풍산심씨(豊山沈氏) 부인의 갸륵한 마음씨를 으뜸으로 쳐야 할 것 같다.

해주오씨 세장지는 경기도 안성에 있다. 양성면 덕봉리에는 고성

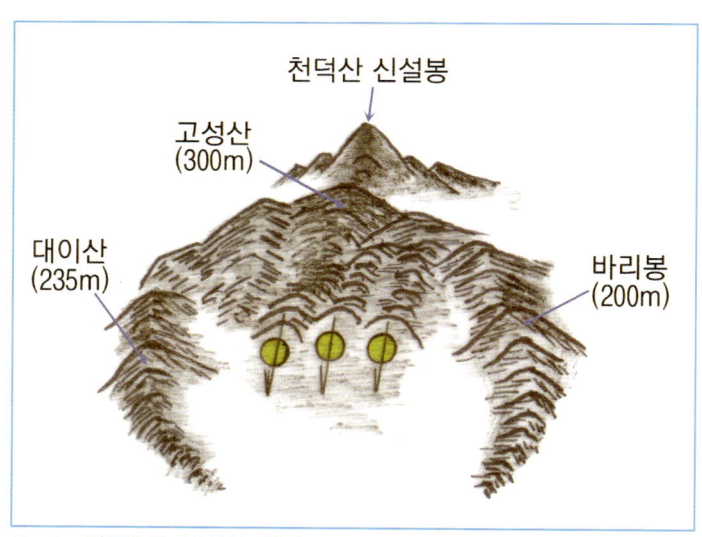

1. 해주오씨 고성산 명당도

산(300m)을 주산으로 하고, 대이산(235m)을 백호로 하며, 그림같이 감싸 안은 바리봉(200m)을 청룡으로 하여 삼각편대를 이루고, 동남쪽 저 멀리 대덕산(180m)을 조산으로 하는 아름다운 산세가 자리잡고 있다. 대덕면 명당리의 넓고 비옥한 명당 벌판을 마주하고 있는 모습이, 산 좋고 물 좋은 천혜의 길지임을 한 눈으로 알 수 있다.

양성은 백사 이항복의 5~6대조 명당이 있는 평택 진위(振威)의 무봉산을 서북쪽에 이웃하고, 간방(艮方:동북)에는 용인의 양지(陽智)에 접하며, 손방(巽方:동남)은 안성의 죽산(竹山)에 이르고, 곤방(坤方:서남)에는 기름진 평야 평택(平澤)이 있어, 산수의 경치가 아름답고 인심이 좋은 산자수명(山紫水明)한 고장이다.

높지도 않고 얕지도 않은 수려한 산에 둥글둥글 원만한 금형산의 취기가 아름다워서, 명지사라면 가던 발걸음을 돌려세워 들어가 보고 싶은 곳이다. 백두대간의 준령은 태백산에서 솟구쳐 멈추다가 속리산으로 이어지고, 다시 서남진하여 한남정맥을 만들어 가다가, 서북쪽으로 이어져 안성의 칠현산·봉림산·고성산으로 돌아쳐서, 보개면 비봉산을 바라보면서 회룡고조(廻龍顧祖), 즉 오던 길을 되돌아 발걸음을 멈추고 덕봉리 명당 앞에서 멈춘 것이다.

덕봉리의 자연 부락은 건좌손향으로 좌정하여 양지바르고, 배산임수가 완벽한 명당 길지이다. 수려한 산세와 울창한 송림이 우거져 있고, 기름진 명당 벌판이 가축을 살찌운다. 또 만세고개의 휴게소 앞에는 「안성3·1운동 기념관」과 「만세고개 기념비」 등이 있어서, 이곳이 일제에 항거하여 독립운동을 활발하게 펼쳤던 충절의 고장임을 알려준다.

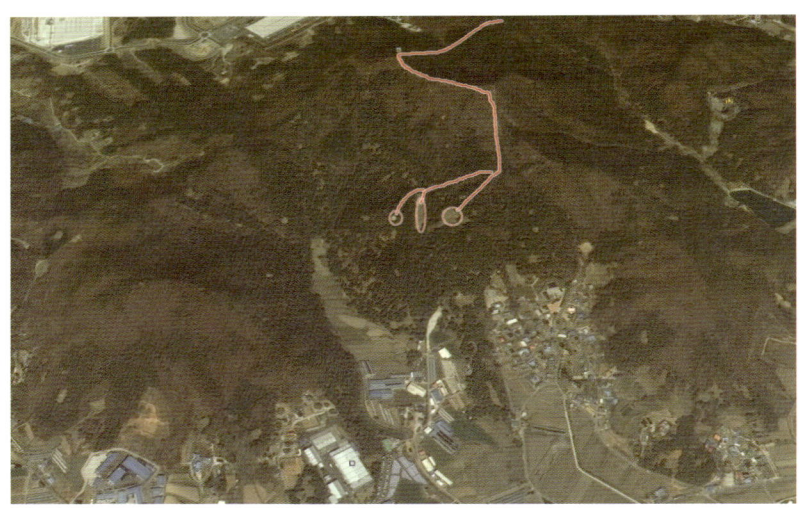

● 2. 해주오씨 명당의 기맥도

풍광이 수려한 이곳 고성산 기슭에는 조선 중기의 현신(賢臣) 오현경(吳賢卿 : 해주오씨 시조의 11세손)의 묘가 금계포란형(金鷄抱卵形)으로 유명하고, 오현경의 차남 오경운(吳慶雲)의 운중잠룡형(雲中潛龍形), 그리고 조상이 현몽하여 후손에게 계시해 주었다는 야자형(也字形) 등등 명당들이 산재하고 있으니 이 어찌 천혜의 땅이 아니랴?

특히나 토체(土體)로 뚝심이 있고 튼튼한 주산인 고성산의 정출맥이, 금체(金體)로 속기 입수하여서 취기한 연화반개형(蓮花半開形) 명당인 오상(吳翔)의 묘는 군계일학이라고 할 수 있다. 따라서 명풍과 지사는 물론 유림 선비들의 관심을 모으기에 충분하다 할 것이다.

3. 위에서부터 17세 형조판서 오두인, 12세 입향조 오경운의 운중잠룡혈, 16세손 관찰사 오숙의 묘. 위치 : 경기도 안성시 양성면 덕봉리 산 47-1

4. 오두인의 묘 - 숙종 15년 형조판서를 지내고 사후에 영의정에 추증 되었다.

풍산심씨 부인의 효성에 감복한 명지사(名地師)

해주오씨는 조선조에서 정승이 2명, 대제학이 3명, 청백리 2명, 문과급제 89명, 무과 급제 302명 등등, 명망 있는 인물들을 수없이 배출한 명문이다. 특히 인조반정 후에 두각을 나타내기 시작하여 중앙 정계에 많은 인물을 진출한 가문이다.

지금은 고성산 일대가 해주오씨 종산으로 되어 있으나, 원래는 풍산심씨 집안의 선산이었다 한다. 해주오씨 11세손 오현경은 조선 중엽에 불행하게도 역적으로 몰리게 되어 경남 산청과 함양 등지로 유배되었다. 그의 큰아들은 다른 곳으로 피신하였으나, 둘째아들 오경운은 부친을 따라가 유배지로 가서 아버지를 보필하다가 모두 유배지에서 병사하였다.[16]

시아버지와 남편이 병사했다는 소식을 접한 풍산심씨는 어린 두 아들[17]과 함께 경남의 유배지를 찾아갔고, 슬퍼할 겨를도 없이 친정이 있는 경기도 안성의 양성 땅에 무덤을 마련하기로 마음먹었다. 젊은 아녀자의 몸으로, 어린 두 아들과 함께 시아버지와 남편의 시신을 수습하여 험난한 천리 길을 재촉하게 되었다.

그 딱한 모습을 눈여겨보던 명지사(名地師) 한 분이 어린 두 아들에게 사연을 물어보니, 조부와 부친이 유배지에서 별세하여 외가

---

16) 1525년(중종 20) 유세창 형제가 거짓 고변한 허위 역모사건에 오현경의 아우 오필경부자가 함께 연루되어 모두 처형되었고, 오현경과 그 자식들도 유배되었던 것이다.
17) 큰아들 수천(壽千)은 11세요, 작은아들 수억(壽億)은 8세였다.

선산이 있는 경기도 양성으로 운구하는 중이라는 것이 아닌가!

어려운 사정을 듣고 난 지사는 아녀자와 어린 상주의 효심에 감복하였고, 딱한 처지를 불쌍히 여겨 가던 발길을 돌리고, 운구를 도우면서 천리 길을 함께 따라와 자리까지 잡아 주기에 이르렀다.

그곳이 바로 금계포란형의 오현경 유택과 운중잠룡형의 오경운 유택이 되어 오늘에 이르니, 그 두 분이 해주오씨의 덕봉리(德峰里) 입향조가 된 것이다.

명당길지의 발복으로 명문가를 이루다

명지사의 도움으로 좋은 혈터에 묻히게 된 부친과 조부는 그 덕분인지 억울한 누명이 벗겨져 신원되었고, 어린 두 형제는 어느덧 성인이 되어 큰아들 수천은 아들을 둘 두었는데, 이 중 둘째인 정방은 작은 아버지 수억에게로 양자를 갔다.

오정방(吳定邦)의 자(字)는 영언(英彦)이고, 호(號)는 퇴전당(退全堂)이며, 시호(諡號)는 정무(貞武)이다. 그는 기골이 장대하고 박식하여 선조 16년 무과에 장원급제하여 벼슬길에 나아갔다.

임진왜란 때 공을 세웠고, 부령부사·정령부사 등의 외직을 거쳐 포도대장을 역임한 후 전라도와 경상우도 병마절도사에 이르렀다.

15세 오사겸(吳士謙)은 종친부전부(宗親府典簿)를 지냈고, 그의 아들 4형제가 현달하여 삼형제가 문과 급제하고, 특히 4남 오핵(吳翮)은 문과에 장원급제 하여 오씨 가문을 단숨에 반석 위에 올려놓

🔸 5. 15세 오사겸 묘의 안산 모습 : 증손주 며느리가 현종의 외동딸 명안공주 이다.

🔸 6. 14세 병마절도사 오정방의 묘혈

7. 해주오씨 입향조의 운중잠룡혈(雲中潛龍穴)이 덕봉리 마을을 내려다보고 있다.

앗다. 장남 오숙(吳䎘)은 인조 11년 황해도 관찰사를 지냈고, 차남 오빈(吳䎘)은 숙종 때 지중추부사를 거쳐 80세에 기로소에 들어갔다. 4남 백천당(百千堂) 오핵은 인조24년 문과에 장원급제하여 『인조실록』 편찬에 참여하고 지평(持平)에 올랐으나 40세에 병사하였다.

3남 오상(吳翔)은 급제를 못하여 통훈대부 사복시주부(司僕寺主簿)에 그쳤으나, 그의 유택이 연화반개형의 돌혈(突穴) 대명당에 자리 잡게 되어, 4형제 중 셋째 오상의 집안에서 5대에 걸쳐 판서·부마·대제학·부제학·양관대제학이 쏟아져 나왔다.

또한 공주를 손주 며느리로 얻게 된 것이 오사겸의 아름다운 백호안산, 그 백호안산이 오상 묘의 오른쪽 허결한 파구 터를 막아주는 훌륭한 백호 부봉이 된 것이 크게 작용했을 것으로 본다. 그 백호봉(客山)이 결국 명안공주이고 또한 손주 며느리인 것이다.

17세 오두인(吳斗寅)은 오상(吳翔)의 아들인데 백부 오숙(吳䎘)에게 양자로 입적되었고, 인조 26년 문과에 장원하여 숙종 15년 형조판서를 지내고 사후 영의정에 추증된 해주오씨의 자랑스러운 인물로 존경의 대상이다.

18세 오태주(吳泰周)는 오두인의 아들 5형제 중 셋째 아들인데 문과에 장원급제하였으며, 현종의 외동딸 명안공주(明安公主)와 혼인하여 현종의 부마로서 해창위(海昌尉)에 봉해졌다.

19세 오원(吳瑗)은 오태주의 아들이며 어머니는 명안공주이다. 영조 4년 문과에 장원하고, 영조 15년 부제학을 거쳐 공조참판과 대제학에 이르는 등 문명이 높았다.

20세 재순(載純)은 오원의 아들이다. 영조 48년 문과 급제하여, 정조 14년 양관대제학과 이조판서를 지냈다.

21세 연상(淵常)은 오재순의 아들이다. 정조 24년 문과 급제하여 순조 11년 부제학과 이조판서를 역임하였다.

해주오씨 가문이 덕봉리 입향조 오현경에서부터 300여 년간 부마·대제학·판서 등의 벼슬이 연이어 배출되어 명문이 된 연유를 좀 더 살펴보자.

11세 현경과 12세 경운의 두 입향조가 금계포란형의 명당과 운중잠룡형이라 하는 대명당에 들었기 때문에 "백자천손 대대부절 발흥지지(百子千孫 代代不絶 發興之地)"가 되었다는 찬사도 있으나, 묘

● 8. 15세 종친부전부 오사겸의 내룡과 입수의 모습 갓 비석과 석물들이 아름답다.

● 9. 16세 오상의 연화반개형 대명당 : 이수비 두상에 두 마리 용의 형상이 이채롭다.

● 10. 백천당 오핵의 금구음수형(金龜飮水形) 묘

역을 상세하게 안내하였던 대종손(덕봉산장 주인)이 종가에는 양자를 수차 들였다고 하면서, "종손은 잘 안되고 지손만 잘되는 지손발복지이지요?" 하고 반문하는 이유를 음미해 볼 필요가 있는 곳이다.

  산(山)은 인정(人情)을 관리하고 물(水)은 재물(財物)의 주관자일 뿐만 아니라, 간룡(幹龍)과 지엽(枝葉)은 종손과 지손을 각각 관장하고 있기 때문에, 주산 내룡은 주로 종손을 관장하고, 청룡백호의 국세가 긴밀하고 유정한 것은 지손의 몫으로 풀이하는 것이다.

  운중잠룡혈이란 용맥이 구름 속에 감추어져 있는 모습으로, 문자 그대로 내룡맥이 광룡(廣龍) 즉 은맥(隱脈)인 것이다. 종가의 화복은 내룡에서 찾아야 하는데, 최초의 입향조 경운공의 용맥에서는 변화의 생기가 부족하지만 당판과 국세가 매우 안정되었으므로 대길지임에 틀림없다.

 아무리 훌륭한 인격자라 하더라도 결점 없는 사람 없듯이, 아무리 대명당이라 하더라도 결점 없는 곳은 하나도 없다는 것을 알아야 한다.

 덕봉리 고성산 하에서 제일 돋보이는 혈은 오상(吳翔)의 연화반개형이라는 돌혈(突穴)이다. 입수와 당판취기가 왕성하여 후부한 장점이 있는 대신, 내룡이 정출맥으로 들어오기는 했으나 돌혈의 특징상 속기 입수 지점의 결인하는 모습이 은맥이기 때문에 종가집이 맥을 못 추는 것이다.

 또한 종가에 몇 번의 절손이 있었으나 작은댁에서 양자를 들일 수 있었던 것은, 용맥에는 문제가 있으나 청룡보국이 긴밀하고 절맥지가 없으므로, 종손의 계대가 끊어지지 않고 작은집에서 양자를 들일 수 있는 것으로 보는 것이다.

 다음으로 돋보이는 혈은 「그림5, 15세 오사겸 묘의 안산 모습」이다. 오사겸의 유혈에서 앞에 보이는 백호안산의 특이한 모습은 그림보다도 더 아름다운 독봉안산의 귀봉인데, 그로인하여 현종의 하나밖에 없는 외동딸 명안공주와 같은 귀인이 오사겸의 증손주 며느리로 들어왔다고 보아야한다.

 명안공주는 명성왕후 김씨의 소생으로서 숙종과 둘 밖에 없는 오누이간이다. 또한 명성왕후는 현종을 후궁 한명도 들이지 못하는 공처가로 만들었다는 억척스러운 왕비로 명성이 높다.

 풍수용어에 규봉(窺峰)과 아미사(蛾眉砂)와 금체부봉(金體富峯)

해주오씨를 중흥시킨 심씨부인

이 있다. 규봉이란? 문자 그대로 담 너머에 숨어서 눈만 조금 내놓고 남의 집 내부를 엿보는 자의 형태를 지닌 봉우리로, 묘혈의 주변에 규봉이 비치면 불길한 징조이다.

　아미사란? 규봉보다 조금 더 큰 초승달 모습의 봉우리이다. 예쁜 미인의 눈썹을 보는 듯하다 하여 장차 미인이 배출 되거나 내 집에 들어오는 것을 암시하여 길상에 해당한다.

　금체부봉이란? 둥글고 후덕한 봉우리가 커다란 에밀레종을 엎어 놓은 것과 같아서 마치 노적가리와 같으면, 내가 부자가 되든가 아니면 나의 상대가 부자임을 암시하는 것이다.

　『그림5』에서 볼 수 있는 예쁜 안산봉은 위의 셋 중 어느 것에 해당할까? 미인을 암시하는 아미사 같기도 하고, 부자를 의미하는 노적봉 같기도 하며, 이도저도 아니면 두 가지를 합쳐놓은 것일까? 그런데 아직까지는 두 가지 의미를 함께 하는 용어가 없으니 이번 기회에 만들어 보자. 아름다움과 부와 귀를 함께 아우르는 "공주며느리 봉?"이라고.

　또한 17세 형조판서 오두인부터 21세 부제학 오연상까지의 인물은 모두 오상의 직계손인데, 이 또한 오상의 연화반개형이 대길지라는 증거가 되는 것이다.

　백천당 오핵의 금구음수형(金龜飮水形) 또한 대길지이다. "독봉 안산에 대길지 난다."는 격언과 같이 산진처(山盡處)에 매달린 대지로서, 안산에 일자문성이 크게 돋보인다. 백천당의 혈은 용맥의 끝자락에 결혈된 평야지대에서 나타나는 혈인데 "평지에서는 논두렁과 밭두렁으로도 청룡·백호를 삼는다."는 말이 있듯이, 황금거북이가 산에서 내려와 물을 먹는 모습과 같다는 이 자리 또한 매우 안정된 길지임에 틀림없다.

내룡맥이 생왕하지 못하기 때문에, 장손 보다는 지손 발복지에 해당할 것이지만, 고지대에서는 내가 높아 보이지 않아야 하고, 저지대에서는 내자리가 낮게 보이지 않아야 한다는 너무도 평범한 원칙에 충실한 대길지임에는 두 말 할 것도 없다.

해주오씨 양성 덕봉리 입향조 후 세계약도

1세조 오인유(송나라 대학사 고려 해주에 정착, 검교군기감)
11세 현경(양성 입향조)
12세 경운(양성 입향조)
13세 1.수천, 2.수억
14세 정방(선조 16년 무과, 병마절도사 - 수천의 아들로 수억에게 입양됨)
15세 사겸(종친부 전부)
16세 1.숙(관찰사) 2.빈(지중추부사) 3.상(주부) 4.핵(문과장원, 사헌부 지평)
17세 두인(문과장원, 형조판서 - 상의 子 백부 숙에 입양)
18세 태주(문과장원, 현종의 부마)
19세 원(문과장원, 대제학)
20세 재순(문과, 이조판서, 양관대제학)

11. 우찬성 조계상과 국풍 박상의

창녕조씨(昌寧曺氏) 시조의 설화

　창녕조씨의 시조는 신라 진평왕의 사위 조계룡(曺繼龍)이고, 그의 어머니는 한림학사를 지낸 이광옥(李光玉)의 딸 이예향(李禮香)이다.
　『조선씨족통보』에는 조계룡의 탄생설화가 기록되어있다. 경남 창녕현에 살았던 이예향이 혼기에 이르렀을 때, 우연히 아랫배에 부스럼 종기가 생겨 여러모로 치료를 하였으나 점점 더 악화되었다. 그 마을 촌장이 "화옥산(火玉山)에 있는 용지(龍池)에 가서 목욕하면 나을 것이다."고 해서, 용지에 가서 목욕하며 기도를 올렸더니 부스럼 병이 씻은 듯이 완쾌되었다.
　그런데 그때부터 태기가 있는 것이 아닌가? 걱정을 하던 차에 금관을 쓰고 옥대를 두른 남자가 꿈에 나타나서 "이 아이는 동해용왕의 아들이다. 아이를 잘 키우도록 하여라. 이 아이는 이다음에 경상(卿相)이 될 것이며, 자손도 번성할 것이다."라고 말하고는 사라졌다. 그 후 달이 차서 아이를 낳으니, 용모가 준수하고 광채가 나는 아이가 태어났는데, 겨드랑이 밑에 '曺'자가 붉은 글씨로 쓰여져 있었다. 이것을 본 학사가 이상히 여겨 왕에게 알리자 신기하게 여기고 이 아이의 성은 '조(曺)'로 하고 이름은 '계룡(繼龍)'으로 하라고 성과 이름을 하사하였다고 한다.

그 후 진평왕이 공주를 시집보내서 부마가 되고 창성부원군(昌城府院君)에 봉해졌으며, 벼슬이 광록대부태자태사(光祿大夫太子太師)에 이르렀다. 그의 후손들이 창녕(昌寧)을 관향(貫鄕)으로 하여 계대를 이어왔으나, 문헌이 실전되어 전하지 않자 조겸(曺謙)을 창녕조씨 일세조(一世祖)로 하여 세계를 이어오고 있다.

창녕조씨 조계상의 가계 약도

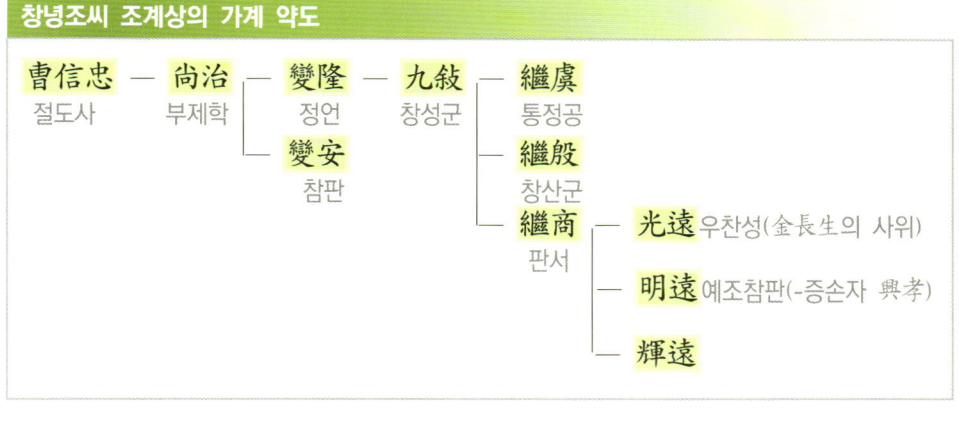

경북 영천의 창녕조씨

창녕조씨는 경북 영천의 명문가이다. 야은 길재(吉再)의 문인으로 강계병마절도사를 지낸 조신충(曺信忠)을 중시조로 하고, 그 아들 조상치(曺尙治)는 세종 1년 증광문과에 장원급제하여 집현전에 들어가 수학할 수 있는 특전을 누렸다. 세종·문종·단종 등 세 왕을 섬기며 성삼문·박팽년과 함께 특별한 총애를 받았으며, 단종 3년에는 집현전 부제학에 발탁되었다.

세조가 왕위를 찬탈한 후에 예조참판으로 임명하였으나, 곧 사퇴하고 경북 월성의 향리로 내려가 두문불출함으로써 세조에게 무언의 저항을 하였다.

🔸 1. 조계상의 부친 창성군 조구서의 쌍분과 주산 모습
　　위치 : 경기도 화성시 매송면 야목리 산78-1

🌻 2. 조구서의 묘. 아래쪽은 장형 조계우

그는 자신이 죽은 다음에 세울 묘 비문을 '魯山朝副提學 逋人曺尙 治之墓(노산군 조정의 부제학 벼슬을 한 도망자 조상치의 묘)'라고 미리 써 놓음으로써 결코 세조의 신하가 아님을 밝혔다.

조상치의 증손자 충정공 조계상(曺繼商)은 연산군 1년에 진사가 되고, 그해 증광문과에 급제하였다. 중종반정에 가담함으로써 정국 2등 공신이 되어 창녕군에 진봉되고 사헌부 대사헌이 되었으니, 중종 초기 정권의 막강한 실세가 된 셈이다.

그는 이조와 예조의 참판으로서 인사권을 거머쥐었는데, 마침 대사헌 조광조의 세력에 편승하는 신진사류의 등용을 반대하다가 영의정 정광필에 의해 파직 당했다. 그 후 다시 등용되어 공조판서에 올랐으나, 이번에는 권세를 거머쥔 김안로에게 미움을 받아 귀양갔다. 김안로가 제거되자 우찬성으로 기용되고, 뒤에 판중추부사로 전임되었다.

우찬성 조계상과 국풍 박상의

묘역 앞 충효재 재실 안내판에 의하면, "경기도 화성군 매송면 야목리 현천의 선영은, 칠보산의 낙맥인 주산 오금봉(五琴峰)에서 바라보이는 주변일대가 창녕조씨의 사패지이다. 정언(正言)공 휘 변륭(變隆) 이하 후손들의 묘가 200여 기나 되는 세장지(世葬地)이며, 500여 년 전 충정공 창녕부원군 조계상(曺繼商)이 10여 년의 구산 끝에, 불세출의 효성에 감동한 어느 도사(道師)의 지시로 얻게 된 경기 10대 대길지의 하나로 꼽히는 대명당이다. 옥녀탄금형(玉

3. 맨 앞이 중형 조계은, 다음이 조부 조변륭

● 4. 맨 윗쪽 증손자 흥효의 묘에서 내려다 본 후경

● 5. 화성 야목리 재실

女彈琴形)의 기운이 어린 이 자리에는 경북영천의 구룡산(九龍山)에서, 부친 창성군 구서(九敍)와 조부 정언 변륭(變隆) 양위분을 면례하기에 앞서, 야목리 주민들과의 유대를 원만히 갖기 위하여 초가를 짓고 살았던 유서 깊은 이 유허지에, 후손들이 선조들의 거룩하신 유업을 숭모하여, 자손 대대로 계승시키기 위하여 정성어린 성금을 모아 1982년 10월 충효재(忠孝齋 : 재실)를 건립한다."고 하였다.

안내문에서 말한 어느 도사는 조선 중기의 명풍 박상의라고 알려져 있다. 박상의(朴尙義 또는 朴相毅)[18])는 전남 장성사람으로 광해군 때에 사재감 주부와 절충장군 등을 지냈다. 광해군 이후 종적을 감추고 전국 산야를 떠돌던 명지관으로서, 한 시대를 섭렵하였을 뿐 아니라 국풍으로 인정받는 신출귀몰한 명풍으로 조선조 3대 풍수로 꼽히는 인물이다.

조계상은 충효재 안내문과 같이 당대의 실력자이며, 삼형제의 막내이면서도 경상도에 있는 부모님과 조부모님의 묘소를 경기 화성의 대명당으로 이장하는 큰 용단을 내렸다. 조계상이 당대 최고의 풍수 박상의를 10여 년 이상 지극정성으로 보살펴 주었고, 박풍수가 그 은혜에 보답코자 경기도 제일명당으로 자부할 수 있는 대명당을

---

18) 태인박씨(泰仁朴氏) 백우당(佰友堂) 박상의는, 조선시대 3대 청백리로 꼽히는 아곡(莪谷) 박수량(朴守良)의 종손인데, 박수량은 38년간 호조·공조·예조의 참판과 형조판서 등을 역임했지만 집 한 칸 없는 청백리였다. 명종은 그의 죽음을 애석하게 여기고 이틀간이나 조회를 멈추게 하였으며, 서해바다에서 돌을 엄선하여 하사 하였으나, 비문을 새기다가 선생의 곧은 성품과 청백함에 누를 끼칠까봐 비문이 없는 맨 비를 세우도록 하였다. 전남 장성군 황룡면 아곡리에 있는 그 비를 「박수량의 백비(白碑)」라 하며, 지금도 청백리의 표상으로 공직자들의 필수 교육장소가 되고 있다.

● 6. 「옥룡지리학회」의 현장설명 모습.

잡아주어,19) 경상도에서 1000리 길을 운구하여 천묘하게 된 것이다. 교통이 발달한 지금도 어려운 일을 조선 중기에 감행하였으니, 500년 전 그 시대에는 대단한 용단이 아닐 수 없다.

남연군을 연천 땅에서 500리나 되는 충남 덕산으로 모신 흥선대원군의 패기와 당찬 용기가 아직도 특별한 사건인데, 그보다 훨씬 앞선 시대에 이 일을 실행한 조계상의 의지는 흥선대원군 보다 대단하다 할 것이다. 조계상은 3형제 중 막내이고, 흥선대원군도 4형제 중 막내였으니, 예나 지금이나 혁명적인 용기는 막내들의 가슴으로부터 나오는가 보다.

---

19) 박상의가 소점 한 명당 중에는 원주 안창리에 있는 김제남(金悌男)의 와혈 명당도 있다. 선조의 계비 인목대비의 부친 연흥부원군 김제남은, 광해군 5년 자신의 외손자이며 선조의 14왕자 중 유일한 정비 소생인 영창대군을 옹립하려 한다는 무고를 받아 세 아들과 함께 서대문 밖 자택에서 사사된 인물이다.

화성 야목리 조계상과 부친 및 조부의 묘역 탐방

 필자의 「옥룡지리학회」에서 이곳을 탐방(2012. 04. 08)하여 토론했던 내용들을 간략히 정리하여 본다.

 수원 서쪽 10여 리에 있는 칠보산(234m) 낙맥을 따라 정서진하다가 경부고속철도를 건너면, 동화천과 구포천이 합류하는 명당벌판 앞에 우뚝 솟은 오금봉이 있다.

 오금봉에서 정출맥으로 힘차게 내려뻗은 용맥에서 다시 솟구쳐 취기 한 대당판에, 현천마을 초입에서부터 누구나 쉽게 찾을 수 있도록 십여 기의 분묘들이 양지바른 남향으로 잘 배치되어 있다. 오금봉에서 뻗어 내린 청룡백호가 좌우에서 겹겹이 에워싸며 혈장을 보호하고, 반달보다 더 예쁜 청룡을 안산으로 한 청룡작국이 그림

🔅 7. 야목리의 창녕조씨 묘역 기맥도

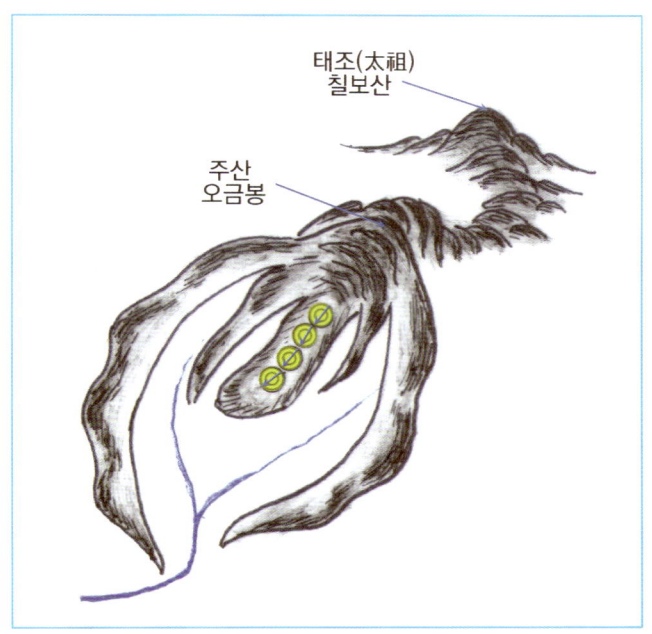

● 8. 박상의가 잡은 야목리 묘역 조감도

같이 펼쳐진다.

　재실 옆에 거주한다는 한 촌로가 무엇인가 궁금한 듯 눈치를 보며 따라다니기에, 이곳이 그 유명한 경기 10대 명당이냐고 물었더니, 그 노인장은 한수 더 앞질러 자신도 풍수를 웬만큼 아는데 이곳은 동양 10대 명당이란다. 창녕조씨냐고 물으니 그는 '전주이가'라는 대답으로 자신의 말이 허풍보다는 진실된 것임을 강조하는 눈빛이다. 하기는 큰산도 아닌 오밀조밀한 야산지대에 이렇게 큰 명당 취기가 있다는 것이 놀라울 따름이다.

　모든 것은 언제나 상대성이 있기 때문에 더욱 그러하다. 한눈에 들어오는 자리는 역시 조계상의 부친 조구서와 장형 조계우의 명당인데, 장형의 자리는 전순자리이고, 부친의 자리는 입수는 물론 좌우 선익과 혈판이 얼마나 후부하며 단단한지 모른다. 이럴 경우에는 청룡백호는 찾아 볼 것도 없이 혈이 맺힐 수 있는 조건을 잘 갖추었다고 본다. 더욱더 돋보이는 것은 혈장을 그림같이 확실하게 끌어안으며 감싸고 도는 청룡안산이다.

　충북대에서 10여 년 전부터 풍수지리를 강의하시는 이현기 교수는 "이런 정도의 청룡이라면 더 이상 볼 것 없이 대명당이고, 아미사를 빼닮은 청룡은 일품이다."라고 단언하였고, 또한 "경험상으로 볼 때 청룡이 좋으면 반드시 그 안에는 작든 크든 혈이 맺히게 되어 있다."는 이론도 나왔다. 산에서는 무엇보다도 청룡이 중요하고 그 역할이 매우 큼을 강조한 말이다. 청룡이 좋으면 내룡의 생기변화가 좋고, 내룡이 좋으면 입수취기가 좋으니 후덕한 혈의 덩이가 매달릴 수 있는 것이다.

　그러나 아쉬운 점은 주산과 조구서의 명당사이에 내룡먹을 따라 일렬로 늘어서 있는 다섯 분상인데, 위쪽부터 조계상의 증손자 흥효(興孝), 차남 명원(明遠), 본인 조계상, 조부· 조변륭(曺變隆), 중형 조계은(曺繼殷)의 묘가 배치되어 있다.

　결론부터 말한다면 참으로 어려운 재혈이다. 명풍수가 아니라면 감히 이렇게 용사를 명할 수 없었을 것이다. 서열을 무시하고 아래 위 구별 없이…!!

　다섯 분 중 맨 아래쪽의 작은 형님은 부친의 대명당을 만들기 위하여 속기한 자리이므로 당판취기가 있을 수 없고, 잘록한 전순에 앞이 너무 솟구쳐 오른 것은 역리사가 분명하고, 그다음의 조부 묘는 중형자리보다는 낮으나 역시 당판취기가 부족하여 재혈처로서는 적당치 못하다.

　다섯 분 중 중심점인 세 번째 조계상의 명당만이 진혈에 들었다는 결론인데, 입수와 좌우선익과 당판취기와 전순이 모두 갖추어지고, 좀 높기는 하지만 안산봉과의 거리균형이 알맞고, 주산과 청룡백호의 짜임새가 주밀하여 바람 한 점 없는 매우 안정된 모습을 하고 있다.

　관산에 참여한 40여 명의 회원들이 누구의 제안도 없이 스스로 이곳에 모여서 토론회를 기다리는 모습을 보면, 이심전심인가, 아니면 모두들 도사가 된 것인가? 더구나 누구하나 맨 윗자리의 증손과 그다음의 차남 등등…. 역장이나 도장에 관한 질문이 없는 것을 보면 수년 동안 관산에 참여하다 보니 수많은 명당들이 다 그러하다는 것을 스스로 깨달은 것이리라. 즉 상하의 재혈과 안산봉이 역을 하더라도, 혈증만 또렷하면 후손이 번성한다는 것을 500년 역사가 증명하는 셈이다. 다만 높이 솟은 안산봉의 역은, 아무리 유정하더라도 후손들의 성정(性情)에 문제가 될 수 있겠다는 것이 아쉬움으로 남는다.

12. 여흥민씨 민심언의 선견지명

여흥민씨를 중흥시킨 민심언의 선견지명

민씨는 중국 농서현에서 발생한 성씨이다. 공자의 72신통제자 중 한사람인 민손(閔損)의 후손 민칭도(閔稱道)가, 고려 중엽에 사신으로 왔다가 귀화하여 여흥(여주의 옛 지명)에 정착한 것이 우리나라 민씨의 시원이 된다.

여흥민씨(驪興閔氏)는 고려시대부터 많은 인물을 배출하여 명문 거족이 되었다. 조선조에 와서는 문하우정승 민제(閔霽)가 태종(太宗)의 장인이 되고, 그 아들 무질(無疾)·무구(無咎)형제가 제1차 왕자의 난 때 방원(芳遠 : 태종)을 도와 공신의 반열에 올랐으나, 태종은 장인(민제)이 세상을 떠난 지 2년 되는 해에, 이들 외척을 철저히 제거함으로써 민씨 일가의 기세가 주춤하게 되었다.

당시 태종의 큰처남 민무질이 좌명공신 1등과 여성군(驪城君)에 봉해지고, 지의정부사·좌군총제·우군도총제 등을 역임하고 사은사로 명나라에 다녀오는 등 크게 활약하였으나, 동생(좌명공신 여강군 민무구)과 함께 종친간의 이간을 꾀했다는 탄핵을 받고 동생과 함께 유배되었다가 사약을 받아 죽었다. 또 셋째 민무회(閔無悔)와 넷째 민무휼(閔無恤)도 이리저리 유배생활을 시켜서 자결을 유도하였던 것이다.

 김포반도 최북단의 통진땅의 입향조가 되는 민심언(閔審言)은 태종의 6촌 처남(민무질 형제의 6촌)이다. 조선 개국 초에 현량(賢良)으로 천거되어 개성유수가 되었으나 곧 사직하고 통진에 은거하였고, 태종이 형조판서로 불렀지만 응하지 않았다. 민심언은 태종의 부름을 거절하고 김포반도 끝자락 통진에 숨어살았기 때문에 온전하게 가계를 지킬 수 있었던 것이다. 이러한 이유로 여흥민씨 문중에서 민심언의 후손들이 가장 번창한 집안으로 번성하였고, 따라서 그의 선견지명과 그 처세를 큰 교훈으로 삼을만한 것이다.

 민씨 일가의 기세가 다소 주춤하였으나, 중종반정을 통해서 민효증이 정국공신 좌찬성에 올라 여평부원군에 봉해짐으로써 가문을 다시 중흥시키는 계기가 되었다. 그의 증손 민몽룡이 광해군 시에 우의정을 지냈고, 민심언의 5대손이 되는 민기(閔箕)는 선조 때 우의정을 지냈으며, 특히 문장에 능하여 『석담야사』와 「대학도」를 남겼다.

 또 민희는 숙종 때 좌의정을 지냈으며, 숙종의 국구 민유중은 노론의 중진으로 사림들 사이에 명망이 높았으며, 그의 딸이 숙종의 정비(인현왕후)가 되는 등 승승장구하였다.

 숙종 때 강성인물이었던 인현왕후의 오라버니 민진후는, 판돈령부사 예조판서를 거쳐 숭록대부에 오른 뒤 홍문관제학에 임명되었으나 취임을 거절하였고, 그의 아우 민진원은 영조 2년 좌의정에 이어 영중추부사를 지냈으며, 인조 때 문과에 장원한 민정중은 숙종 때 좌의정에 오르는 등 가문을 빛냈다.

한말에 와서는 민치록의 딸이 고종의 비(명성황후)가 되었는데, 흥선대원군이 실각한 후 고종의 친정이 시작되면서 민씨의 세도정치가 다시 시작되어 세 번째 융성기를 맞이하였다. 홀어머니를 모시다가 16세의 어린 나이에 왕비로 뽑혀 궁중에 들어온 민비는 흥선대원군이 바라는 양순한 왕비가 아니었다.

대원군의 호적수로서 난국을 수습하는 정치적 수완을 발휘하기 시작하면서, 민승호(이조판서, 대제학)·민겸호(이조, 병조판서)·민규호(우의정)·민치구(공조판서, 판돈령부사)·민치상(예조, 형조판서) 등을 등용시켜 민씨의 세력이 형성되었으나, 기울어져가는 한말의 국운을 되돌리기에는 역부족이었다.

숙종비(인현왕후)와 고종비(명성황후) 등 4명의 왕비와 12명의 정승 및 문과 급제자를 225명이나 배출하여 여흥민씨를 확고한 명문

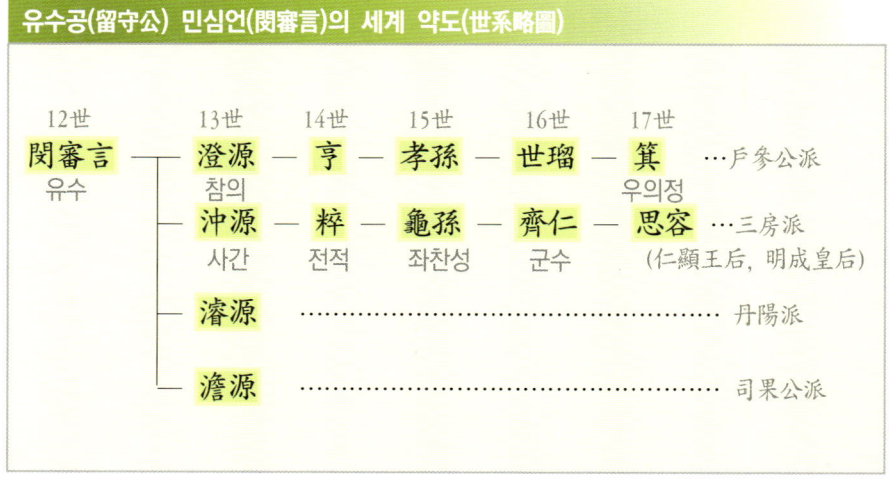

의 반열에 올려놓은 공신들은, 십중팔구가 여흥민씨 12세손이 되는 유수공 민심언(閔審言)의 후손들이다. 다시 말해서 여흥민씨가 명벌로 크게 번창할 수 있었던 것은 민심언의 선견지명이 있었기 때문인 것이다.

풍수적으로 살펴본 김포반도

개성과 한양이 지척 간에 있으면서도, 예로부터 세인의 관심밖에 놓여있어 세상을 등지고 숨어살기에 안성맞춤인 통진(通津 : 김포반도)은 몇 가지 특징을 지니고 있다.

백두대간의 태백산에서 발원한 한남정맥이 속리산에서 북서진하여 관악산을 이루고, 계속 서북으로 달려 통진의 월곶면(月串面)

● 1. 개성부 유수공 민심언의 묘.   위치 : 김포시 월곶면 개곡리 산 119-1

 2. 민심언의 묘와 유정한 안산모습

 3. 민심언공 묘역

 문수산(376m)에서 서해를 만나 멈춘 곳이 바로 이곳인데, 곧 한남정맥의 취기가 한데 뭉쳐있는 산진처에 해당하는 것으로 대길지를 품어 안을 만한 곳이다.

 또한 남한강과 북한강이 한데 모여 흘러드는 곳에, 예성강·임진강

● 4. 민심언의 장자 민징원 묘역

● 5. 김포시 월곶면 개곡리 여흥민씨 재실

이 합수하여 서해로 합류하니, 풍수에서 말하는 최고의 길지 삼태극(三太極)을 이루고 있는 곳이다. 그중에서도 월곶면(月串面) 개곡리(開谷里) 문수산(文殊山) 낙맥에 계좌정향으로 좌정한 민심언의 묘역이야말로 빼어난 국세와 기상을 뽐내고 있다. 수려한 문수산의 정기를 고스란히 이어받아 취기한 입수봉과 거침없이 쏟아져 내려

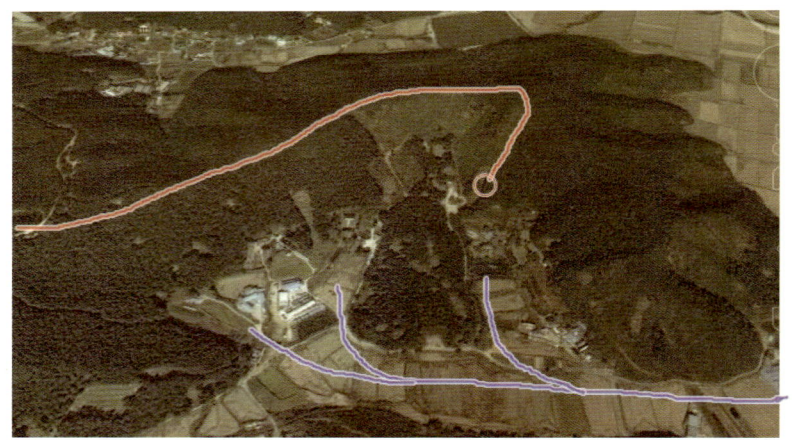

● 6. 민심언의 묘역 기맥도

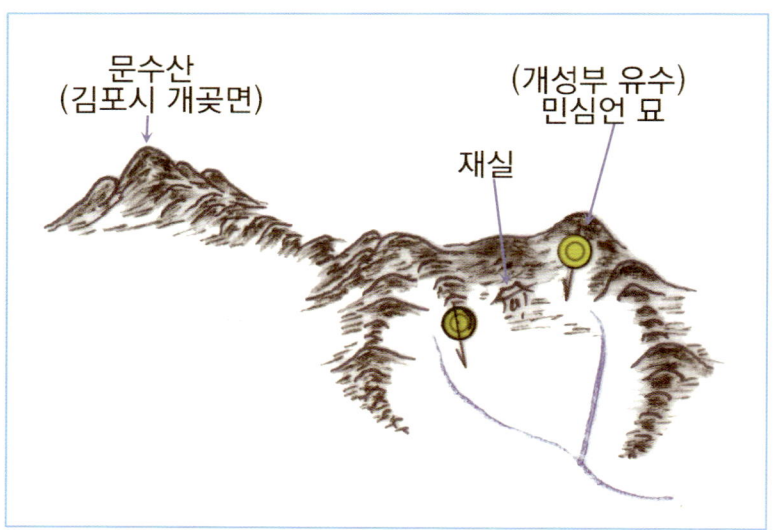

● 7. 김포반도 끝자락 문수산 아래의 민심언 묘

오는 내룡맥의 기세는 가히 일품이다.

　주산과 용맥의 기세가 왕성하면 기세 좋은 후손이 배출되어 가문을 일으키는 중심자손이 될 뿐만 아니라, 그 세의 역량에 걸 맞는 국가와 사회의 동량이 되는 것이 풍수의 지론이다. 주산인 문수산(文殊山) 또한 주위를 압도하는 웅대한 기상으로 김포반도의 진산(鎭山)으로서 손색이 없으니, 그 역량 또한 거칠 것이 없는 것이다.

　민심언의 유택이야말로, 한반도 중심 맥에서 서쪽으로 가장 길게 내려뻗은 한남정맥의 산진처에 응기해서 대길지를 형성한 모습이 만대영화지지(萬代榮華之地)라 할 수 있다. 여흥민씨 내에서 가장 현달하여 번창한 후손이 나오고, 명성황후를 비롯한 가문의 융성기가 열리게 되는 근원지인 민심언의 유택은 풍수적으로 연구가치가 충분한 곳이다.

13. 풍산홍씨 고봉산 입향조와 내기바둑

풍산홍씨의 유래와 인물

경상북도 안동시 풍산읍은 신라 때에는 하지현에 속하다가, 통일신라 경덕왕 때에 영안으로 고쳐서 예천군 영현에 소속시켰고, 고려초에 풍산현으로 고쳤다.

어느 씨족을 막론하고 고려시대에 시조를 둔 문중에는 선계와 선조의 묘를 일부라도 실전하지 않은 문중이 없는데, 여기에서 소개하고자 하는 풍산홍씨(豊山洪氏)의 시조 홍지경(洪之慶) 또한 선계의 문헌이 실전되어 상고할 수가 없다는 아쉬움이 있다. 그러나 풍산홍씨의 시조 홍지경은 고려 고종 29년(1242) 문과에 장원급제하여 국학직학을 역임한 후 풍산에 정착하였다. 그후 후손들이 풍산을 본관으로 하고 세계를 계승하여 현재에 이르고 있는 것이다.

2000년도 인구통계에 의하면 남한거주 풍산홍씨는 36,000명으로 많은 인구는 아니다. 풍산홍씨 자료집에 의하면 홍이상(洪履祥)의 6세손 홍봉한은 영조시대에 영의정을 지냈고, 홍인한은 좌의정, 정조 때 7세손 홍낙성은 영의정을, 홍낙순은 좌의정과 대제학이었고, 정조 때 세도가 홍국영은 대사헌과 대제학을 지냈으며, 9세손 홍석주는 좌의정과 대제학이었다.

이 외에 확인된 사람만 보아도 7~8대까지 판서가 6명, 문과 급제자가 55명이며, 실제로는 더욱 많을 것이다. 또한 국구가 1명이고 부마가 2명으로 왕가와 사돈관계이기도 하다. 한 시대를 주름잡으며 세도를 누렸던 안동김씨나 풍양조씨 또는 여흥민씨 외에 하나를 더 추가한다면 아마도 풍산홍씨를 들어야 할 것 같다. 그러나 풍산홍씨는 단순히 세도를 누렸기 때문에 많은 인물이 한꺼번에 쏟아진 것은 아니다.

홍이상을 실질적인 비조라고 하는 이유는?

홍이상(洪履祥)은 명종 4년(1549)에 출생하여 광해군 7년(1615)에 하세하였다. 그는 행촌 민순(杏村 閔純)의 문하생으로서, 어릴 적부터 총명함이 남달라서 장래에 큰 인물이 될 것이라는 기대를 받았다고 한다.

선조 6년 사마시에 등과하고 12년에는 식년문과에 장원급제하여, 이조·예조·병조의 참의로서 봉직하였으며, 임진왜란 시에는 경상도관찰사로 외직을 맡았는데, 비변사와 긴밀한 연락을 취하여 소서행장과 가등청정의 틈을 벌리는 이간책을 강구하여 성공시킴으로써 불리한 전세를 역전시키는 일에 일익을 담당하기도 하였다. 그 후 대사성이 되어 영남의 유생들이 올린 성혼(成渾)의 배척상소를 극구 반박하다가 안동부사로 좌천당하기도 하였다.

선조 40년에 청주목사가 되고, 광해군 즉위년에는 사헌부 대사헌

 1. 윗쪽 묘는 홍이상의 부친 홍수, 아래는 홍이상의 묘
   위치 : 경기도 고양시 일산동구 성석동 산 56-1

 2. 홍이상의 5대조 홍구의 묘에서 올려다 본 고봉산쪽 후손들 묘

이 되었으나, 대북과 소북간의 대립과 이이첨과 정인홍의 옥사(계

축옥사)에 심한 염증을 느껴 관직을 버리고, 송도에 내려가 여생을 보내다가 67세에 졸하여 대광보국숭록대부 영의정으로 추증된 인물이다.

이러한 홍이상의 일생에서 풍수적 관심사항을 들자면, 홍이상의 묘는 5대조인 홍구(洪龜)의 묘 위쪽에 도장(倒葬)되어있는데, 이렇게 후손들이 역장(逆葬)을 했기 때문에, 대발복을 하여 문중이 번창하고 과거급제자가 속출하게 되었다는 구전전설이 아직도 이 지역에 남아있다는 것이다.

고양시 고봉산 남변 성석리에는 풍산홍씨 5대의 쌍분묘, 즉 10기의 묘가 상하장으로 한자리에 모여 있다. 제일 위쪽에는 홍이상의 부친 홍수(洪脩), 다음은 홍이상, 세 번째에는 홍이상의 4남 예조참판 홍영(洪霙), 네 번째에는 홍이상의 생조부 홍세경(洪世敬), 마지막으로 제일 아래쪽에 5대 조부(고려시대 낭장 홍구)의 묘가 있다. 세인들은 이것을 도장 또는 역장이라고 부른다.

또한 풍산홍씨의 시조 홍지경(洪之慶)의 10세손인 홍이상을 풍산홍씨의 실질적 비조(鼻祖)라고 평가하는 이유는, 홍이상의 후손들이 풍산홍씨의 대부분을 차지할 뿐만 아니라, 크게 현달하여 걸출한 인물이 쏟아져 나왔기 때문일 것이다.

홍이상으로부터 그 7대 후손까지 과거급제자가 50여 명이나 쏟아져 나왔으며, 특히 조선조 최초의 세도정치가로 유명한 홍국영(8대손)을 비롯해서, 혜경궁홍씨와 국구 홍봉한, 영의정 홍인한, 영의정 홍낙성 등 유명한 인물들이 배출된 것을 그 예로 들 수 있다.

풍산홍씨의 5세조 홍구가 고봉현의 중심지인 고봉산에 묻히고,

✚ 3. 홍이상의 4남 홍영의 묘. 월사 이정구 선생의 사위이며 영의정에 증직되었다.

✚ 4. 홍이상의 부친 묘에서 내려다본 모습. 제일 아래쪽에 있는 5대조 홍구의 묘가 명당이다.

그 후손들이 고봉현에 정착하게 되면서, 원래의 안동시 풍천읍에 있는 선대 묘는 실전되었다. 그러나 200여 년 뒤인 영조38년(1762)에 "홍이상의 증손 홍만조(洪萬朝)가 한때 실전되었던 풍산에 있는 선대묘역을 찾아내서, 시조의 3세까지는 표석을 남길 수 있었다."는 기록이 있는 것으로 보아, 풍산에서 시조의 관향을 지키며 살고 있었던 일부 후손들의 미천한 삶을 엿볼 수 있는 것이다.

안산독봉에 대길지 나온다

 풍수의 입장에서 살펴보면 이곳 고봉산 남변의 함종어씨(咸從魚氏) 묘역과 이곳 풍산홍씨 묘역은 역장을 하고 후손이 대발복했다는 공통점이 있다.
 함종어씨 어효첨(魚孝瞻)은 조선 초기의 대 유학자이다. 세종 연간에는 풍수설을 배척하고 척불을 주장한 후 고속 승진하여 이조판서 및 판중추부사를 지낸바 있다. 더구나 그의 장남은 고봉산 남변 니전마을 후록에 역장으로 명당을 쓴 후 4대에 걸쳐 5봉군을 배출하는 영화를 누리게 된다.
 또 다른 공통점이 있다면 '안산독봉(案山獨峰)에 대지(大地)난다.'는 풍수격언을 증명하는 곳이기도 하다. 산진처에 혈이 맺힌 후 그 여기(餘氣)가 내려와 다시 뭉친 곳을 안산독봉으로 표현한 것이다. 그러나 전제조건이 있다면 최상위에 반드시 진혈(眞穴)이 맺힌 다음이라야 한다는 것인데, 이곳 역시 맨 윗자리에 쌍태맥(雙胎脈)으로 결응(結應)한 대명당이 자리 잡고 있는 것이다.

● 5. 풍산홍씨 묘역 기맥도

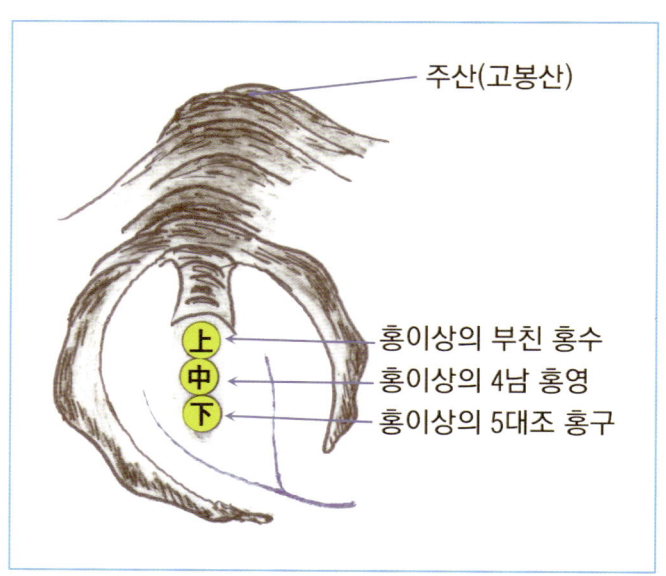

● 6. 풍산홍씨 묘, 고양시 성석동

제일 아래쪽에 맺힌 홍구의 독봉혈이 제일명당이고, 그 다음은 제일 위쪽에 있는 홍수의 혈이며, 그 다음이 중간에 있는 홍영의 자리를 들 수 있다.

　홍이상은 아들 6형제와 손자 11명을 두었는데 모두 벼슬길에 나섰으며, 특히 4남 홍영은 월사 이정구선생의 사위가 되고 벼슬도 예조참판에 이르렀으며, 영의정에 추증된 훌륭한 인물이다.

　또한 풍산홍씨의 대부분이 홍구의 후손이고, 그중에서도 특히 막내아들 숙(俶 : 司正)의 후손에서 인물이 배출되었는데, 이것은 홍구의 묘가 하정[20] 즉 산진처의 제일 아래쪽에 취기한 대명당이라는 것과 연관이 있을 것이다.

홍구(洪龜)공과 내기 바둑

　고봉산 남변에 있는 풍산홍씨의 문중묘역은 고양시 일산 동구 성석동 성동마을인데, 원래 행정구역은 고양군 벽제읍 성석 4리였다. 고봉산은 과거에는 고봉현의 진산(鎭山)이었다. 고봉현과 덕양을 합하여 현재의 고양시(高陽市)라는 지명이 생겼다. 삼국시대에는 이 일대에 산성이 있었다고 한다. 그래서 종종 고봉산을 성산(城山)이라고도 부른다.

　풍산홍씨 시조의 현손(玄孫 : 고손자)이 되는 홍구공은, 고려 말 보문각 대제학을 지낸 홍연(洪演)의 아들이다. 생원시에 합격한 뒤,

---

20) 묘역을 상정(上停)·중정(中停)·하정(下停)으로 분류했을 때 하정에 속한다는 것이다.

부친의 높은 벼슬 덕택에 대과를 거치지 않고 음보로 관직에 나아가 승의교위·우령낭장 등의 벼슬을 하였다. 고려의 국운이 기울자 관직을 버리고 고향인 안동의 풍산으로 가던 도중, 고봉현에 이르러 산세를 살펴보니, 아름다운 고봉산을 진산으로 하고, 좌우에 포근히 감싸 안은 청룡백호하며, 겹겹이 에워쌓은 안산과 저 멀리 바라보이는 아름다운 조산 삼각산이 조응하는 형세가 천혜의 명당 지형임을 알아차리고는 귀향하던 생각을 접고 이곳에 정착키로 마음을 정하였다.

마음에 드는 지역 주변을 살피다가 이 지역 지주를 찾아내고는, 자기의 전 재산이라고는 타고 온 말 한 필뿐이므로 그 달을 걸고 땅주인에게 내기바둑을 청했다. 땅주인도 그 말이 대단한 명마라는 것을 알고는, 내심 기쁜 마음으로 내기에 응하면서 미소를 지었다. 두 사람이 세 판을 두었는데 결국 땅주인이 졌다. 이런 기막힌 사연으로 홍씨가 땅을 얻게 되어 정착하였으니 그가 곧 풍산홍씨 고봉현 입향조가 된 것이다.

바로 그 땅이 지금의 성석리 일대이며, 그때부터 살았던 공의 집터가 지금도 공의 묘역 옆에 남아있으며, 그를 받드는 '영므재(永慕齋)'가 양지바른 고봉산 남변에 건립되어있다.

홍이상의 8세손 홍국영

  홍국영(洪國榮 : 영조 24~ 정조 5년)은 홍이상의 4째 아들(홍영)의 7세손이 된다. 그는 20살이 넘도록 벼슬을 못하다가, 영조 48년에 교묘한 계략을 써서 정시문과에 급제하여 「세자시강원설서」가 되어 세자(후일의 正祖)를 곁에서 모시게 되었다.

  당시 사도세자를 죽이는데 주도적인 역할을 했던 벽파일당이, 이번에는 세손인 정조까지 해치고자 여러 차례 음모를 꾀하는 것을 막음으로써, 정조의 깊은 신임을 얻을 수 있었다.

  세손의 승명대리(承命代理)를 반대하던 벽파의 정후겸·홍인한·김귀주 등을 탄핵하여 실각시키고, 벽파의 극렬한 반대를 물리치고 정조를 즉위시키는데 많은 힘을 썼다. 당시 신변의 위협을 느끼고 있던 정조를 위하여 정예병을 별도로 뽑아 숙위소(왕의 경호실)를 창설하여 대장이 되었고, 도승지까지 겸임하여 최측근에서 정조를 확실하게 지켰다.

  30세를 갓 넘긴 젊은 나이에 홍국영은 이때부터 모든 상주(上奏)와 문서의 결재를 그의 손을 거쳐 나가게 함으로써, 우리나라 최초의 '세도정권(勢道政權)'을 이루어 권력을 이용한 갖은 횡포와 전횡을 일삼았고, 벼슬을 한층 더 높여 금위대장이 되었다.

  정조 2년에는 왕비가 소생이 없음을 기화로 자신의 누이동생을 원빈(元嬪)으로 맞아들이게 하였다. 이듬해에는 훈련대장으로 승진하여 왕의 외척으로서 확실하게 정권을 잡으려 하였으나, 애석하게도 이해에 누이 원빈이 병사하고 말았다.

이렇게 되자 죽은 동생자리에 새로운 빈이 들어오는 것을 적극 방어하고, 정조의 동생인 은언군의 아들 담(湛)을 죽은 원빈의 양자로 삼아 완풍군으로 봉한 후, 그를 정조의 후계자로 만들어 세도정권을 계속 유지하려는 꾀를 부렸다. 그러다가 마음에 맞지 않는다는 단순한 이유를 들어 담을 모반죄로 내몰아 죽여 버렸다.

그 후 정조 4년에는 왕비 김씨가 원빈을 살해한 것으로 믿고, 왕비를 독살하려고 음식에 독약을 넣었다가 발각되어 가산을 적몰당하고, 이듬해 자진해서 물러나있으라는 정조의 권고로 일시 은퇴하였다. 문고리권력이란 놓으면 끝이라 했던가! 그 틈새를 놓칠세라 그의 독주를 미워하던 세력들이 3사의 탄핵을 앞세워 거칠게 몰아붙였다. 결국 강릉으로 방축 당해 형벌을 받고 죽었으니 나이 35세였다.

실각할 때까지 도승지·이조참의·대제학·이조참판·대사헌 등을 역임하였으니, 짧은 생애지만 꽤나 화려한 인생을 살았던 것이다.

젊은 홍국영이 이렇게 전횡을 부릴 수 있었던 것은, 홍이상의 7~8세 후손들이 조정과 왕실에서 실력자로 군림했었기 때문이다. 정조의 모친은 혜경궁홍씨이고, 홍씨의 아버지는 영의정 홍봉한이며, 그 아우 홍인한은 좌의정을 역임하였으며, 홍국영의 백부 홍낙순은 좌의정과 대제학이었다. 재당숙 홍낙성 또한 정조 때에 영의정을 지냈고, 그의 손자 홍석주는 좌의정과 대제학이었으며, 권력의 상징이 되는 이조와 예조와 병조의 판서자리에도 모두 풍산홍씨로 도배를 했던 시절이었던 것이다.

세 쌍둥이를 나눠 기른 홍진사댁 과부 세 동서

안동에서 전해오는 풍산홍씨에 관한 전설에 의하면, 옛날 홍진사 댁에 아들 삼형제가 있었다고 한다. 첫째와 둘째는 이미 혼인을 하여 가정을 꾸렸으나, 막내는 아직 미혼이었는데 갑자기 홍 진사가 별세하게 되었다.

그런데 장례를 모실 묘터를 구하는 중에 풍수지관이 말하기를 "이곳은 자자손손 만대영화지지이나 장사를 지낸 후에는 필시 맏상주가 죽을 것이고, 소상에는 둘째 상주가 죽고, 대상 때에는 셋째 상주가 죽게 된다. 그래도 자손들은 삼정승·육판서 등 벼슬이 연이을 것…."이라고 하였다.

아들 삼형제가 의논한 결과 "상주들은 죽는다고 하지만 자손들이 복을 받고 영달할 수 있다하니, 아버지를 이 명당에 모시자."고 의논하고는 그 자리에 묘를 썼다. 과연 장례를 모시고 집에 돌아오니 맏상주가 죽고, 일 년 후 소상을 지냈더니 둘째가 또 죽었다.

그래서 두 과부가 모의하기를 "대상(3년상)이 돌아오면 틀림없이 막내 시동생이 죽게 될 것인데 이대로만 있을 수 없다. 위기도 피할 겸 막내 시동생을 팔도유람을 시켜서 대상이 지난 다음 돌아오게 하자."고 하고는 행장을 꾸려 주었다.

막내가 정처 없이 돌아다니다가, '마지막으로 한양 구경이나 해보자' 하고는 무작정 상경하여 어느 늙은 과부댁에 숙식을 정하게 되었다. 그런데 이 늙은 과부는 어느 재상가의 유모였다. 그 유모를 찾아 놀러온 재상의 딸과 연분이 맞은 막내가 한동안 잘 지내다가

풍산홍씨 고봉산 입향조와 내기바둑

대상일이 되니 그만 죽고 말았다.

  그후 재상의 딸은 태기가 있어 시댁이 있는 안동의 풍산으로 내려와 유복자를 낳았는데, 이게 웬일인가 세 쌍둥이를 낳은 것이 아닌가! 그래서 위의 두 동서와 나누어 하나씩 맡아 기르니, 이후 그 삼형제가 현달하고 자손이 대대로 영달하게 되어 풍산홍씨 가문이 크게 번창하였다는 것이다.

  풍산홍씨의 발원처가 안동이라고 하지만, 고양에서 안동으로 조상의 묘역을 찾아간 홍만조가 찾았다는 세 분 선조의 분묘만 알려진 유적으로 남았을 뿐, 그밖의 인물이나 유적 중에 유명한 것이 별로 눈에 띄지를 않는다. 필자가 생각하기에 안동의 풍산홍씨는 번창하지 못하고, 고양의 풍산홍씨만 번창한 것에 대해서 비유적으로 전설을 만든 것 같다.

풍산홍씨 고봉산 입향조와 내기바둑

14. 남이장군과 남이섬

의령남씨의 창씨연원

　남씨(南氏 : 영양·의령·고성)의 시조는 중국 봉양부(鳳陽府) 여남(汝南) 사람으로 이름이 김충(金忠)이었는데. 당(唐)나라 현종(玄宗) 시대에 안렴사로서 일본을 다녀오는 길에 태풍을 만나 경북 영덕군 축산면에 있는 죽도(竹島)에 표착하게 되었다.

　그가 신라에서 살기를 원하였으므로, 경덕왕은 영양현(英陽縣)을 식읍으로 삼게 하고 영의공(英毅公)이라고 봉호하였으며, 그가 여남(汝南)땅에서 왔다하여 남(南)씨를 사성(賜姓)하고 이름을 민(敏)으로 고쳐 부르게 하였다. 또 그의 첫째 아들 김석중(金錫中)은 남민이 성씨를 하사받기 전에 출생하였으므로 본래의 성씨를 따라 영양김씨가 되었다. 그래서 영양김씨와 의령남씨는 성씨는 다르나 시조는 남민(김충)으로 동계혈족이다.

　우리나라 남씨의 본관은 60여 본이 있는 것으로 기록되어 있으나, 이는 모두가 동조동근(同祖同根)의 후손들이 전국에 흩어져 살고 있으므로 그 지명을 붙였을 뿐이다. 현존하는 관향(貫鄕)은 영양(英陽)·의령(宜寧)·고성(固城)의 셋이 있다.

의령남씨의 씨족사

　남씨 가문의 인맥을 살펴보면 인구분포는 물론 역사적인 인물에서도 의령남씨가 단연 돋보인다. 조선 중기에 『격암유록(格菴遺錄)』을 남긴 남사고(南師古)선생은 이조좌랑 남희백의 아들이다. 풍수·천문·복서·상법·역학 등에 통달하였는데, 그의 예언이 적중하여 현세에까지 회자되고 있다. 그는 명종 말년에 선조 8년의 동서붕당과 선조 25년의 임진왜란을 예언하여 적중시킴으로써 주위를 놀라게 했다고 한다.

　말년에 천문교수(天文敎授)를 지낼 때, 명종 19년에 "명년에 태산(泰山)을 봉하게 되리라."고 예언하였는데, 과연 이듬해에 명종의 생모인 문정왕후(文定王后)가 죽어 태릉(泰陵)에 장사지내게 되었다는 것이다.

　이 의령계통에서, 고려 말에는 남이장군의 5대조가 문하시중을 지냈고, 고조부 남을번(南乙蕃)은 의령부원군이었고, 그의 동생 남을진(南乙珍)은 서견·이양소·원천석과 함께 태조의 부름을 끝까지 받지 않았다 하여 「고려 4처사」로 부른다. 증조부 남재(南在)는 이성계의 절친으로서 태종 16년에 영의정에 올랐으며, 그의 아우 의성군 남은(南誾)은 1차 왕자의 난 때 정도전과 함께 방원에게 살해되는 참변을 당하기도 하였으나, 고려 말 이후 이미 명문벌족의 반열에 올라 있었다.

　남이장군의 조부 의산군(宜山君) 남휘(南暉)는 의령남씨 의산위공파의 파조가 되는데, 태종의 4녀 정선공주(貞善公主)와 혼인하여 남이장군의 아버지인 남빈(南份, 군수)을 낳았으니, 남이장군은 정선공주의 손자가 된다.

27세의 병조판서 남이장군

남이(南怡)는 세종 23년에 명문가에서 출생, 좌의정 권람의 4녀와 결혼하였고, 17세 되던 세조 3년 무과에 장원급제하여, 부친 남빈의 외사촌이 되는 세조의 전격적인 총애를 받았다.

세조시대 최대의 위기를 몰아왔던 이시애의 반란이 일어나자 이를 제압하는 등 용맹을 떨쳐 강순 등과 더불어 적개공신 1등에 오르고, 이듬해 오위도총부 도총관을 겸하며 의산군(宜山君)에 봉해졌다.

여진족이 자주 출몰하던 건주위를 정벌할 때에도 선봉에 서서 적을 무찌르고 이름을 날려, 27세의 젊은 나이로 지금의 국방부장관에 해당하는 병조판서에 올랐다.

1468년 예종이 즉위한 해에 대궐 안에서 숙직을 하다가, 혜성이 나타난 것을 보고는, "묵은 것이 사라지고 새 것이 들어설 징조구나."라는 말을 하였다. 평소부터 그의 승진을 질투하고 시기하던 유자광이 이를 엿듣고는, 남이가 역모를 꾸민다고 예종에게 고해 바쳤다. 선왕(세조)때부터 남이를 못마땅하게 여기고 있던 예종이, 이를 기화로 하여 영의정 강순과 함께 역모를 하였다 하여 거열형이라는 극형으로 죽이고, 모친을 비롯한 가족을 죽이거나 노비로 삼아

버렸다.

  당시 영의정 강순(康純)은 태조의 왕비가 되는 신덕왕후의 부친 상산부원군 강윤성(康允成)의 증손이다. 세종 때 음보로 무관에 등용되었다. 이시애의 난을 평정한 공으로 우의정에 오르고, 정예군 1만 병력을 거느리고 건주위 일대를 토벌할 때, 어유소를 좌장군에, 남이를 우장군으로 삼아 출정하여 무공을 세우고, 역모로 몰릴 당시에는 영의정까지 오른 인물이다.

  남이의 옥사에 강순이 연루된 것은, 남이의 억울한 전후사정을 잘 알면서도 구해주려하지 않은데 대한 보복으로 남이가 끌어들였다는 야사가 있으나, 실은 계유정난을 일으켜 수양을 임금으로 즉위시킨 정난공신파(한명회·신숙주·유자광 등)가 이시애의 난을 평정하고 새로이 권력을 쥐게 된 적개공신파를 몰아내는 권력다툼의 희생양이 된 것이다.

  예종은 선왕(세조)이 자신을 무능하다고 멀리한 반면에, 기개있고 군공을 많이 세웠다고 해서 총애를 했던 남이를 좋아하지 않았다. 한명회·신숙주의 사주를 받은 강희맹·한계희 등이 남이의 나이가 여려서 병조판서의 수행능력이 없다고 비판하자, 예종은 즉시 남이를 병조판서에서 겸사복장으로 강등하였다. 병조판서에서 밀려난 남이가 불만을 품었고, 결국은 역모를 꾸몄다고 모함을 해서 극형을 받은 것이다.

  역모의 증좌로 이용된 남이장군의 시가 있어서 여기에 소개한다. 실은 애국충절과 남아의 높은 기개를 드러낸 시인데, 권력자가 악용하면 선도 악이 되는 것이다.

白頭山石磨刀盡 백두산 높은 봉은 칼을 갈아 다 없애고
豆滿江水飮馬無 두만강 흐르는 물은 말을 먹여 다 없애네
男兒二十未平國 남자가 이십대에 나라를 평정하지 못한다면
後世誰稱大丈夫 훗날 누가 대장부라 하겠는가?

● 1. 남이섬에 있는 장군의 시비(詩碑)

이 시의 '未平國'을 '未得國(나라를 얻지 못하면)'으로 고쳐서 역모의 마음이 있다고 고변한 것이다.

한명회의 첫째 사위는 신숙주의 장남이고, 둘째 사위가 바로 예종이다. 예종비 장순왕후 한씨가 한명회의 둘째 딸인 것을 남이가 간과했던 것은 아닐까? 혹은 너무 젊은 나이에 승승장구하는 남이를 시기하는 무리가 많았고, 더구나 당대의 모사꾼 한명회의 앞길에 장차 후환거리가 된다는 표적이 된 것을 모르고 있었던 것은 아닐

⊕ 2. 화성시 비봉의 남이장군 묘 : 비봉면 남전리 산145

까?

 남이의 장인이 되는 좌의정 권람 또한 한명회와 뜻을 같이하던 세조의 참모였지만, 남이가 궁지에 몰렸을 때는 이미 장인(권람)과 아내(권람의 딸)가 죽은 뒤라서 힘이 되어주지 못했다. 한명회의 서슬 퍼런 권력 앞에 처남들이 "남이와 교류가 멀어진지 오래되었다."고 하면서 살길을 찾은 것이다. 아마 권력 앞에서는 적과 동지가 수시로 바뀐다는 것을 혈기왕성한 남이만 잘 몰랐던가 보다.

 28세의 젊은 나이로 요절한 남이장군은, 350년이 지난 순조 18년에 우의정 남공철의 주청으로 관작이 회복되기는 하였으나, 그의 가족의 비참한 생애와 함께 문중의 역사는 이미 스러져 간지 오래고, 너무 많은 세월이 흐른 뒤였다.

남이섬과 남이장군의 무덤

정쟁의 아까운 희생자 남이장군의 묘는 2곳이다. 이중 진짜는 화성시 비봉면 남전리 산 145번지에 있는 묘이고, 춘천시 남산면 방하리의 묘는 가짜이다.

방하리는 낯선 이름이지만, 자작나무숲으로 아름다운 「겨울연가」의 촬영지 남이섬이라면 모르는 사람이 없을 것이다. 남이섬은 청평댐으로 주변지역이 수몰되어 섬이 되었다. 원래는 방하리 사람들이 밭으로 경작하던 곳이었는데, 섬으로 고립되자 농사를 지을 수가 없어서 나무를 심게 되니, 방하리 사람들이 '나무섬'이라 불렀고, 그것이 와전되어 남이섬이 된 것이다.

점차 유원지로 개발되면서 남이섬 선착장 근처에 돌무더기가 쌓이게 되자, 그 위에 흙을 쌓고 봉분을 만들게 된 것이 현재 남이장군의 묘라고 불리는 곳인데, 지금은 화성시의 실제 묘역보다도 남이섬에 있는 가묘가 훨씬 더 그럴듯하게 보인다.

또한 인근 주민들 사이에 "그 돌무더기에서 돌들을 함부로 가져가면 집안에 우환이 생긴다."는 이야기

● 3. 병조판서 충무공 남이장군의 묘
　　(兵曹判書忠武公南怡將軍之墓)

● 4. 가평 남이섬에 있는 남이장군의 가묘

● 5. 남이섬에 있는 남이장군 추모비(南怡將軍追慕碑)

가 구전으로 전해지면서, 남이섬에는 아직도 남이장군의 혼백이 있을 것으로 믿게 되었고, 그래서 무속신앙의 대상이 되었을 것이다.

 이제 남이장군의 실제 묘역을 설명코자한다. 남이장군의 실제 묘는 화성시 비봉면 남전리 야산지대에 있다. 「병조판서 충무공 남이장군지묘(兵曹判書 忠武公 南怡將軍之墓)」라고 음각된 묘비가 선명한 것으로 보아 70년대 초에 세운 것으로 보이고, 부인의 묘는 1971년 충북 음성에서 이장하여 쌍분으로 모시고 호석으로 잘 치장한 것이다.

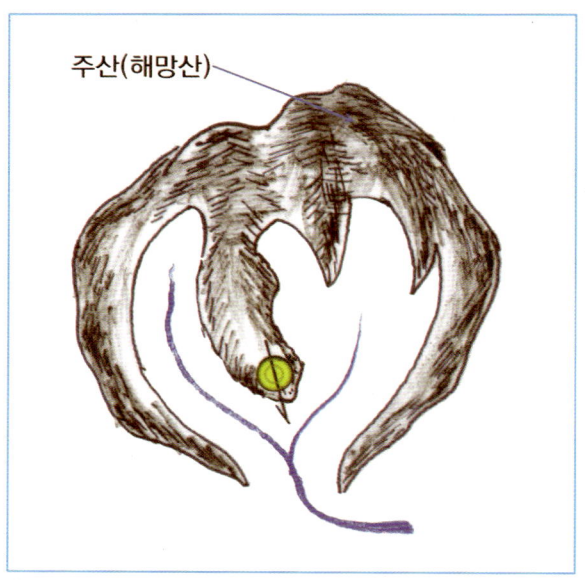

● 6. 화성시 비봉면의 남이장군 묘

 예전에는 후손들이 돌보지 않아 초라하였으나, 최근에 들어와서 견치석으로 호석도 돌리고 중앙에 상석과 묘전비·망주석 등을 세웠으며, 제절[21] 아래쪽은 전석으로 돌려 마감하는 등 품위 있게 치산을 잘해놓았다.[22] 하기는 역모죄로 거열형을 당한 지 근 350년 만에 복권되었으니, 그동안 그 후손들이 온전했을 리 있었겠는가!

1996년 11월 「요산동지회」에서 남이장군의 묘를 답사한 기록을 확인해보니, 임좌병향(壬坐丙向)으로 모신 지금의 자리보다 조금 올려서 술좌진향(戌坐辰向)으로 자리 잡아 청룡작국으로 틀었더라면 더 좋았을 것이라는 총평이 대다수였었다.

함부로 말하기는 어렵지만, 현 위치에서는 청룡선익(靑龍蟬翼) 쪽에 흉한 결함이 있는 것으로 판단되므로, 혹여 혈육 간에도 한번 입은 참화의 그늘이 기나긴 세월이 지나도록 지워지지 않고 남아있지 않을까 하는 안타까움이 있다.

역사는 승리자의 기록일 뿐이라고 피해자를 위로해 보지만, 유택이나마 편안하게 자리 잡아서 억울하게 죽어간 고인의 넋이 위로되었으면 하는 아쉬움에, 장군의 묘역을 떠나는 발걸음이 자꾸 머뭇거려진다.

---

21) 제절(除節, 祭砌, 諸節) : ①무덤 앞에 평평하게 닦아 만든 땅 ②자손들이 늘어서서 절할 수 있도록 산소 앞에 마련된 평평하고 널찍한 부분.
22) 이곳은 화성시 서북변 야산지대로 외가댁인 남양홍씨가 살던 곳이다. 아마도 외가에서 남이장군의 안식처를 마련해준 것 같다.

15. 함흥차사 박순과 황룡산 용강서원

제1차 왕자의 난

조선을 건국한 태조는 2대 왕위에 오를 후임자를 정하면서 조강지처 한씨의 소생이 아니라, 11살밖에 안된 계비 강씨의 소생 방석을 세자로 책봉하였다. 장성한 조강지처 한씨의 아들 6형제가 이에 반발하여 세자 방석을 폐위하고 귀양 보냈다가 같은 강비의 소생 방번과 함께 죽여 버린 사건을 무인년에 일어났다고 해서 '무인정사'라고 하고, '제1차 왕자의 난' 또는 '방원의 난' 또는 '정도전의 난'이라고도 한다.

정안대군 방원은 태조의 다섯째 아들이다. 공양왕을 폐위시키고 아버지 이성계를 등극시키는 공을 세웠지만, 계비 강씨와 정도전 등 개혁파의 견제를 받아 개국공신 책록에서도 제외당하는 등 권력으로부터 철저히 외면당했다.

태조 7년(1398년) 실권자인 정도전은 요동 정벌론을 내세우고 진법훈련을 시키면서, 병권은 나라에 집중하여야 한다고 주장하며 왕족들의 사병을 해체하고자하니, 이를 극렬하게 반대하는 왕자들과의 대립이 불가피하게 되었다.

한양으로 천도한 2년 뒤인 1398년(태조 7), 정도전·남은·심효생 등이 비밀리에 모의하여 태조의 병세가 위독하다는 이유로 여러 왕자를 궁중으로 불러들였다. 세자 책봉문제, 한씨와 강씨의 왕비 책봉문제 등으로 불만이 쌓이고 있던 한씨 소생 왕자들, 특히 방원은 이를 정도전 등이 한씨 소생의 왕자들을 살륙할 계획이라고 해석하였다.

　방원이 사병을 동원하여 정도전·남은·심효생 등을 불시에 습격하여 죽이고, 아울러 강씨 소생의 세자 방석은 폐위하고 귀양 보냈다가 방번과 함께 죽여 버렸다. 방원이 거사에 성공하자 추종세력들은 방원을 세자로 책봉하려 했으나 극구사양하고, 이미 병사한 장남 방우를 대신하여 둘째 방과(정종)를 세자로 책봉하게 하였다. 사랑하는 방석과 방번이 처참한 죽임을 당했다는 것을 알게 된 태조는, 크게 노하여 방과에게 왕위를 넘겨주고는 상왕으로 물러났다.

제2차 왕자의 난

　제1차 왕자의 난으로 왕위는 둘째(방과, 정종)에게 돌아갔지만, 모든 실권은 왕자의 난을 주도했던 정안대군(방원)이 가졌다. 그런데 태조의 4째 아들 회안대군 방간 역시 왕권에 대한 강한 집념이 있었다. 방간이 왕위에 대한 야욕을 노골적으로 드러내자, 방원은 과거에 정도전이 주장했던 병권의 중앙 집중화를 그대로 모방하여 다른 왕자들을 무장해제 시키려고 하였다.

　그러한 낌새를 알아차린 방간이 박포를 앞세워 방원을 공격하였으나, 방원의 세력이 훨씬 더 강한데다 다른 왕자들도 방원을 지지하고 있었기 때문에, 방간은 유배당하고 박포는 처형당했다. 방원에게 집중되는 세력에 반발하여 박포와 함께 사병을 동원하여 일으킨 사건을 '제2차 왕자의 난'이라 하는데 '방간의 난' 또는 '박포의 난'이라고도 한다.

  조정의 대신들이 방간을 죽여 후환을 없애야한다고 여러 번 간언했음에도 불구하고, 방간에게 만큼은 끈끈한 형제간의 우애를 앞세워 세종 때 까지 천수를 다하고 58세에 홍주에서 평화스럽게 생을 마감할 수 있도록 해주었다. 그래서 피는 물보다 진한 것이라 했나보다.

  공정대왕으로 불리다가 사후에 정종이라는 묘호를 얻은 방과는, 제2차 왕자의 난을 겪으면서 왕위보전에 대한 위협을 느끼고 재위 2년 만에 방원에게 왕위를 넘기고 물러났다.

함흥차사 박순과 용강서원

  함흥차사의 일화는 서로 다른 구전과 전설이 많이 전해온다. 함흥차사와 박순에 대한 사실묘사가 자세히 수록되어 전해오는 「증 정경부인 장흥임씨 묘전비」는 숙종 12년에 우암 송시열이 지은 것으로 그 번역문을 요약해서 소개한다.

  음성박씨 충민공(忠愍公) 박순(朴淳)의 고향인 충북 음성에는, 박순의 충신다운 면모와 그 부인 장흥임씨가 열녀였음을 기리는 두 개의 정문(旌門)이 있고, 경기도 고양시 황룡산 낙맥에는 태종이 하사한 묘지와 함께 숙종 때 박순을 제향하기 위해 지은 함흥의 용강서원(龍江書院)을 본떠서 중건한 용강서원이 있다.

조선을 건국한 태조 이성계는 방원이 왕자의 난을 일으켜 어린 두 동생을 죽이고 왕위에 오르자, 자신의 고향인 함흥으로 내려가 미운 오리 새끼 방원이 있는 한양은 쳐다보지도 않고 분노를 삭이며 여생을 보내고 있었다.

이에 태종은 아홉 번이나 함흥으로 신하들을 보내어 한양으로의 환궁을 탄원했지만, 태조는 함흥으로 오는 신하들을 모두 죽여서 죽음의 사자로 만들어 버렸다. 그래서 심부름을 간 사람이 아주 소식이 없거나, 더디게 올 때 비유하여 "이 사람이 함흥차사가 되었나?" 하는 것이다.

답답해하던 태종이 어느 날 좌우의 신하들을 둘러보며 "누가 감히 그곳에 가겠는가?"하고 물으셨다. 성품이 충직하고 청백하여 항상 임금을 섬김에 푸른 청송처럼 변함없던 박순이, 임금 앞에 나아가 말하기를 "신이 가기를 청하옵나이다."고 했다.

그러나 박순은 태종이 평소에 측근에 두어 중히 여기던 터라 만일을 염려하여 허락하지 않았다. 이에 공이 또 나아가 간청하기를 "신하는 임금을 위하여 죽는 것이 그 직분이니, 임금이 내린 옷을 입고 임금이 내린 밥을 먹으면서도, 난국에 처하여 죽음을 면하려 든다면 그 또한 부끄러운 일이 아니옵니까?"하였다.

공은 고려 말 우왕 14년 요동 정벌 때 이성계의 휘하에서 종군하는 등, 이성계와는 전쟁터에서 이승과 저승을 초월했던 전우이자 친구 사이였다. 모든 성의를 다하여 태조를 한양으로 모셔오고자 하는 심경에 거칠 것이 없었다. 그리하여 박순이 태종의 윤허를 받아 돌아올 기약 없는 머나먼 함흥차사의 길을 떠나게 되었다.

박순이 차사가 되어 함흥으로 떠나면서 하인을 모두 물리치고, 가마를 타는 대신 젖먹이 새끼 딸린 말 한필만을 타고 함흥으로 향했다. 태조가 머물고 있는 함흥의 별궁(別宮)에 거의 당도한 박순이 망아지는 강가의 나무에 매어놓고 말에서 내려 어미 말만 끌고 행재소 안으로 들어갔다. 그러자 어미 말과 새끼 말이 서로 떨어지지 않으려고 뒤돌아보고 머뭇거리며 울부짖기를 한나절이 지나도록 계속하였다.

멀리서 이 광경을 바라보던 태조는 무슨 곡절인가 하고 기이하게 여겼다. 사신으로 온 자가 박순임을 알아본 태조는 오랜 벗을 대하듯 즐거워하며 반갑게 맞이하였다. 마침내 서로 상견례를 올린 후 즐거운 환담을 나눌 때, 상왕(태조)이 "그대는 어찌하여 이렇게 먼 곳까지 나를 찾아 왔는가?" 하고 물었다. 공이 "견마(犬馬)의 정을 이기지 못하여 한번 천안(天顔)을 뵙고 죽고자 하여 이렇게 왔습니다."하였다.

상왕이 또 "그대는 어찌하여 새끼 말을 나무에 매어놓았는가?" 공이 대답하기를 "망아지가 행재소에 들어오면 방해가 될까하여 강가의 나무에 매어두었더니, 어미와 새끼가 차마 떨어지지 못하고 울부짖었습니다."그러면서 "아무리 하찮은 축생이라도 어미와의 정은 떨어질 수 없는가 보옵니다." 하고 말하니 태조의 낯빛이 조금

변했다. 이에 공이 목이 메도록 슬프게 통곡하니 상왕 또한 눈물을 흘렸다.

며칠 후 상왕과 공이 바둑을 두고 있는데, 마침 새끼 쥐가 추녀에서 놀다 떨어져서 거의 죽음에 이르렀는데, 어미 쥐는 새끼 쥐를 끌어안고 있을 뿐 달아나려 들지를 않았다. 무사들이 쥐를 잡으려고 달려드는 것을 박순이 말리면서 태조 앞에 엎드렸다.

"어이 그러는가?"하고 태조가 묻자 박순은 "황공하옵니다. 전하! 잡혀 죽을 줄 알면서도 새끼를 두고 도망가지 못하는 어미 쥐의 정경이 몹시 가련하고 갸륵해서이옵니다. 더욱이 어전 앞인지라 하찮은 미물일망정 살생을 금하게 한 것입니다." 하면서, 눈물을 흘리며 부자의 정을 말하고 한양으로의 환궁을 간청했다. 태조도 크게 감동하여, "내 수일 안에 한양으로 갈 터이니, 걱정 말고 가서 내 뜻을 전하여라. 아직 감정이 격한 신하들을 달래어 공의 뒤를 따르마."하고 은밀히 환궁의 뜻을 말하였다.

박순은 태조의 낯빛을 보고는 비로소 안심하고, 하직인사를 올리고는 기쁜 마음으로 한양 길을 재촉하게 되었다. 그러나 태조가 한양에서 오는 사신은 무조건 죽여서 되돌아가지 못하도록 내린 엄명을 거두고 박순을 살려 보내자, 함흥까지 따라와 태조의 안위를 지키던 측근 신하들이 크게 반발하였다. 더구나 지금 한양으로 돌아간다면 자기들이 무사하지 못할 것이라는 판단에서, 박순을 쫓아가 죽여야 한다고 태조를 공박하였던 것이다.

태조는 박순을 살리고자 하루 이틀 시일을 늦추면서, 함흥 땅을 벗어나 멀리 떨어지기를 기다렸다. 사흘째 되는 날 '이정도면 아무리 못 갔어도 이백 리 길은 갔을 테지'하고는, 신하들에게 "너희들 뜻이 정 그렇다면 할 수 없구나. 만약 용흥강(龍興江)을 건넜으면 놓아주고, 못 건넜거든 베어라."하고 명했다. 명이 떨어지기 무섭게 날랜 군사들이 박순의 뒤를 추격하였는데, 이 어이된 운명인가?

함흥에서 용흥강까지는 채 백리도 못 되는 거리였으나, 박순은 태조의 예상과는 달리 한양으로 되돌아가는 길에 폭질(暴疾)이 생겨 지체하는 바람에 예정보다 훨씬 늦게 용흥강에 도착한 것이다. 이제 막 나룻배에 올라 배가 움직이려 할 즈음, 먼발치에서 한 떼의 군사들이 말을 달려오며 "멈추시오! 어명이오! 멈추시오!" 하고 소리를 질렀다.

박순은 어명이라는 소리에 배를 멈추게 하고 기다렸다. 그러자 군사들이 쏜살같이 달려와 "어명이오!" 하고는 허리를 내리쳤다. 그리하여 박순의 시신이 반은 나룻배 안에, 나머지 반은 강물에 떨어졌다고 하여, 그 광경이 후세인들에게 알려져서 '반재강중 반재선(半在江中 半在船)'이라는 시가 전해진다.

박순의 죽음은 한양의 조정뿐만 아니라 함흥의 행재소에서도 큰 충격을 불러일으켰다. 넉넉히 살아서 돌아갈 것으로 믿었던 태조는 대경실색하여 신하들에게 "그래 죽음에 임하여 무슨 말이 없더냐?" 하고 물었다. 그러자 신하 중 한 명이 "행재소가 있는 곳을 향하여 흐느껴 울면서 말하기를, 나 하나 죽는 것은 아깝지 않으나. 원하옵건대 이미 약조한 환궁의 뜻은 고치지 마시옵소서. 하고 말했나이다." 하였다. 이에 태조는 뜨거운 눈물을 흘리며 "박공은 짐의 좋은 친구이다. 아! 오늘 친구가 죽다니! 내가 전일에 그가 한 말을 저버리지 않으리라." 하였다.

 태종도 또한 크게 슬퍼하며 "그는 반드시 죽을 것을 알고도 가기를 청하였으니, 그 충성과 용맹이 비할 데가 없도다."하고 화공(畵工)에게 명하여 그의 인물상을 그리되 다만 상반신만 그려 그 실적(實蹟)을 나타나게 하였다.

 부인 임씨는 박공이 함흥으로 떠남에 따라 밤낮으로 무사하기를 빌더니, 결국 한 달만에 흉보(凶報)를 접하고는 스스로 목을 매어 죽었다. 태종이 깊이 애도하며 전중(殿中) 벼슬에 있는 아들 흔(昕)에게 참판을 증직하고, 겸하여 전답과 노복을 주고, 공의 모든 후손에게는 음직의 교지를 내렸다.

 또한 태종은 그의 공을 기록하고 관직을 높이고 토지를 내리는 것은 물론 자손을 대대로 등용할 것을 명하고, 부음을 듣고 죽은 부인 임씨에게는 묘지를 내려 후히 장례토록 하였다. 그리하여 부인 임씨는 고양시 황룡산에 예장으로 모시고, 박순은 함흥 용흥강가에 안장하여, 용강서원(龍江書院)에 제향함으로써 그 혼을 위로한 것이다. 황룡산 동편 기슭에 예장된 증 정경부인 장흥임씨 묘비의 말미에는, 묘비 글을 지은 송시열의 다음과 같은 글이 기록되어 있다.

 "공(박순)의 8세손 호원(浩遠)과 징원(澂遠)이 나(송시열)에게 말하기를 '저의 선조께서 돌아가신 뒤 태조께서 직접 묘소를 정해주셨지만 지금은 아무런 흔적이 없습니다. … 오직 임씨 할머니의 묘가 고양부사문[23])에 있으니, 이제 비갈을 세워서 선조(박순)의 사적을 함께 기리고자 합니다."고 부탁해서 묘갈명을 기록한다고 하며, "당

● 1. 30여 년 전에 중건한 용강서원. 경기도 고양시 일산동구 성석동 1383번지

● 2. 황룡산 용강서원과 홍살문

23) 고양부사문(高陽府事門) : 고양고을 고봉산 서쪽 부사문동, 건좌 손향.

◈ 3. 용강서원 중건 묘정비

시 공께서 하신 일이 그 죽음을 피하지 않은 일인데도, 성스러운 태조의 인성(仁聖)으로써도 끝내 그 죽음을 구원치 못했고, 또 행재소에 있는 신하들이 다투어 죽이기를 청하여 기어코 죽이고 만 것은 그 연유가 무엇인가? …내가 그 대략을 기록하니, 후대의 지혜로운 사람의 지혜를 기다린다."고 은유법을 쓰며 맺었다.

함흥의 용강서원은 숙종 12년(1686)에 편액을 하사한 사액서원이지만 현재로서는 가볼 길이 없다. 그래서 1980년에 고양시 유림과 음성박씨 후손의 발의로 황룡산 장흥임씨부인 묘소 낙맥의 감내마을에 용강서원을 다시 세웠다.

용강서원에는 음성박씨 시조이며 고려 말의 충신 충정공(忠靖公) 박서(朴犀), 태종조의 충신 충민공(忠愍公) 박순(朴淳), 공의 외손으로 숙종·영조조의 문신 경헌공(景獻公) 조상경(趙尙絅)의 위패를 모

 4. 정경부인 장흥임씨 묘 전경
   위치 : 경기도 고양시 일산동구 성석동 산 200

 5. 정경부인 묘 후경

시고, 봉향제는 매년 음력 3월 16일과 9월 16일에 고양유림 주관으로 지내고 있다.

　고양시 황룡산 장흥임씨 부인의 묘역은, 조산인 고봉산(高峯山)을 바라보며 회룡고조 형국으로 좌정한 안정되고 양지바른 명당이다.

　임씨부인의 묘역에는 충민공 박순의 제단과, 사헌부감찰과 병조참판을 지낸 차남 흔(昕)의 묘가 있다. 다만 좌승지로서 단종복위를 도모하다가 형(刑)을 받은 장남 소(昭)는 청계산에 묻혔으며, 후사가 없었기 때문에 차남 흔(昕)의 후손이 계대를 이어가고 있다고 전한다.

🔹 6. 박순의 차남 병조참판 박흔의 묘

16. 월산대군과 처남 박원종

월산대군 이정(1454~1488년)

　조선조 제9대 임금 성종(成宗)의 형님이 되는 월산대군(月山大君)은 세조의 장남 의경세자(추존왕 덕종)의 장남이다. 다시 말하면 세조의 장손자이다. 이름은 정(婷)이고 자는 자미(子美)이며 호는 풍월정(風月亭)이다. 그는 조부인 세조의 사랑을 듬뿍 받으며 궁중에서 유복한 유년 시절을 보냈으며, 7세에 월산군에 봉해지고, 18세에 대군에 진봉되었으며, 좌리공신 2등에 책록되었다. 또한 서사를 좋아하고 문장이 뛰어나 그의 시(詩)가 중국에까지 널리 애송될 정도로 유명한 풍류객이었다고 한다.

　동생 성종(成宗)은 자주 그의 집에 드나들면서 형제의 우애를 돈독히 하였고, 그의 집 뒤뜰에 있는 정자를 풍월정(風月亭)이라 이름 짓고, 근체(近體) 오언율시(五言律詩)를 친히 지어 주었다고 한다.

　월산대군은 고양현(高陽縣)의 북촌에도 별장을 두고 자연과 벗하며 일생을 마쳤으니 그해 나이 겨우 35세였다. 성종은 임사홍(任士洪)에게 명하여 신도비명(神道碑銘)을 지어주도록 하였다.

　월산대군의 시 한수가 전하여 여기에 옮긴다.

寄君實〈군실에게〉

旅舘殘燈曉 여관집 새벽 등불은 꺼지려는 데
孤城細雨秋 외로운 성 가을비는 보슬거리네
思君意不盡 그대 생각하는 마음 끝이 없나니
千里大江流 천리 긴 강은 흘러만 가네

월산대군의 묘역

월산대군의 묘는 고양시 덕양구 신원동에 있다. 서울 외곽순환고속도로 남변에 부인 승평부 대부인박씨(昇平府大夫人朴氏) 묘와 상하장으로 조성되어 있다.

묘소에는 묘비·상석·향로석·장명등·망주석·문인석·신도비 등의 석물이 고루 갖춰져 있어 조선중기 묘제 연구에 중요한 자료가 되는 곳이기도 하다. 특이한 점이 있다면 정실부인인 순천박씨(順天朴氏)의 묘가 위쪽에 있고, 바로 아래쪽에 월산대군의 묘가 자리하고 있다는 것이다.

박씨부인은 연산군을 폐위시키고 중종반정을 주도한 박원종의 누님인데, 조카인 연산군의 씨를 잉태하자 약을 먹고 자살한 것으로 실록에 전한다(이러한 설에 대한 진실여부는 다음 장에서 정리했다).

한편 후실(後室) 원주김씨(原州金氏)와 그 후손 덕풍군의 묘는 순환도로 건너 북쪽에서 부군의 묘를 마주하고 양지바른 명당에 자좌오향(子坐午向)으로 조성되어 있다.

　박씨부인에게는 자손이 없었고, 후실(後室) 김씨부인에게는 다행히 독자가 있어서 계대를 이을 수 있었는데 그가 바로 승헌대부 덕풍군(德豊君)이다.

　덕풍군은 세 아들을 두었는데, 첫째아들 파림군(坡林君)과 셋째아들 전성부정(全城副正)의 후손이 월산대군의 계대를 이어 오면서 현재 그 후손의 인구가 2,000여 명으로 추산된다. 둘째 계림군(桂林君)은 계성군에게 양자로 들어가 역시 그 후손이 매우 번창하였다.

　풍수적인 고찰을 하자면 박씨부인의 묘는 너무 올려 썼고, 월산대군의 묘 역시 한자리를 내려서 청룡선익쪽으로 조금 옮겨 모셨더라면 더 좋았을 것이라는 아쉬움이 남는다.

　후실 김씨부인의 묘는 혈증이 또렷하고, 그 청룡에 나란히 일렬로 올려놓은 큰아드님 덕풍군 역시 후덕한 당판의 진혈에 든 것으로 평가한다.

　후실 김씨 부인 묘소아래에 거주하는 후손의 설명에 의하면, 월산대군이 젊은 나이로 병사 할 때 까지 박씨 부인에게는 후사가 없어 절손이 되는 것으로 알고 있다가, 뒤늦게 대군의 후실 김씨가 아들을 데리고 들어왔지만, 처음에는 후손으로 인정치 않을 정도로 그쪽 소식을 전혀 알지 못하고 있었다 한다.

　월산대군은 세인의 상상과는 전혀 다른 일생을 살았다고 하는데, 그의 나이 17세가 되던 해에 14세 된 아우에게 왕위가 넘어갔으니, 평생 주유천하에 뜻을 두고 시와 술로 유랑이나 하면서 살았다고

● 1. 월산대군과 위쪽 승평부대부인 묘 : 고양시 덕양구 신원동 산 16-35

● 2. 월산대군 묘 안산의 모습

전해오지만 후손의 이야기는 다르다.

세조는 정희왕후 윤씨와의 사이에 2남을 두었는데, 첫째 왕자 의경세자(덕종으로 추존)가 20세에 죽었으므로, 둘째 왕자 해안대군(8대 예종)에게 왕위를 넘기게 된 것이다.

　그런데 8대 예종이 재위 1년 2개월 만에 세상을 떠나자, 이번에는 덕종의 아들 중에서 장남 월산대군이 아닌 차남 자산군(성종)으로 하여금 왕위에 오르도록 한 것이다. 물론 인수대비가 병약한 큰아들 월산대군을 대신하여 총명한 둘째 아들 자산군(성종)을 왕으로 추대하였다고는 하지만, 그것은 승자의 기록일 뿐이고 형식적인 의례 순서였을 것으로 짐작이 된다.

　세조의 일등공신으로 절대 권력을 쥐고 있던 한명회는, 둘째딸이 예종비 장순왕후 한씨이고 셋째 딸은 성종비 공혜왕후 한씨인 것으로 미루어 짐작해보면, 월산대군은 처가의 세력에서 동생의 장인이 되는 한명회에게 밀렸음직하다. 즉 결혼을 해서 처가가 이미 정해진 월산대군 보다는, 아직 결혼을 하지 않아서 아직 처가가 정해지지 않은 자산군을 밀었던 것이다.

　그리하여 성종이 14세에 왕위에 오르고, 16세에 12세 된 한명회의 셋째 딸(공혜왕후)과 혼인하는 것 까지는 한명회의 뜻대로 되는 것 같았으나, 공혜왕후가 후사도 없이 19세에 세상을 떠나고 말았으니, 한명회의 뜻대로 안 되는 것도 있었던 모양이다.

　어찌되었든 월산대군은 왕위를 동생에게 넘겨주고 평생 시나 지으며 초야에 묻혀 살다가 35세에 지병으로 세상을 하직하였다. 월산대군 후손의 말에 의하면, 월산대군은 평생을 자연과 벗 삼으며 전국을 섭렵하였지만 기방출입이나 여색을 멀리 하기로 정평이 나있었다고 한다.

　한때 원주에서 머문 일이 있었는데, 원주현감이 꾀를 내어 한 규수로 하여금 월산대군을 옆에서 잘 보필하도록 꾸몄다. 월산대군이 가까이 하기는 했으나, 결국 정식으로 후실을 들이지 못하고 세월만 보내다가 지병을 얻게 된 것이다. 그 후 그 규수(원주김씨)에게 태기가 있어 낳은 아들이 덕풍군이고, 겨우 후사를 이어올 수 있었다는 이야기이다.

✥ 3. 원주김씨 부인의 묘는 길 건너에서 월산대군묘를 향하여 재혈 : 신원동 산11-28

월산대군의 부인 승평부대부인 박씨

 월산대군의 부인(승평부부인)은 독실한 불자라는 이유르 유림으로부터 표적이 되었다. 그녀는 청상과부가 된 시어머니 인수대비를 모시고 남편 월산대군과 함께 자주 절을 찾았으나, 남편다저 죽게 되자 그의 명복을 빌기 위해 흥복사를 건립하였다.
 성종은 조정대신들의 반대를 무릅쓰고, 후사도 없이 과부가 된 형수를 위하여 사찰건립에 필요한 물자를 적극 지원토록 하였다. 수개월 뒤 흥복사에서 큰 법회가 열렸는데, 월산대군의 부인이 그 법회를 주선했다는 소문이 돌자 조정에서는 벌떼처럼 들고 일어나 부인을 공격하기 시작했다. 흥복사에 사대부의 부녀자들이 구름처럼 몰려들어 승려들과 어울려 하룻밤을 지내고 돌아왔으니, 월산대군의 부인과 사대부 집안 여인들, 또 이를 부추긴 승려들을 붙잡아 문초해야한다는 것이다.
 그 당시 대비전의 반대를 무릅쓰고 애써 제정해 놓은 「부녀자 사찰출입금지」 법령이 월산대군 부인 때문에 무용지물이 된 것이다. 유신들은 '국가의 기강과 원칙이 무너지게 되었다'며 50여 차례나 성종에게 상소를 올리고, 면담을 요청하면서 월산대군 부인과 관련자들의 처벌을 요구하고 나섰다. 이로 인하여 사헌부와 사간원의 대신들이 수십일 동안 대궐문 앞에 엎드려 농성을 벌였으나 성종은 끝끝내 그 청을 들어주지 않았다.
 이와 관련한 유신들의 반발은 그해 12월 성종이 죽을 때까지 이어졌지만, 성종은 끝내 그 청을 들어주지 않고 세상을 떠났다. 그것은 월산대군부인 박씨가 상당히 후덕하고 순종적인 며느리이자 형수였고, 그녀에 대한 성종의 예우가 얼마나 극진했는가를 가늠할 수 있는 대목이다.

인수대비는 생모가 없는 어린 연산군의 보호를 자신의 큰 며느리인 부인에게 맡겼다. 성품이 온화하고 후덕한 그녀가 어린 세자를 맡아 기르는 것이 가장 안심이 되었기 때문이다. 무엇보다도 부인에게는 아이가 없었으니, 자신의 친아들처럼 정성으로 돌보라는 의미였을 것이다. 나이 어린 연산군에게 있어서 박씨부인은 어머니와 다름없는 존재였다.

왕실에서 병이 나면 사가로 피접을 나가는 것이 일반적이었는데, 어린 연산군이 병이 생겼을 때 가는 곳이 바로 월산대군의 집이었다고 한다. 잔병치례가 잦았던 연산군은 어린 시절 대부분을 월산대군의 집에서 보낸 것이다. 또한 연산군이 생모인 폐비 윤씨에 대한 소문과 멀리 떨어져 있기를 원했기 때문에, 궐 밖의 월산대군 사저에서 성장하도록 인수대비가 명했다고도 한다.

후일 연산군 또한 자신의 세자를 월산대군 부인에게 맡겨 기르도록 하였으며, 종종 쌀과 노비를 하사하여 자기를 길러준 후의에 대한 보답을 잊지 않았다고 한다.

또 부인이 큰 병이 들었다는 소식을 전해들은 연산군이 승평부부인의 이름 앞에 대(大)자를 하나 더 붙여 승평부대부인(昇平府大夫人)이라는 당호와 인장을 하사했으니, 이것은 자신과 세자를 정성으로 보살펴준 큰 어머니에 대한 감사와 고마움의 표시였을 것이다.

도덕적으로 매도당한 승평부대부인

승평부대부인 박씨는 중종반정의 주역들에 의해 희생된 정황이 기록으로 전한다. 연산군이 자신을 키워준 큰 어머니와 통정하는 패륜아임을 밝혀서 폐주를 삼았다고 기록한 것이다.

"박씨는 수십 년을 홀어미로 지내며 불교를 받들고 믿어, 죽은 남편인 이정(월산대군)의 묘 곁에 흥복사를 세우고, 명복을 비느라 자주 그 절에 가므로 사람들이 혹 의심하기도 하였다."

"왕(연산군)이 박씨에게 그 집에서 세자를 양육토록 하다가, 세자가 장성하여 경복궁에 들어와 거처하게 되면서부터는 왕이 박씨에게 특별히 세자를 모시게 하고, 왕(연산군)이 드디어 간통한 뒤 박씨에게 은으로 만든 '승평부대부인'이라는 도장을 만들어 주었다."

"월산대군 이정의 처 승평부부인 박씨가 죽었다. 왕에게 총애를 받아 잉태하자 약을 먹고 죽었다고 사람들이 말했다."

이와 같이 '소문에 그러하더라'하는 식의 간접화법을 써서 박씨부인을 불륜으로 몰아간 것이다. 이는 반정세력들의 이신벌군하는 자신들의 명분을 쌓기 위해서, 월산대군의 부인과 폭군 연산군을 한데 묶어 매도한 것으로 보인다. 또한 국법을 어긴 불심 깊은 여인에 대한 유신들의 복수가 동시에 이루어진 것이라 추정되는 것이다.

모 TV방송 연속사극에서 연산군의 옳지 못한 정신 상태를 소재로 다룬 드라마 「장녹수」, 「조선왕조500년」, 「금상의 피」 등이 전파를 타고 시청자에게 전달되었는데, 사극에 등장하는 월산대군부인 박씨는 겁탈을 당한 후 임신을 하자 대청에 목을 매 자살하거나, 약을 먹고 죽는 모습으로 묘사되는 장면이 있었다.

원래 드라마라는 것은 역사적인 배경을 바탕으로 하여 흥미본위로 제작된다는 점을 감안하더라도, 그렇게 묘사되는 것은 하나의 소설일뿐 역사적인 사실로 인정하기는 어렵다는 것이 필자의 생각이다.

왜냐하면 박씨부인은 연산군 보다 21살이나 연상이었고,[24] 그 당시 박씨 부인은 51~52세의 나이였으며, 더구나 평생 아이를 낳지 못한 중년부인이라는 것 외에도, 승평부대부인이라는 시호가 내려질 무렵에는 이미 중병에 걸려 사경을 헤매고 있을 때였으므로[25] 통정을 했다거나 아이를 임신했다는 이야기는 현실성이 아주 없는 이야기이다.

또한 연산군이 폐위된 이후에는 '간통'에서 '음독자살'로 둔갑했다. 즉 박씨부인이 연산군에게 치욕을 당한 후 동생 박원종으로부터 "왜 참고 사느냐? 약을 마시고 죽어라!"는 독촉을 받고 자살했다는 것이다. 박원종은 연산군으로부터 자신을 키워준 큰어머니의 동생이라는 이유로 신임을 받아 높은 벼슬에 오른 만큼, 연산군에게 등을 돌리고 반정을 주도할 만한 결정적인 명분이 필요했을 수도 있다.

화려한 구중궁궐 속에서 일생을 살아왔지만, 당연히 중전의 자리

---

[24] 박씨부인은 1455년 생이고 연산군은 1476년생이다.
[25] 『조선왕조실록』 연산군 12년, 박씨부인이 죽기 16일 전에는 "승평 부대부인(昇平府大夫人)의 병세가 매우 위중하니, 북도 절도사(北道節度使) 박원종(朴元宗)은 머물러 간호하라."는 연산군의 전교가 있었다.

에 올라야했을 그녀는 늘 음지를 벗어나지 못했고, 막강한 유림과 중종반정의 주역들에 의해 정쟁의 제물이 되어 치욕적인 모욕을 당하고, 조선불교의 탄압을 온몸으로 막아냈다는 사실 등은 불교사적인 면에서도 재조명이 필요하지 않을까 생각되는 대목이다.

순천박씨 영의정 박원종

순천박씨(順天朴氏)는 신라 56대 경명왕의 아들 강남대군의 후손으로 알려졌으나, 그 후 계대가 실전되었으므로, 고려 충숙왕 때 보문각대제학을 지낸 박숙정(朴淑貞)을 1세조로 한다.

순천박씨 8대 종손 박원종(朴元宗)의 고조부 박가흥(朴可興)은 고려 때 좌정승이었고, 증조부 박석명(朴錫命)은 공양왕 2년 병조판서를 지냈는데, 조선 개국 후에는 정종이 2년 2개월 만에 왕우를 태종에게 선위하자 그 교서를 가져가서 태종을 옹립한 그 당시 도승지였다.

조부 박거소(朴去疎)는 영의정 심온의 사위이고, 부친 박중선(朴仲善)은 세조 6년 무과장원하고 그 후 병조와 이조의 판서를 지낸 인물로서, 그의 가문은 고려 말과 조선 초기를 이어 내려온 개국공신 집안이었다.

박원종은 승평부대부인 박씨의 남동생인데, 그는 7녀 1남의 딸부자 집에서 귀염둥이로 태어났다. 벼슬을 마음대로 골라 쓰라는 특혜까지 주었던 연산군을 내치고 중종을 옹립한 중종반정의 주인공이다. 그는 무술이 뛰어나 음보로 무관직에 기용되었으며, 성종 17년 20세에 무과에 장원급제하여 오랫동안 왕을 측근에서 모셨다.

연산군 시대에는 경기도 관찰사, 함경북도 병마절도사 등의 요직을 거쳐 평성군(平城君)에 봉해졌다. 1506년 중종반정에서 주동적인 역할을 하여 우의정이 되고, 이어서 평성부원군에 오르고, 드디어 일인지하 만인지상이라는 영의정이 되어 권력의 중심에 우뚝 섰으나, 아쉽게도 이듬해 중종 5년 44세의 일기로 세상을 하직하고 말았다.

이 대목에서 의아한 것은, 박원종은 과연 누님의 억울한 죽음에 대한 울분 때문에, 평소 많은 은혜를 입고 최측근에서 모셨던 연산군을 폐위시키는 일에 앞장선 것인지, 아니면 반정의 정당성 확보를 위한 명분으로 자신의 누님을 도덕적으로 매도하며 역사를 날조하였는지, 어느 쪽이든 도저히 납득이 안가는 대목들이다.

4. 박원종 신도비

박원종과 선조들의 묘역

🌐 5. 순천박씨 영의정 박원종의 묘 위치 : 남양주시 와부읍 도곡리 산31

🌐 6. 박원종의 고조부 묘. 회룡고조를 하여 앞에 보이는 예봉산은 안산겸 조산이 되었다.

● 7. 박원종 고조부 묘 입수처의 암석

다음은 박원종과 그의 부친 및 고조부의 묘역에 관한 고찰이다.

남양주의 와부읍 도곡리 순천박씨 세거마을에 있는 순천박씨 종중묘역에는, 박원종을 비롯한 많은 문중 묘가 산재해 있으며, 그중에서도 박원종의 고조부 박가흥(朴可興)의 묘가 제일가는 명당으로 손꼽힌다. 박가흥은 단종 복위를 도모하다가 사육신이 된 박팽년(朴彭年)의 7촌 재당숙이기도 하다.

천마산을 태조산으로 우뚝 솟은 백봉이 한강수를 만나 적갑산·예봉산을 조산(祖山)으로 삼았으며, 강 건너 감악산을 조산(朝山)으로 좌정하니, 그 국이 웅대하나 평온한 덕소 벌을 만나 안정되었다.

생왕한 내룡이 횡룡으로 입수한 박가흥의 혈은 입수·청룡선익·백호선익·당판·전순의 오악(五嶽)이 완연하여 진혈이 틀림없고, 태왕한 입수의 암석이 양명하지는 못하더라도, 공의 증손 박중선과 현손 박원종이 무과에 장원하고 영의정까지 오를 수 있었던 원천으로 보기에 충분하다. 다만 안산의 현군사(縣裙砂)는, 박원종의 후사에 서손으로 계대를 이은 박운(朴雲) 또한 한량(閑良)으로 끝났다고 하는 것과 무관치 않게 보인다.

8. 박원종과 고조 박가흥 묘의 기맥도

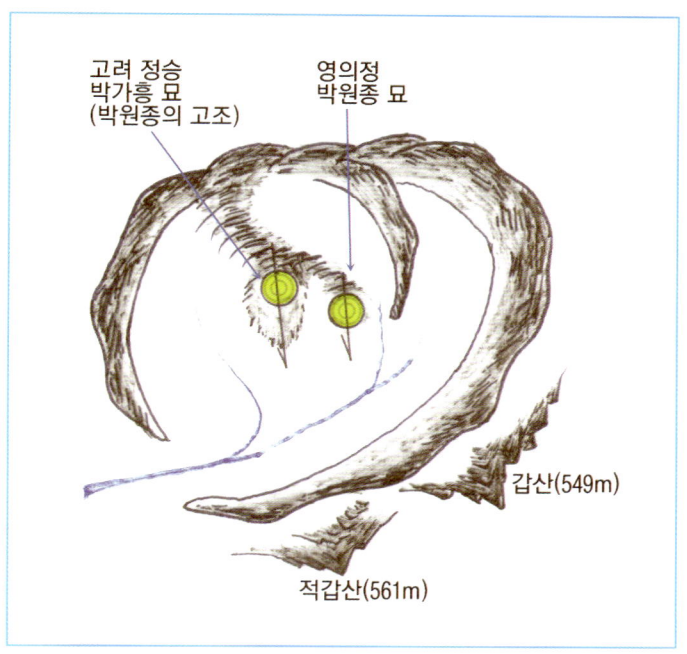

9. 박원종과 고조 박가흥 묘

제 2부
충청도

1. 흥선대원군과 남연군 묘

　예나 지금이나 명당을 찾아 선조를 잘 모시고 싶지 않은 사람이 어디 있을까! 아직도 우리민족의 핏줄에 흐르고 있는 유교의 충효사상은 곧 한국의 혼이요 정신이라고 할 수 있다. 그래서 조선조의 풍수관습을 보려면 조선시대에 가장 번창했던 유교사상의 이해 없이는 불가능한 것이다.

　조선조 500년을 지배한 충효사상은 곧 조상숭배정신으로 발전하였고, 조상숭배정신은 조상의 편안한 휴식터로 명당자리를 얻겠다는 마음으로 귀결되었던 것이다. 그것은 부모생전에 못 다한 효도를 하겠다는 마음과, 선조의 유해를 잘 모시면 그 후손에게 좋은 음덕이 내릴 것이라는 기복신앙도 작용하였을 것이다.

　그러한 사상의 바탕에서, 흥선대원군이 2대 천자지지에 그의 부친 남연군을 이장하였기 때문에 고종과 순종이라는 2대 천자를 얻었는가에 대한 궁금증을 풀어보기로 한다.

　이에 대한 역사적인 고증은 황현(黃玹 : 1855~1910)이 지은 『매천야록(梅泉野錄)』과 『예산의 얼(예산군지 : 1982년)』 등에 소상하게 기록되어 있어 많은 참고가 되었으나, 풍수지리가의 의견은 반영되지 않았으므로 첨가하여 서술코자하는 것이다.

예로부터 우리 선조들은 별자리를 보고 사람의 운명을 점치기도 하였고, 천문과 풍수를 접목시켜 하늘의 별자리를 땅에 옮겨 풍수를 연구한 흔적도 있다.

하늘을 크게 3층으로 나누어 가장 높은 곳에 있는 하늘을 상원(上垣) 또는 태미원(太微垣)이라 하고, 태미원 아래에 있는 하늘이 바로 하늘의 중심이 되는 중원(中垣)즉 자미원(紫微垣)이며, 자미원의 아래에 있는 하늘을 천시원(天市垣)이라 하였다. 그러므로 하늘의 중심에 자미원이 있고, 또 자미원의 중심에는 하늘의 임금이란 뜻이 담긴 천황대제(天皇大帝)가 머무는 천추성(天樞星) 또는 북극성(北極星)이 자리 잡고 있다.

북극성은 좌자미 8개의 별과 우자미 9개의 별, 그리고 화개성(華蓋星)과 구진성(勾陳星) 등이 측근에서 호위하고, 그 바로 옆에는 북두칠성(北斗七星)이, 동서남북 사방으로는 28수가 또 호위하고 있는 것이다. 120여 개의 별이 호위하는 하늘의 중심에 자미원이 있고, 또한 자미원의 중심에 자미궁(紫微宮)이 있으니 구천(九天)의 궁궐인 것이다.

구천의 궁궐이 하늘의 궁(宮)이라면 구중궁궐(九重宮闕)은 땅의 궁궐을 의미한다. 그래서 땅의 궁궐을 얻어서 천자를 배출하고자, 예로부터 대를 물려가면서 까지 평생을 걸고 자미원에 있는 자미궁을 차지하려고 온갖 노력과 심혈을 기울여왔던 것이다.

천하제일 명당과 자미원

　조선의 대미를 장식했던 흥선대원군 이하응 또한 풍수에 심취한 인물이다. 스러져가는 종실의 중흥이라는 사명감이 누구보다도 앞서 있었다. 아무리 궁리를 해봐도 풍수만큼 확실한 수단이 없다고 확신하고, 수소문 끝에 젊은 지사 정만인(鄭萬仁)을 찾아서 있는 성의를 다하여 청을 하게 되었다.

　연천(군남면 황지리 : 현장 확인안됨)에 있는 아버지 남연군의 묘가 썩 마음에 들지 않기도 하였지만, 그 정도로는 막강한 안동김씨를 몰아내고 종실중흥의 대업을 이루기에는 역부족이라고 생각했기 때문에, 그의 머릿속에는 항상 자미원(紫微垣)을 찾았으면 하는 마음뿐이었다. 표면적인 이유는 스러져가는 종실중흥이요 왕권강화에 있었겠지만, 사실 속마음은 왕권쟁취요 정권에 대한 강한 욕심이 더했을지도 모른다.

　흥선군의 부탁을 받고 전국의 길지를 답사하고 돌아온 정만인이 흥선군에게 보고하기를 "충남 내포지방에 대명당자리가 두 곳이 있는데, 광천땅 오서산(790m : 홍성 장곡면) 낙맥에는 만대영화지지(萬代榮華之地)가 있으며, 그 북쪽 땅 100여 리에 있는 덕산의 가야산(677m)에는 2대천자지지(二代天子之地)가 있습니다."라고 하였다.

　흥선군은 만대에 걸쳐 영화를 누릴 수 있다는 광천은 거들떠보지도 않고, 대뜸 2대에 걸쳐 천자가 나온다는 곳을 선택하고는, 정만인을 앞세워서 삼백리길을 재촉하여 대망의 2대 천자지지를 향하여

● 1. 남연군 묘의 기맥도

● 2. 남연군 묘도

발걸음을 재촉하였다. 한양을 출발한지 7일 만에 수원·천안·신창·선장을 거쳐 덕산 땅에 들어서니 웅장한 가야산이 앞길을 막아선다.

가야산의 주봉인 석문봉(653m)에서 발원하여 가파르게 뻗어 내린 산세가 멈춘 곳에 천년고찰 「가야사」가 자리 잡았고, 절 뒤쪽에

225

둥글고 힘차게 우뚝 솟은 단아한 봉우리에는 거창한 오층금탑(金塔)이 커다란 암반위에 버티고 서서 흥선군을 노려보는 듯했다.

청룡을 살펴보자! 주봉인 석문봉 좌측으로 힘차게 뻗은 옥양봉(621m)의 산줄기는 일락산(521m)·수정봉(453m)에 이어 오봉산(224m)으로 30여 리를 이어 달리는데, 오묘한 계곡은 험준하기는 해도 깊고 무성한 풍광이 삼림에 둘러 싸여 교란사의 국보 서산마애삼존불과 명종대왕의 태봉·문수사·개심사·일락사 등의 불교문화재가 가득한 암자를 품고 있으니, 이 가야산의 석문봉과 옥양봉으로 이어지는 낙맥은 청룡으로 삼기에 전혀 부족함이 없다.

백호쪽을 돌아보자! 가야산 주봉에서 우측으로 그 모습도 준수한 원효봉(605m)은 국사봉으로서 손색이 없고, 그 이름도 아름다운 옥계리를 거쳐 맞은편 사석리에 서원산(472m)을 안산(案山)으로 살며시 감싸 안고 있는 긴밀한 국세는 그야말로 장엄한 준령으로 힘이

😊 3. 충남 덕산 가야산의 남연군의 묘. 당판 우선익에 암반이 그대로 남아있다. 위치 : 충남 예산군 덕산면 상가리 산 5-28

넘쳐난다.

  젊은 지사 정만인의 말대로 가야사 철탑자리가 천자가 나올만한 명당자리임에 틀림없다고 판단한 흥선군이었지만, 천년의 역사를 간직한 유서 깊은 가야사 대웅전과 우뚝 솟은 금탑을 보는 순간, 난공불락의 거대한 암벽성곽처럼 보였고 마치 하옥대감이 그 자리에 떡 버티고 앉은 것처럼 보였다.

  하지만 가야사 절터가 풍수에서 말하는 천하제일명당 즉 자미원이라고 확신하는 순간, 이런 자리라면 종실중흥과 왕권의 확립이 가능하다는 생각에, 강력하게 밀어 붙일 것을 마음속 깊이 다짐하였다.

  3층 하늘 중에서 맨 아래층 천시원은 한양에서 제일 가까운 천안(天安)이고, 그 맨 꼭대기 3층 태미원은 한양에서 제일 먼 곳 태안(泰安)이며, 그 중심부에 있는 자미원은 천안과 태안의 중간에 위치한 해미읍성(海美邑城)의 진산(鎭山)인 가야산 가야사라는 확신을 가졌을 것이다.

  사실 첨단문명의 혜택을 누리고 사는 현시대에도 자미원을 찾는 이들이 많다는 것을 알 수 있다. 지금의 운산목장에서 가야산 쪽으로 오르다보면 고풍저수지를 지나자마자 우측으로 초라한 가야산 교란사라는 절이 있고, 백제의 미소라고 불리는 「서산마애삼존불상」이 유명하기는 하지만, 언제부터인가 그 근방 어디에 자미원이 있을 것이라는 입소문이 돌았던 모양이다. 그래서 그런가, 교란사 부근에는 아직도 자미원에 대한 미련이 있는 술사들의 발걸음이 자주

4. 국보 제84호 마애삼존불상 (백제의 미소 : 백제 후기 마애불상) 중앙에 석가 여래불, 왼쪽에 제화 갈라보살, 오른쪽에 미륵반가사유상

있다고 한다.

혹시 자미원이 남연군의 묘가 있는 그자리가 아니라 그 주변 어디에 있다고 믿는 것은 아닐까? 그뿐이 아니다. 만대영화지지가 있다는 홍성의 오서산 또한 이름 모를 분묘들이 몰려들어 몸살을 앓고 있다는 소문이다.

그런데 지사 정만인을 앞세운 흥선군은 엉뚱한 곳으로 발걸음을 옮겼다. 윤비경 참판의 손자이며 영조때 강문팔학사(江門八學士)의 한사람인 문헌(文獻)공 윤봉구(尹鳳九) 판서의 증손자가 거처하는 큰 기와집 대문을 들어서는 것이 아닌가! 흥선군은 주저할 것도 없이 윤씨에게 가야사 안 골짜기에 묏자리 하나 빌려줄 것을 청하였다. 엉뚱하게도 그가 노리는 가야사 금탑과는 500여 보 안쪽으로 들어간 곳이었다.

  가야사 안 골짜기는 온통 윤판서댁 사패지이기 때문에 흥선군은 내심 "나의 고조부 영조대왕께서 너의 증조부 윤판서에게 내린 사패지이므로, 많지도 않은 좁은 땅을 잠시 빌리는 것쯤이야 무슨 대수냐?"라고 생각하였을 것이다. 윤씨는 탐탁지 않게 생각하면서도 종친이 직접 찾아와 하는 부탁이니 어쩔 수 없이 승낙을 하였다. 그 후 떠도는 풍문에는, '하찮은 젊은 놈에게 명색이 종친이라는 이유 때문에 눌린 것이 분하여, 그놈이 앉았던 대청마루가 더럽다고 하인을 시켜 마루바닥을 대패로 밀어버렸다'고 하지만, 그러나 당시에 그것은 있을 수 없는 일이다.

  아마도 그 일이 있은 후, 날로 기승을 부리는 안동김씨 세력 속에서 흥선군이 살아남기 위하여 하옥대감 문전에서 온갖 체면 떨어지는 짓만 골라서 하니, 덕산 인근의 호족들이 그럴듯하게 꾸며낸 이야기일 것으로 추측된다. 그때 흥선군은 약관 25세였지만, 종친부 유사당상·도총관으로서 키는 작았더라도 당차고 야무진 귀공자였으니 말이다.

  한양으로 올라온 흥선군은 또 한고비를 넘어야 했다. 그는 위로 형님이 셋이나 되는 4형제의 막내이기 때문이다. 형님들을 설득하여 연천(일설에는 수원)에 있는 아버님 묘를 5백리 머나먼 곳, 덕산의 가야산 대명당으로 이장해서 모시도록 합의하는 일 또한 쉽지만은 않았던 것이다.

마침 흥선군은 아직 슬하에 대를 이을 자식하나 없었기 때문에, 가야산 대길지에 아버님을 모시는 일은 오직 형님들을 위한 일이고, 오직 종실을 위한 일념으로 말씀드린다는 것을 강조하며 "이장하여 모실 길지는 이미 확보하였고, 방법과 비용은 걱정 마십시오. 제가 알아서 다하겠습니다." 막내 동생의 집념과 고집에 두 형26)이 손을 들지 않을 수 없었다.

500리 길을 상여로 운구하다

　당시의 세도가 하옥대감을 설득하여서 지방 수령들이 상여운구에 적극 협조하라는 언질을 받아냈다. 그리하여 연천에서 덕산의 500리 길을 각 고을마다 궁중법도에 맞게 상여꾼을 모집하고, 고을을 통과할 때마다 그 지역 주민이 동원되어 릴레이식으로 상여를 운행하는데, 덕산에 당도하여 최종구간을 담당한 상여꾼이 덕산면 광천리 남은들 부락민이었다.
　"어~호 너~호" "딸랑 딸랑" "딸랑 딸랑" "어~호 어~호"
　후렴소리 구성지게 요령소리에 발맞추어 극진히 모신 다음 운구에 사용했던 궁중상여를 남은들에 상으로 주었는데, 지금은 그 상여가 「중요민속자료 제28호」로 지정되어 「남은들 상여」가 되었다.

---

26) 맏이인 흥녕군 이창응(興寧君 李昌應)은 8세 때 죽었으므로, 둘째 형 흥완군 이정응(興完君 李晸應)과 셋째 형 흥인군 이최응(興寅君 李最應)과 의논한 것이다.

● 5. 남은들 용봉(龍鳳)상여의 모형이 남연군 묘 옆에 전시되어 있다.

 덕산의 「남은들 상여」는 그 후 광천리에서 계속 보관하여 오던 중, 근래에 들어와 연속 2회에 걸쳐 도난당하자, 원본은 박물관으로 보내고 남연군묘 옆에는 복제품을 전시해서 160여 년 전 궁중에서 쓰던 법도대로 만들어진 상여를 누구나 볼 수 있도록 전시해 놓은 것이다.

 소원대로 1차 계획을 수행한 흥선군은, 그해(헌종 11년)에 장남 재면(載冕)을 낳았으나 반가워하지 않았다. 아직은 혈손이 아니었기 때문이다. 풍수에서는 조상의 음덕을 제대로 받으려면 명당혈에 조상을 올바로 모신 다음에 태어난 후손이라야 명당의 기를 완전하게 받는다는 믿음이 있는 것이다. 요즘처럼 조급증에 사로잡혀서,

● 6. 1차 이장지 구광터에서 바라본 청룡안산의 모습 : 상가리 산 35-42

선산을 이장하면 그 다음해에 큰 자리에 오르고 당선되고 벼락출세 할 수 있는 것처럼 말하는 것은 아주 잘못된 풍수의 거짓말이다.

가야산 2대천자지지 근처에 면례를 모시고 한양으로 올라온 흥선군은, 궁리 끝에 집안에 가보로 내려오는 중국산 단계석(端溪石) 벼루를 충청도 관찰사에게 선물하여 환심을 산 후, 그로 하여금 덕산현감에게 압력을 가하여 가야사에 중이 살수 없도록 쫓아내니 결국 가야사는 아무도 없는 폐사가 되고 말았다. 이유는 종친묘역에 시끄러운 목탁소리가 들려 조상의 영혼이 편히 쉴 수 없기 때문이라는 것이었다.

다음해에 성묘를 하러 내려왔던 흥선군은 마곡사스님 3명을 불러와서는, 나라와 종실을 위하여 이미 폐사가 되어 아무도 없는 가야사를 태워 없애도록 명하였다. 천년 거찰이 하룻밤사이에 잿더미가 되었고, 흥선군의 불같은 호령에 어쩔 수 없이 법당에 불을 지른

중은 그 자리에서 쓰러져 "불이야, 불, 불"을 외치다가 숨을 거두었다고 전해온다.

  가야사 대웅전에는 거대한 철불이 셋 있었다고 하는데, 화염 속에서 녹아버린 철불은 철궤가 되어 흉물이 되었으므로 계곡 근처 땅속에다 묻어버렸다. 수년 후 가마솥 만드는 공인들이 철궤를 캐다가 녹여서 가마솥을 만들며 좋아했지만, 하루 밤을 지내고 보니 그 솥이 모두 쇳가루가 되어 있었다 한다.

  승려도 없는 가야사는 흥선군의 계략대로 흔적도 없이 사라졌다. 천하명당 2대 천자지지에는 아직도 주인 없는 철탑이 서있었다. 그래서 철탑을 치우고 그 자리에 부친 남연군을 재 면례하기 위하여 3형제가 한양에서 내려와 인근 마을에서 유숙을 하였다. 그날 밤, 둘째 형 흥완군과 셋째 형 흥인군이 잠결에 악몽으로 시달리고 겁에 질려 있었으나, 흥선군만은 오히려 길몽이라고 해석하며 기뻐했다는 일화가 있다.

  3형제가 꾼 꿈의 내용은 같은데, 하얀 소복을 입은 백발노인이 나타나 대노하여 꾸짖기를 "나는 이곳 가야사 철탑의 탑신이다. 너희들은 어찌하여 남의 집을 빼앗으려 하느냐. 당장 물러가지 않으면 너희들은 내손에 죽을 줄 알라."고 호령하였다는 것이다. 흥선군이 이에 답하기를 "만약 형님들 꿈이 사실이라면 이 묏자리가 대명당이 틀림없습니다. 모든 운명은 하늘에서 결정 내리는 법, 어찌하여 탑신 따위가 우리에게 화를 끼칠 수 있단 말입니까? 더구나 이 나라는 우리 이씨의 것인데, 그 무엇이 이 나라 주인의 앞길을 막을 수 있단 말입니까?" 이렇게 하여 형님들을 눌러버리니, 흥선군의 기세에 따라 움직일 수밖에 다른 방도가 없었다.

다음날 아침 산역꾼들을 거느리고 탑을 허물기 시작하였으나, 바닥이 모두 암반덩어리인지라 도끼머리에 불꽃만 요란하게 튈뿐 도무지 일이 잘될 것 같지가 않았다. 그때 가야봉 안 골짜기어 별안간 돌풍과 먹구름이 몰려오면서 뇌성벽력이 요란하게 치기시작하자, 드디어 겁먹은 산역꾼들이 일손을 놓고 슬금슬금 뒷걸음질을 칠 때, 흥선군이 도끼를 낚아채고는 앞장서서 외쳤다. "이 나라는 우리 이씨의 나라다. 이 땅의 모든 것은 이씨의 것이거늘, 탑신! 너 따위가 어찌 감히 내 앞을 가로 막느냐? 썩 물러가거라!" 소리치며 도끼를 내려치니 철탑기둥이 두 동강으로 갈라지고 말았다.

이렇게 하여 천년고찰 가야산 철탑(금탑)이 사라지고, 그 자리는 남연군의 2차 이장지가 되었다. 160여 년이 지난 현시대에까지 세인의 관심 속에 이곳을 찾는 발길이 끊일 날이 없으니 과연 여기가 천하명당 자미원일까?

후일 대원군은 천묘 시에 있었던 일을 그와 가까이 지내던 이건창(李建昌, 해주관찰사)에게 털어 놓았는데, "그때 철탑 속에서 백자 두 개와 사리구슬 세 개가 나왔는데, 그 사리는 맑은 물속에 잠겨있었고 그 빛이 심히 투명하고 영롱하여 푸른 기운이 물위로 솟구쳐 광채가 났었다."고 하더라는 것이다.

하옥대감과 흥선군

강화도령 철종의 6촌 형님되는 흥선군은, 1844년 가야사 골짜기 구광터에 부친 남연군을 1차 이장한 이듬해에 장남 재만을 낳았고, 5년이 지난 1849년 가야사 철탑길지에 2차 면례를 모신 후 또 3년이 지난 1852년 드디어 천하 대명당 자미원의 혈손 이재황(李載晃)을 낳았다.

7. 남연군 묘비와 흥선대원군의 예서체 친필

소원대로 2대 천자지지에 이장을 완료한 흥선군은 이때부터 자구책을 강구하기 시작하였다. 술만 먹으면 아무나 붙잡고 시비 걸고 주사를 부리기 시작하더니, 종친부 유사당상(宗親府有司堂上) 벼슬도 내놓고 가정형편도 궁하게 만들었다. 장동의 안동김씨 문전을 드나들며 아부를 일삼고, 또 실제로 궁핍하니 하옥대감 문전에서 구걸을 해도 이상할 것이 없었다.

시정의 부랑배와 어울려 온갖 체통 떨어지는 일만 골라서 일삼는 동안에도, 안동김씨 세력은 날이 갈수록 팽창하기만 하였다. 때마침 왕위 계승서열이 높았던 종친 이도정이 강직한 모습을 보이다가, 김좌근의 모략으로 형장의 이슬로 사라지는 것을 보면서 더욱더 엎드려 살아야 했다. 그래서 흥선군은 권문세가 안동김씨의 경계대상에서 벗어나기 위해서, 왕좌에 전혀 관심없는 파락호임을 천지사방에 알리고 다녔다. 그러나 대망을 성취하려는 계략만은 어김없이 진행하였다. 후사가 없는 허약한 임금(철종)이 승하하면, 새로운 왕위 계승자를 지정할 권리는 종실의 제일 어른인 왕대비 조씨가 행사하게 되어 있었다.

영특한 혈손 둘째 아들 명복(재황)의 훈육에 유달리 주력하면서, 한편으로는 6촌 종수인 조대비의 환심을 사기 위해서 조대비의 친정조카 조영하와 긴밀한 관계를 유지하는 등 만일의 사태에 대비하는 일을 게을리 하지 않았다.

드디어 흥선군이 44세 되던 해 12월, 철종이 후사도 없이 승하하였다. 대왕대비 조씨의 전교에 의하여 흥선군의 둘째아들 재황이 12세의 어린나이에 조선조 제 26대 왕위에 오르니 그가 곧 고종황제이다. 아들이 왕위에 오르니 흥선군 이하응은 자동적으로 대원군으로 진봉되고, 나이 어린 임금을 대리해서 국정을 휘어잡으며 조선조 말기의 난세에 뛰어들었다. 2대천자지지에 면례를 모신지 꼭 19년 만에 대업을 달성한 것이다.

흥선대원군은 자신의 대망 때문에 천년고찰 가야사를 불살라 버린 죄책감에 항상 미안한 생각이 떠나지 않았다. 그래서 고종이 즉위하자 가야사 맞은편 안산에 새로운 절을 짓기로 하고, 궁궐을 건축하는 도편수며 목공·와공·토공·단청까지도 모두 궁중예산으로 충당하여 2년 만에 완공한 후, 장남 재면의 이름으로 부처님 앞에 받들어 바치는 예를 올리게 하였다. 부처님 은덕에 보답한다는 뜻으로 절 이름을 '보덕사(報德寺)'라 하고, 속죄의 뜻을 분명히 하여

✤ 8. 보덕사 전경 : 뒷산이 토체문성으로 어병사를 이루어 온화하다. 양지바른 터에 흥선대원군이 가야사에 대한 속죄의 뜻으로 옛 가야사 맞은편 언덕 위에 세운 비구니 사찰 모습.   위치 : 덕산면 상가리 277번지

✤ 9. 궁중 건축양식과 같은 무출목 이익공(無出目 二翼工)의 보덕사 극락전. 6·25때 소실되어 1951년에 중창되었다. 하지만 섬세한 원래의 모습을 잃지 않고 있다.

마음에 위안으로 삼았던 것이다.

비구니 사찰로서 정결함과 청순함이 있는 보덕사는 의외로 좋은 터였다. 후덕한 토체어병사[27)]가 휘감은 진산이 힘 있고 안온하며 양지바른 것이 기도 도량으로서는 가야사 철탑자리보다 더 좋아보였다. 8부 능선에 자리잡은 넉넉한 명당터에 청룡백호가 긴밀하고, 구부러진 진입로는 가야사 옛터를 오르내리면서 그대로 지나치기 십상이지만, 장풍득기가 잘되어서인지 조용한 분위기가 마음에 든다. 그렇게 잘짓고, 또 많은 전답과 재화는 물론 궁중에서 쓰던 각종 기구와 기물까지 하사하여 공양에 쓰도록 하였다고 하지만, 어디 옛 가야사만 하겠는가?

　한편 골짜기 안에 있던 윤판서댁 사패지는 모두 국유화하고, 그 대신 윤씨에게는 공주·유구의 산중에서 많은 대토를 주었으며, 가야산중의 모든 묘지는 외부로 옮기고 석물 등등은 모두 제거하게 하였다. 또 보원사지·개심사·수덕사 등 가야산 너머에 있었던 사찰은 현재까지도 남아있으나, 가야산 동편의 가야 골 내에 있는 불교 유적은 자취를 감추고 말았다.

독일인 오페르트의 도굴사건

　흥선대원군이 남연군의 묘에 상당한 애착을 가지고 있다는 것을 서양 사람들도 어떻게 알았는지, 고종 3년 2차에 걸쳐 우리나라와의

---

27) 토체어병사(土體御屛砂) : 좌우가 반듯한 평형을 이루고 병풍을 두른 듯하여서, 왕비의 어거행렬을 보는 듯한 모습.

통상을 요구하다가 실패하고 돌아간 독일인 상인 오페르트(Oppert)는, 미국인 탐험가 젠킨스와 프랑스인 선교사 페롱 등과 같이 무장병력 100여 명을 앞세우고 680톤짜리 차이나호 기선을 타고 아산만에 상륙하였다.

야음을 틈타 덕산까지 도착한 무장병력은, 남연군묘를 파헤치기 시작하였으나, 지반이 단단하고 암반으로 둘러쳐진 혈토가 쉽게 드러나지 않았다. 날이 밝아오고 서해안의 썰물 때가 되면서 다시 나가기 힘들어질 뿐만 아니라 사람들이 몰려들기 시작하자, 관까지는 파헤치지 못하고 퇴각했는데, 퇴각하면서도 온갖 횡포와 약탈을 자행하였다. 결국 조선의 서양인에 대한 나쁜 감정만 더해준 결과가 되었으며, 대원군에게는 더욱더 쇄국양이정책을 강경하게 밀어붙이는 계기를 제공하였다.

남연군 묘는 과연 천하명당인가?

전국의 수많은 풍수들에게 "남연군 묘는 과연 천하명당인가?"라는 질문을 한다면, 가(可)와 부(否)가 반반쯤 되는 것으로 생각될 만큼 갑론을박이 많은 곳이다.

형국론을 주장하는 술사들은 복치혈(伏雉穴 : 꿩이 깜짝 놀라 머리를 땅에 박음)이다. 혹은 선동농월(仙童弄月 : 신선의 시동이 달을 희롱함)이다. 혹은 상제봉조(上帝奉朝) 또는 군신회조(君臣會朝) 형국이라 황제가 나온 것이라고 주장하지만, 객관성이 결여되어 설득력이 부족하다.

 고종과 순종황제가 틀림없이 이 묘를 쓰고 태어났으니 천자를 배출했다는 것은 이론의 여지가 없다. 다만 왕권 한번 제대로 행사 못해보고 500년 왕업을 폐업하였을 뿐만 아니라 가계도 제대로 계승치 못하였고, 그 직계 후손의 말로가 일반 평민보다도 못하지 않은가! 흥선군과 그의 술사 정만인이 다급한 나머지, 좋은 장점만 확대 해석하고 흉한 기상은 무시했거나 간과했던 것은 아닐까?

 현존하는 남연군의 묘를 풍수의 입장에서 살펴보자면, 당판취기는 천하일품이지만, 당판으로 연결되는 내룡의 일절(來龍一節)은 편룡(偏龍)이 분명하고, 이·삼절(二三節)은 절맥지지(絕脈之地)로 제각기 들쑥날쑥하여 산맥(散脈)이 분명하지 않은가!

 "편룡과 절맥지지에는 천리 내룡을 논하지 않는다(偏龍絕脈之地 莫論千里來龍)." 당판과 입수에 태왕한 취기가 일품이지만 그 발복 시효는 2대를 이어가기 어렵다고 보는 것이 옳지 않을까?

 오히려 「그림6」에서 볼 수 있듯이 윤판서댁 사패지에 썼던 1차 이장지가, 당판의 취기는 2차 이장지만 못해도 용맥과 안온한 국세가 더 안정된 곳이다. 사진에서 보이는 청룡안산의 모습에서 확인할 수 있듯이, 현존하는 2차 이장지의 산만한 모습보다 매우 평화롭고 안정되어 보인다.

 1차 이장지(구광터) 인근에는 여러 기의 묘소들이 들어차 있다. 일제는 한반도를 강점한 뒤, 제일 먼저 남연군 묘의 내룡맥을 절단하여 저수지 제방공사에 그 토사를 이용하였다는데, 그 절맥지는 이·삼절이 지난 다음이고 지금도 그대로 방치되어있다.

첫 번째 이장지 혈손이 되는 장남(載冕)의 후손은 가계를 확실히 이어가면서 건재한데, 차남 고종과 순종의 후손들은 차마 글로 표현하기 난감할 정도라는 것만 보아도 비교가 확실하지 않은가? 고종은 명성황후 외에도 귀비와 귀인·소의 등 11명의 비와 빈에게서 16명(아들 : 9, 딸 : 7)의 자녀를 두었으나, 11명(아들 : 5, 딸 : 6)은 일찍 잃었고, 순종과 영친왕·완친왕·의친왕·덕혜옹주 이렇게 5남매만 성장했다.

또한 순종(1874~1926년)은 순명황후와 순정황후가 있지만 후사가 없고, 영친왕만이 영친왕비(이방자여사)와 사이에 이진과 이구 두 아들을 두었으나 장남은 일찍 잃었고, 차남은 성장하기는 하였으나 역시 후사가 확실치 않다.

2대 천자도 좋지만, 3대도 못 견디는 가문의 폐업이 필연이라면 누가 그 자리를 선택하겠는가? 더구나 후궁이 십여 명씩 되는 왕가에서는 있을 수 없는 일이 벌어진 것이다. 흥선군이 혈기왕성한 젊은 시절에 벌인 과욕의 결과물로만 치부하기는 너무 안타까운 일인 것이다. 한때나마 강력한 왕권을 거머쥐었던 대원이 대감, 그는 지금 후손들의 역사를 아는지 모르는지…. 후손들의 어려움을 웅변하듯이, 현재 대원군은 남양주시 화도읍 야산의 북향음지에 초라한 잡초에 묻혀 잠들고 있으니, 과연 지금도 후회는 없을까? 삼가 고인의 명복을 빌어본다.

2. 송강의 묏자리를 잡아준 우암

송강 정철과 영일정씨 씨족사

영일정씨(迎日鄭氏)는 신라 육부시대에(六部時代)에 육촌장(六村長) 지백(知伯) 호(虎)가 정씨(鄭氏)로 사성(賜姓)을 받음으로서 시작된다. 하지만 그 후 기록이 끊어지고 소목(昭穆)을 알 수 없어서 각기 시조를 달리하는 두 파로 나뉜다. 고려 예종 때 문과급제 하여 추밀원 지주사를 지낸 정습명(鄭襲明)을 시조로 하는 지주사공파(知奏事公派)와, 감무(監務)를 역임한 정극유(鄭克儒)를 시조로 하는 감무공파(監務公派)로 나뉜 것이다.

지주사공파의 대표적인 인물은 시조의 11세손이 되는 포은 정몽주(鄭夢周)가 있고, 감무공파의 대표적인 인물은 송강(松江) 정철(鄭澈)을 꼽을 수 있다. 송강 정철은 시조 감무공의 13세손인데, 그는 돈녕부 판관을 역임했던 정유침(鄭惟沈)의 4형제 중 막내아들로 태어났다.

장남 정자(鄭滋)는 명종 때 이조정랑을 지냈으나 을사사화 때 대윤인 윤임(尹任)이 천거했던 계림군(李瑠)의 처남이라 하여 화를 입었고, 차남 정소(鄭沼)는 죄가 없는 맏형이 억울하게 화를 당하자 이를 애통하게 여겨서 전남 순천에 숨어살면서 학문과 덕행으로 이름을 알렸고, 삼남 정황(鄭滉)은 명종 때 사마시에 합격하여 군기시정정을 거쳐 김제와 안악군수를 지내고 내섬시부정에 올라 광국원종공신(光國原從功臣)에 책록되었다.

　가사문학의 대가로서 고산 윤선도(尹善道)와 더불어 한국시가의 쌍벽으로 일컬어지는 송강 정철은, 어릴 적에 인종(仁宗)의 후궁이 된 맏누이와, 왕족인 계림군(桂林君)의 부인이 된 둘째누이 때문에 자주 궁중에 출입하다가 어린 경원대군(慶原大君 : 뒤에 명종)과 친숙해졌다.

　그러나 1545년(명종 원년) 을사사화에 계림군이 관련되자, 그 사돈이라 해서 아버지가 유배당할 때 10세가 된 송강도 함께 배소에 따라다니게 되었다. 아버지는 그 후 명종 6년에 특별히 사면되어, 온 가족이 아예 전남 창평으로 거처를 옮겨 살기 시작하였다.

　16세에 전남 창평(昌平) 사람이 된 송강은 김윤제(金允悌)의 문하(門下)가 되었고, 성산(星山) 기슭의 송강(松江)가에서 10여 년 간 수학하는 동안 기대승(奇大升)과 같은 당대의 석학들을 사사(師事)하고 이이(李珥)·성혼(成渾) 등과 교유하였다.

　송강이 학문을 배우고 익혀 과거시험에 장원급제 할 때까지의 중요한 시기에, 창평을 제2의 고향으로 한 것은 어쩌면 행운이었다. 전남 담양의 창평은 고봉(기대승)을 비롯하여 제봉(고경명)·백호(임제)·하서(김인후)·임억령·박순 등 기라성 같은 인물들이 우후죽순처럼 등장한 곳이기 때문이다.

　담양 원강리의 송강교 옆에는, 송강이 성산에 내려와 머물던 송강정(松江亭)이 백일홍의 아름다운 숲속에 보존되어 있어서 전라남도

송강의 묏자리를 잡아준 우암

기념물 1호가 되었다.

서인의 영수로서 사후까지도 파란만장했던 송강

● 1. 송강 정철의 초상화

송강(1536~1594년)은 26세 되던 명종 16년의 진사시와 다음해 별시문과에 모두 장원급제하여 벼슬길에 들어섰는데, 직언을 거리낌 없이 하니, 당시의 대유(大儒) 퇴계(退溪)로부터 간신(諫臣)의 풍모가 있다는 칭찬을 받았다고 한다.

그는 한때 함경도 암행어사를 지낸 뒤, 율곡과 함께 사가독서 (賜暇讀書)를 한 나라의 동량이었다. 그 후에는 서인의 영수로서, 예조와 형조의 판서를 거쳐 우의정과 좌의정에 오르는 동안 파란만장한 벼슬길을 걸었다.

선조 13년에는 강원도 관찰사가 되어 금강산과 관동팔경을 유람하면서, 아름다운 산수(山水)에 고사와 풍속까지 삽입한 「관동별곡」을 지었고, 또한 「훈민가(訓民歌)」를 지어 도민의 교화에 힘쓰기도 하였다. 그 후에도 전라도 관찰사를 지내면서, 지방장관보다는 문인으로서의 천재적 재질을 드러내며 주옥같은 작품들을 남겼다.

선조 16년에는 예조참판에 이어 형조와 예조의 판서를 역임한 후 대사헌으로 자리를 옮겼으나, 치열한 당쟁으로 양사(兩司)로부터 논척을 받고는 조정을 물러나와 4년간 창평으로 낙향하였다. 전원생활을 하면서, 「사미인곡」·「속미인곡」·「성산별곡」 등을 비롯한 수많은 가사와 단가를 지어 우리나라 국문학사에 큰 업적을 남겼다.

　그 후에도 동서분쟁과 당파싸움에서 자유롭지 못했던 송강은 관작의 추탈이 빈번하였고, 죽은 후에도 포폄(褒貶)이 번거로웠으니, 동인의 김우옹 등이 상소하여 삭탈관직되었다가, 인조반정 후에 서인의 사계 김장생이 상소하여 관직이 신원될 수 있었고, 숙종 때에 비로소 문청(文淸)이라는 시호가 내려질 수 있었다.

　선조 22년, 고양(고양시 송강골)에 은거하던 중 정여립의 모반사건이 일어나자 우의정에 발탁되어 옥사를 다스렸다. 이 때 서인의 영수로서 철저하게 동인들을 내쳤는데, 과격한 성품의 송강이 많은 동인들을 처벌했기 때문에 동인들로부터 깊은 원한을 샀다. 동강 김우옹선생의 학맥을 이어받은 후학들은, 지금도 옛일을 잊을 수 없어 감정이 표출되기도 하니, 동서붕당의 상처가 아직도 아물지 않았음을 느낄 수 있다.

　동서붕당이 극성을 부릴 그 당시에, 세자 자리가 미정이라 민심이 안정되지 못하고 모반사건과 같은 일이 일어난다는 우려가 있었다. 그러나 자신이 조선왕조 최초의 서출이라는 열등감을 가지고 있던 선조는, 적손에게 왕위를 물려주어야겠다는 생각에 세자 세우기를 계속 미루고 있었다.

좌의정 정철은 영의정 이산해·우의정 류성룡과 함께 세자로 광해군을 책봉하도록 건의하자는 의견을 모았다. 그러나 이산해는 두 번이나 약속을 어겼을 뿐만 아니라, 정철이 세자를 세우면서 다른 왕자들을 해치려 한다고 선조에게 음해를 하였다. 이를 모르고 혼자 발의했다가 왕의 노여움을 사서 파직되고, 진주로 유배되었다가 강계로 옮겨 귀양가는 사건이 벌어졌다. 동인인 이산해의 계략에 빠져 혼자서 광해군의 책봉을 건의했다가 당한 것이다. 이때 그를 공격하던 동인들은 또다시 분파되어 강경파는 북인, 온건파는 남인으로 갈라지게 되었다.

그 이듬해에 임진왜란이 일어나자 다시 부름을 받아 의주로 몽진 가는 왕을 호종했고, 이어 경기·충청·전라도의 관찰사를 지내다가, 얼마 후 또 동인들의 모함으로 사직하고, 강화의 송정촌에 우거하다가 선조 26년에 58세를 일기로 생을 마쳤다.

그는 조선시대 가사문학의 대가로서 고산 윤선도와 더불어 우리나라 시가사상의 쌍벽으로 일컬어진다. 부모에 대한 효도와 형제에 대한 우애가 깊기로도 유명한데, 늘 술을 좋아하여 입에서 술이 떠날 날이 없었으나, 부모의 기일을 당하면 한 달씩 술을 입에 대지도 않았다한다.

그가 강직하고 깨끗하여 충의로운 선비라는 데는 모두 이론이 없으나, 성격이 너그럽지 못하고 급한 것이 병통이었다. 죽은 뒤에 관작이 삭탈되었다가 광해군 1년에 신원되었고, 인조반정으로 관작이 복구되어 창평의 송강서원과 연일의 오천서원 별사에 제향되었다.

송강이 고양시 원당에서 은거한 기간은 오래되지 않았으나, 그가 살던 벽제관 옆 송강고개 아래에는 지금도 송강골이라는 지명과 이정표가 남아있어 그와의 인연을 일깨워주고 있다.

세종 때 한글이 창제되었으나 언문이라 하여 천대받던 것을, 송강시대에 이르러 비로소 우리문학의 표현수단으로 자리 잡게 되었고, 그보다 50년 후에 등장하는 고산 윤선도와 함께 한글문학의 초석을 수놓은 훌륭한 선각자들이다.

여기에 「관동별곡(關東別曲)」의 끝부분을 옮겨본다.

松根을 베고 누워 풋잠을 얼풋 드니
꿈에 한 사람이 날더러 이른 말이
그대를 내가 모르랴 上界에 眞仙이라.
黃庭經 한 글자를 어찌 잘못 읽었다가
人間界에 내려와서 우리를 따르는가.
져근덧 가지마오 이술 한잔 먹어 보오.
北斗星 기울여 滄海水 부어 내여
저 먹고 날 먹기를 서너 잔 기울이니
和風이 산들산들 兩腋을 추켜들어
구만리 長空이 저기면 날리로다.
이술 가져다가 四海에 고루 나눠
億萬蒼生을 다 취케 만든 후에
그제야 다시 만나 또 한잔 하잣고야.

말 끝내자 鶴을 타고 九空에 올라가니

공중에 옥퉁소 소리 어제런가 그제던가.

나도 잠을 깨어 바다를 굽어보니

깊이도 모르거늘 그 끝을 어찌 알리.

명월이 천산만락(千山萬落)에 아니 비친데 없다.

송강의 묘는 우암이 상지한 대명당

송강의 묘는 충북 진천군 문백면 봉죽리 환희산 아래에 있는 명당이다. 이 묘는 원래 그의 고향인 고양시 원당에 있던 것을, 송강 사후 72년 되던 해에 그의 학맥을 이어받은 제자 우암(尤庵) 송시열(宋時烈)이 묘터를 정하고, 후손 정양(鄭瀁)이 이장한 것이라 한다.

그 후 묘역이 협소하고 건물이 퇴락하여 1978년부터 4년간에 걸쳐 사당을 중건하고 주변시설을 정화하였는데, 모습이 정갈하여 깊은 산속의 운치를 더욱 돋보이게 한다.

묘역의 청룡경내에 있는 사당 「정송강사(鄭松江祠)」를 지나 가파른 언덕을 오르면, 속리산에서 환희산에 이르는 장엄한 국세가 나타난다. 환희산(402m)을 주산으로 하여 동남방으로 힘차게 뻗어 내려오는 용맥은 강왕하여 변화의 기상이 하늘을 찌르고, 용호는 겹겹이 장막을 두른 듯 중중하면서 장풍득기하니 대명당을 만들기에 충분한 조건을 다 갖추었다.

❂ 2. 상 : 좌의정 송강 정철과 정경부인의 합장 묘
　　위치 : 충북 진천군 문백면 봉죽리 산14-1

❂ 3. 입수에서 바라본 안산과 조산의 국세

4. 정송강사 : 충청북도 기념물 제9호

5. 정송강의 시비 「훈민가」

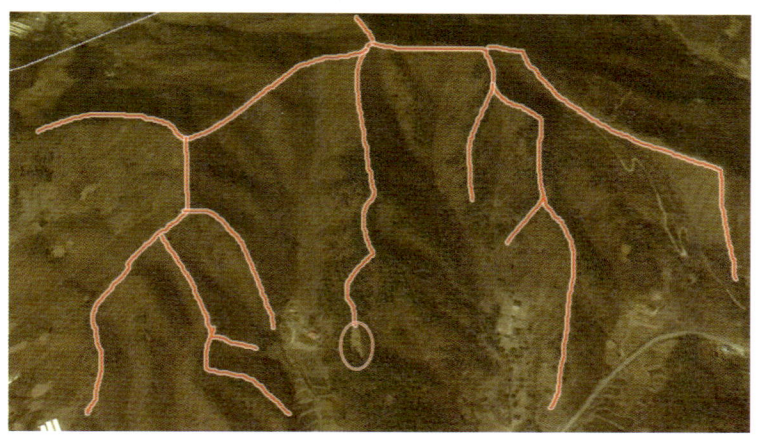

🌕 6. 정철 묘의 기맥도

    태왕한 입수취기는 성난 닭벼슬 같고, 꼿꼿한 전순주작의 모습은 일종의 역이라, 쉽게 내려서지 않는 고인의 성정을 빼닮았다. 좌우 선익이 넉넉지 못하여 당판이 후하지 않으니 재물은 청빈을 면키 어려울 것이고, 올곧은 성정은 하늘을 찌르려 든다. 이 자리를 정해 준 우암과 그의 스승 송강은 어느 한 쪽을 볼 것 없이 과격한 강성인물이라, 두 분 모두 흡족한 미소를 지을만한 모습이 분명하다.

    장엄한 영기가 있어 보이는 주산으로부터 뻗어온 내룡맥은 변화적 생기가 있어야하고, 입수에는 정돌적 취기가 있어야 하며, 청룡·백호·안산의 보국에는 조응적 응기가 있어야한다는 조건이 훌륭하게 갖춰져 있으니, 이런 곳을 이름하여 대명당이라 하는 것이다.

    이 명당이 진천 땅이다 보니 "생거진천(生居鎭川)이요, 사거용인(死居龍仁)이라"는 고전이 논의되었으나, 필자의 견해는 물론 풍수계의 대부분은 그 말에 동조하는 이가 드물다. 오히려 용인보다는 진천의 산세를 장엄한 영기서린 곳으로 생각하기 때문에, 사후에 거처할 곳은 용인이 아니라 진천이라고 생각하는 것이다.

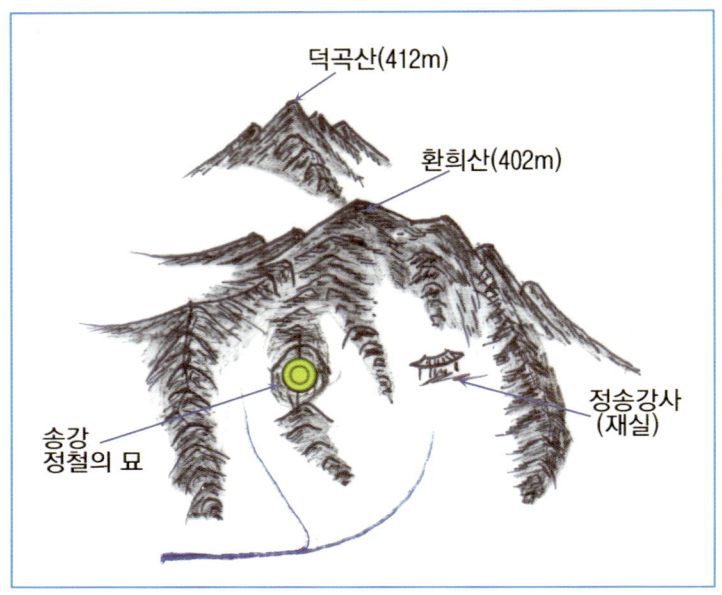

● 7. 송강 정철의 묘도

생거진천 사거용인이라

"생거진천이요 사거용인이라"는 말의 어원을 살펴보자.
 옛날 어느 시대에 두 형제가 있었는데, 돌아가신 어머니의 시신을 두고 다툼을 벌이다가 급기야는 고을 원님에게 소를 올리게 되었다. 내용인즉 용인에서 아들 딸 낳고 잘 살던 어느 부인이 남편을 잃고 청상과부가 되자, 아이들을 남겨둔 채 진천으로 개가를 하여 살다가 노환으로 운명하였다. 부고를 접한 용인에 사는 아들이 돌아가신 어머니의 시신을 용인의 부친묘역에 모시려 하자, 진천에서 출생한 자손은 자기가 모셔야 한다며 다툼이 벌어진 것이다.

　전후 사정을 들어본 고을 원님이 말하기를 "두 아들 모두 훌륭하구나. 생전에는 진천의 자손이 효도를 하였으니, 사후에는 용인에 묻히고 제사를 받아먹음으로써 용인의 아들에게도 생전에 못해본 효행의 기회를 주도록 하여라."고 하였다하여 "생거진천 사거용인"이라는 말이 생긴 것이라는 주장이다.

　한편 조선 개국공신인 최유경(崔有慶)이 한양 숭례문과 호남 풍남문을 축성했고 청백리로 이름을 날리다 사후 용인시 기흥구 공세동 자봉산 기슭에 묻혔다. 최유경의 큰 아들 최사위(崔士威)는 생전에 진천에서 부친을 모셨고 사후에는 부친의 묘소 아래 여막을 짓고 3년간 시묘를 했다. 그는 "내가 죽으면 이 자리에 묘를 마련하라."고 유언, 죽어서도 부친을 모시겠다는 의지를 보였다. 이런 이유로 '생거진천 사거용인'은 살아서나 죽어서나 부친을 모시고자 했던 전주 최씨 가문의 효행심에서 유래한다는 용인지역 학계와 문중의 견해도 있다.

우암의 유택은 치산명당

　한편 우암의 묏자리는 어떠할까?
　진천에서 그리 멀지 않은 괴산군 청천면 청천리에 있는 우암의 묘는 외견상 대단한 명당으로 보이지만 그의 스승 송강의 묘와는

● 8. 우암 송시열의 묘. 위치 : 충북 괴산군 청천면 청천리 산7-1

비교가 안 된다. 우암의 묘는 치산명당일 뿐이다. 설운산의 600고지에서 단숨에 내려뻗은 청룡·백호가 좌우로 외면하고, 외견상 좌선(左旋)을 한듯하지만 청룡선익이 오히려 외면하고 말았다.

혹자는 장군대좌혈이라고 하면서 '좌향과 안산 및 조산의 배합운운'하지만, 후손이 11대를 연속 양자하는 것을 보면 설득력이 없다. 오히려 신도비 옆에 거주하신다는 주민의 설명이 이해가 빠르다. "이 고장 사람들은 우암의 묘는 내룡맥이 허리 잘룩한 '나나혈(나나니벌의 혈)'이기 때문에, 종손집에 양자가 빈번한 것이라고 믿는다."는 것이다. 또 "83세에 정읍에서 사사되어 그곳에 묻혀 있다가, 사후 68년만에 수원의 무봉산에서 괴산의 현재 위치로 이장한 것이 아니라, 실은 사후 부관참시를 염려하여 가묘를 여러 곳에 만들어 두었다가 68년만에 실제 묘를 공개했을 것이라."는 것이다. 그 설명을 듣고 내룡맥을 30여 미터 올라가 보니, 참말로 나나니벌의 잘룩한

🌍 9. 송시열의 묘 안산과 조산 모습

허리모습과 똑같이 생긴 것이 아닌가!! 웬만한 풍수보다 주민의 한 마디가 명쾌할 때도 있는 것이다.

당판의 모습을 보자.

언뜻 보아 좌우가 후부한 것처럼 보이지만, 전순주작이 두 줄기로 나뉘어 분리되니 이 또한 역리사가 분명한 것이고, 안산 및 조산의 일곱 연봉이 기괴한 듯 솟아있지만 외면하며 비주(飛走)하니 그 또한 역리사가 분명한 것을 간과한 것이다.

주위를 에워싸고 도는 청룡·백호·안산뿐만 아니라 내룡맥까지도 전국의 어느 곳에서도 볼 수 없는 똑같은 모습의 기괴한 형상이 있다. 흔한 말로 절맥(絶脈)운운하는 모습도 이보다는 양호하다. 앙상한 생선의 등뼈가시 같기도 하고, 빗살무늬와 흡사한 모양이 연속적으로 골짜기를 이루고 있는 모습은 풍수용어에 검사체[28]와 흡사

● 10. 우암 송시열의 74세 때의 초상, 충북 제천 황강영당 소장.

하며, 그러한 검사체가 삼지사방(三地四方)에 꽉 들어찼으니 이 모습을 미진한 필력으로는 도저히 표현할 길이 없다.

 큰 인물 우암의 명성 앞에서 감히 그 묏자리 운운하는 것이 불경스럽다는 생각이드는 것은 필자만은 아닐 것 같다. 하지만 그 후손이 연속하여 양자로 계대를 이어야 하고, 또 문중단속도 쉽지 않았을 것이라는 추측은 용맥과 선익의 문제만은 아닌 상 싶다. 선익이 돌아앉아 있다는 것은, 혈육과 자손에 직결되는 문제가 아닌가! 점혈에서 가장 꺼리는 문제라서 좀 더 언급해야겠지만, 타 문중에 대한

---

28) 검사체(劍沙體) : 칼맞은 골짜기

예의상 그 작용에 대한 화복은 생략하기로 한다.

  자신의 스승에게는 천하대지를 일러줄 정도의 풍수안목이 있는 인물인데도, 자신의 안식처를 고르는 데는 실패한 것을 보면, 사후의 유택은 인간의 영역이 아닌 듯 싶다.

3. 불우한 철학자 구봉 송익필

기구한 운명의 철학자

송익필(宋翼弼 : 중종 29~선조 32년)선생의 자(字)는 운장(雲長)이고, 호(號)는 구봉(龜峯)이며, 시호는 문경(文敬)이고, 본관은 여산(礪山)이다. 선생에 대하여는 송익필이라는 본명보다 송구봉이라는 호칭이 더 많이 등장하므로, 본문에서는 송구봉으로 기술하고자 한다.

🔸 1. 문경공 구봉 송익필 선생의 묘. 위치 : 당진시 원당동 산 147

조선의 대성리학자이며 8문장으로 손꼽히는 송구봉(宋龜峯)선생을 기억하는 이는 드물지만, 선생과 함께 한 시대를 이끌며 그와 절친했던 이이·성혼·정철·이산해 등 역사속의 인물들은 많은 이들이 기억하고 있을 것이다. 선생은 1534년 한성에서 송사련(宋祀連)의 4남1녀 중 3남으로 태어났지만, 선대의 세거지는 파주 교하 땅으로써, 경기도 오악(五嶽)의 하나인 심악산(深岳山)이라고도 불리우는 심학산(尋鶴山)아래의 작은 언덕 구봉산(龜峯山) 밑이었다. 그래서 그의 호를 구봉(龜峯)이라 한 것이다.

서출의 멍에를 한평생 짊어지고 살았던 송구봉 선생은, 율곡·우계 등과 절친하게 교우하면서 학문을 논하였으며 20대 초반에 성리학에 통달하였고 특히 예학에 뛰어났다. 하지만 그의 부친이 신사무옥(辛巳誣獄)사건에 의거 삭탈관직되고 그 자손들이 노비로 환속되는 처분을 받자, 쫓기는 도망자의 고달픈 인생이 되었다.

그러나 선생의 학문이 뛰어나서, 그 문하에서는 김장생·김집·정엽·서성·정홍명·김반 등등 기라성 같은 제자들이 속출하였다. 그의 수제자인 사계(김장생)와 신독재(김집)는 동방 18현이고, 정엽은 이조판서 이산보의 사위이며, 서성은 달성서씨의 중흥조이고, 정홍명은 송강 정철의 아들이며, 김반 또한 안동김씨의 중흥조로서 청음 김상헌선생의 증조부이다.

송구봉선생은 당당한 풍채는 물론이고 막힘 없는 달변가로서의 면모를 지녔으니, 소위 군계일학(群鷄一鶴)으로, 요즘 흔히 말하는 신언서판(身言書判)의 구비조건을 두루 갖추었다. 주위의 경계대상으로서 요주의 인물이 되었을 것이므로, 오히려 운신의 폭에 장애요소가 되지 않았나 생각된다.

그렇게 한 시대를 이끌어가던 그에게 선조 19년에는, 신사무옥(辛巳誣獄) 사건29)으로 12년 전에 사망한 부친 송사련(宋祀連)이 삭탈관작되고 집안 전체가 본래대로 노비로 복귀되었으며, 그 역시 노비 신세로 전락되었다. 드디어 "사노30) 송익필을 체포하라"는 어명이 떨어졌다. 그렇지만 제자 김장생의 숙부인 김은휘가 그의 일족을 배려하여 10년간 숨겨주며 먹여 살렸고, 1591년(선조 24년) 평안도 희천으로 유배되었다가 1593년 9월 석방되었다. 사후 사헌부지평에 추증되었다가 1910년(융희 4년) 때 다시 홍문관제학에 추증되었다.

---

29) 송사련은 정승 안당의 아버지 안돈후가 비첩(婢妾) 중금에게서 얻은 딸 감정(甘丁)과 평민 출신 갑사 송린의 아들이다. 중금의 신분이 노비였기에 신분제에 따라 감정도 안당 가문의 노비이다. 그러나 안돈후와 안당의 바려로 감정이 평민 송린(훗날 종 7품의 직장이 됨)과 혼인하여 송사련을 낳았는데, 송사련의 신분 또한 어머니와 마찬가지로 안당 가문의 재산에 속하나, 송사련은 안당의 도움으로 천한 신분을 면하고 관직에 올라 잡직인 관상감판관에 올랐다. 송사련의 외사촌인 안처겸이 이정숙·권전 등을 만나 심정·남곤 등이 권력을 남용하고 있으니 이들을 제거해야 국가를 바로잡을 수 있다고 했는데, 이를 듣고 그의 처남인 정상과 짜고 이들이 반란을 꾀하려 한다고 고발했다. 그 결과 외삼촌 안당과 그 아들인 안처겸·안처근을 비롯한 수많은 사람들이 체포되어 심문을 받은 다음 역적으로 몰려 처형되었다. 송사련은 역모를 고발한 공으로 절충장군이 되고, 죄인들로부터 몰수한 전답·가옥·노비를 받고 30여 년간 세력을 누렸다. 그뒤 심정·남곤의 일파가 몰락하고, 안당의 손부가 상소를 해서 송사련이 거짓 고변한 것이 밝혀짐으로써 안처겸 등의 인물들이 신원되고 직첩을 돌려받았다. 또한 거짓 고변한 공으로 벼슬길에 올랐던 송사련일가의 모든 권한이 박탈되고 본래대로 사노의 신분이 되었다.

30) 사노(私奴) : 민가에서 부리는 남자 종

순흥안씨와의 악연

　당진시 원당동의 묘비문에 의하면, 송구봉의 증조 여산송씨 송승산(宋承山)은 선교랑을 지냈고, 조부 송린(宋麟:또는 자근쇠)은 직장 벼슬을 하였다. 다만 송구봉의 모계가 노비출신인 것이 문제였던 것이다.

　당대의 최고석학으로서 자타가 인정하는 고매한 인품을 지닌 송구봉선생이 서출 또는 천민 중에서도 최하위인 노비신분이 되어 지명수배를 당하고 쫓기는 신세가 된 데에는, 순흥안씨 좌의정 안당(安瑭)의 가문과 악연 때문에 비롯된 일로 볼 수 있다.

　안당(安瑭)은 중종시대에 호조와 형조·공조판서를 거쳐, 이조판서를 두 번하고 우의정에 이어 1519년에 좌의정으로 재직 중, 기묘사화가 일어나 영의정 정광필과 함께 파직되고 작위까지 삭탈당하는 사건으로 큰 화를 입는다.

　기묘사화는 중종의 깊은 신임을 받아 정계에 진출한 조광조를 중심으로 하는 신진사류들이, 심정(沈貞)·남곤(南袞)등을 포함한 70여 명의 공신 호칭을 박탈하는 등 과격한 혁신정책으로 일관하자, 훈구세력들이 음모를 꾸며 조광조의 신진세력 70여 명에게 참화를 입힌 사건이다.

　홍경주의 딸이 중종의 총애를 받고 있다는 것을 이용하여, 소위 '주초위왕(走肖爲王)'이라는 꿀물 글씨를 대궐 안에 있는 나뭇잎에 발라 벌레들이 그 부위를 갉아먹게 하고는, 조(趙)씨 성을 가진 인물이 왕위를 넘보고 있다는 무고를 중종에게 고해바치면서 조광조를 내치도록 이간책을 썼던 것이다. 중종도 간교한 술책을 모를 리 없었겠지만, 날로 격심해가는 조광조의 과격한 정책이 달갑지만은 않았기 때문에, 조광조와 그의 추종세력을 처형함으로써 무고한 인명의 손실을 초래케 한 역사적인 사건이 일어난 것이다.

기묘사화를 꾸며 정세를 뒤엎은 남곤과 심정은, 항상 증오심에 가득 찬 정적들을 상대로 자나 깨나 경계를 게을리 하지 않을 수가 없었을 것이다. 때마침 영의정 남곤의 수하에는 서출의 후손이라는 약점을 안고 살아가는 송구봉의 부친 송사련이 있었다. 그는 어렵게 얻은 관상감판관(종5품)자리를 어떻게든지 지켜야한다는 숙명이 있었다.

남곤·심정 등이 꾸민 기묘사화에서 억울하게 삭탈관직된 안당과 그 주변 인물들이 복수의 칼을 갈고 있었을 것이므로, 정권을 쥐고 있는 실세들에게는 당연히 요주의 인물일 수밖에 없었을 것이다.

서로 견원지간이 된 송사련과 안당은 원래 외숙과 숙질간이었다. 안당의 부친에게는 중금(重今)이라는 비첩(婢妾 : 종 출신의 첩)이 있었는데, 그 비첩에게서 감정(甘丁)이라는 딸이 탄생하였다. 즉 안당의 이복 여동생이지만 종에게서 태어났기 때문에 그 신분차이는 하늘과 땅만큼 되는 것이다. 그런데 그 비첩의 딸 감정(甘丁)이 송린(宋麟:훗날 직장이 됨)과 혼인하여 낳은 아들이 바로 송구봉의 아버지 송사련이다. 그러므로 좌의정 안당은 송사련의 외삼촌이 되는 것이다.

안당이 이조판서로 있을 때 성균관의 모범생으로 이름이 높았던 조광조를 조정에 적극 천거하였을 뿐만 아니라, 그의 아들 삼형제 안처겸·처근·처함도 조광조의 사상과 이론을 적극 지지하는 입장이었다.

기묘사화가 일어난 지 2년이 된 어느 날, 관상감판관 송사련이 악역을 자처하고 나섰다. 왕에게 중대한 모반사건이 있음을 고발한 것이다. 이 사건을 '신사무옥(辛巳誣獄)'이라고 하는데 간단히 요약하면 다음과 같다.

2년 전 좌의정에서 쫓겨난 안당(安瑭)과 그의 아들 안처겸이 항상 떠들고 다니기를 "기묘사화를 날조하여 자기들을 축출하고 영의정과 좌의정이 된 남곤·심정 등을 제거해야 한다." 하고, 여기에 추가하여 중종을 내치고, 성종과 숙의홍씨 사이에서 태어난 7명의 왕자 중에서 경명군을 추대하려 한다는 것이다. 불평불만자들이 내뱉을 수 있는 말에다가, 대역죄가 될 수 있도록, 외숙모(안당의 부인)의 초상 때 모인 사람들이 역모를 꾸미러 온 것이라고 무고한 것이다. 결국 그들을 심문하는 혹독한 고문과정에서 안처겸·처근 형제는 숨을 거두고, 그들의 부친 안당은 사약을 받게 된다.

그로 인하여 주모자는 물론 조금이라도 관련되었을 것으로 추정되는 인물들에게는 사정없이 보복의 칼날이 광풍처럼 휘몰아쳤으니, 안씨 가문은 이로써 멸문지화를 당하였고, 이 사건의 제보자에게는 당연히 포상이 뒤따랐다. 송사련은 당상관으로 2계급 특진되었고, 이때부터 80세에 일생을 마칠 때 까지 영감(令監)으로 호칭되는 위세를 누리며 살게 된다.

교육자의 길을 택한 송구봉

송구봉은 1534년 아버지 송사련과 어머니 연일정씨와의 사이에서 4남 1녀 중 3남으로 태어났다. 그는 아버지가 30대 후반쯤 신사무옥을 일으킨 공으로 당상관이 된 후 한양에서 태어났으므로, 어린 시절에는 유복한 생활을 했을 것이다. 그는 뛰어난 두뇌와 학문적 소질이 있어 7~8세에 이미 시문 등으로 주위사람들을 놀라게 하고, 점차 이웃마을로 소문이 퍼져 나가 글 꽤나 한다는 학동들이 자연스럽게 모여들었다.

● 2. 유명 조선 구봉 송선생 익필 운장지묘

율곡·우계 등과 어울려 학문을 깊이 논하게 된 것은, 세 분 모두 선대의 연고지가 파주 문산 인근이기 때문으로 보인다. 이율곡은 어릴 적부터 수재로 이름났고, 성혼 또한 부친 성수침이 명망 있는 선비로서 이름이 나있었다. 이 둘은 송구봉이 누구의 아들이라는 것을 모르지 않았을 것이다. 자기의 외가를 쑥대밭으로 만들고 그 재산을 전부 몰수하여 차지하고 당상의 벼슬에까지 오른 송사련에 대하여, 표면적으로는 내색치 않았더라도 뜻있는 선비의 마음속에는 증오의 불씨가 사라질 수가 없었을 것이다. 그렇더라도 구봉의 학식과 인덕이 출중하므로, 그 아비의 허물을 덮을만하다고 보았을 것이다.

　율곡의 적통을 이어받아 기호유학의 초석을 세운 것으로 널리 알려졌으며, 동방18현의 한 사람인 사계 김장생은 송구봉의 수제자이며 이율곡의 사위이기도 하다. 김장생은 13세에 27세가 된 송구봉 문하에 들어와 제자로서 학문을 연마하게 되었는데, 명문 광산김씨 문중의 김계휘는 당시 대사헌이었으므로, 송사련의 비행을 모를 리가 없었지만 어린 아들의 훈육을 위해서라면 그런 것들이 큰 문제가 되지 않은 것이다. 이것이 결과적으로는 올바른 결정이었지만, 그래도 새파란 청년 송구봉의 학문과 인품을 알아보고 어린 아들의 장래를 맡겼다는 것만 보아도 송구봉의 학문을 짐작케 하고도 남음이 있는 대목이기도 하다.

　이율곡은 과거시험에 9번이나 장원급제하여 그의 천재성을 널리 입증한 바 있다. 그래서 율곡 이이를 '구도장원공(九度壯元公)'이라 한다. 율곡은 13세 때 소과 초시에 장원급제하여 세상을 놀라게 하였고, 23세 때 별시에 장원하였는데, 그때 시험답안이 훌륭하여 수작으로 뽑혀 조야에서 널리 칭찬을 들었을 뿐만 아니라, 멀리 중국에까지 알려졌던 「천도책」31)이라는 논문은 지금까지도 조선조 과거시험 답안지 중 가장 훌륭한 문장으로 평가받고 있다.

　뿐만 아니라 「천도책」이라는 것은, 천도에 따라 이루어지는 자연

---

31) 천도책(天道策) : 하늘의 운행에 의해 벌어지는 길흉화복에 대한 대책문.

현상과, 눈·비·안개 등의 자연현상이 인간사회에서 일어나는 여러 가지 다양한 일과의 연관관계는 어떠한가를 논하는 다분히 고차원적인 철학사상이 담긴 대책문이었다. 율곡은 이 문제를 기(氣 : 형상 물질 기운)와 이(理 : 원리 이치)의 개념으로 음양설에 따라 설명하였다. 그러자 유림의 수험생들이 율곡에게 구름같이 모여들어 배움을 청하였다. 그러나 율곡은 답변대신 "송구봉의 학문이 고명하고 넓으니 그에게 물어 배우시오."하였다.

수험생을 가르치는 송구봉의 설명은 명쾌하기 이를 데 없고, 훤칠한 풍채에서 울려 퍼지는 청산유수와 같은 말솜씨까지 더하여, 도무지 의문되는 바를 남기지 않아 그를 찾은 수험생들마다 큰 깨달음을 얻을 수 있었다 한다. 그것으로 그는 율곡 못지않은 성리학의 대가라는 소문이 지식인들 사이에 널리 알려지게 된다.

그 당시 유림의 젊은 학도라면 두 가지의 꿈이 있게 마련이었다. 하나는 과거에 합격하여 국가경영에 나서는 일이고, 다른 하나는 교육자의 길을 택하여 후학의 훈육에 나서는 길이었다. 그리하여 송구봉은 앞일을 예견한 것처럼 젊은 시절부터 교육자의 길로 나선다. 때마침 조선조 명종 연간에 외척 윤원형(문정왕후 남동생)이 권세를 휘두르더니, 이번에는 이의 견제 책으로 명종의 힘을 받은 명종비 인순왕후의 외삼촌 이량(李樑)이 나타나 윤원형을 능가하는 세도를 부리고, 권력에 취한 나머지 사리사욕을 채우는 일에 혈안이 되어 있었다.

이 시대에는 속성상 뜻있는 사람은 관직을 버리고 멀리 하였으나,

권력을 탐하며 남아있는 사람들은 세력가에게 아첨하거나 뜻을 굽히며 비굴하게 지내야 살아남는 시절이었다. 송구봉은 율곡과 우계에게도 교육자의 길을 권하였다. 2세 연하의 율곡은 식견이 높은 송구봉의 생각을 항상 존중하였으나, 자신의 처지를 생각하여 관직에 나가는 문제만큼은 뜻을 굽히지 않았다. 반면에 우계는 건강문제도 있거니와, 원래부터 관직에는 뜻이 없었으므로 송구봉과 같은 입장을 취하였다.

노비 송구봉을 체포하라

송구봉의 나이 42세 되던 해에 부친 송사련이 세상을 떠났고, 53세가 되던 선조 19년에는 이미 사망한 부친의 관작이 삭탈되고, 송구봉도 하루아침에 노비가 되어 체포령까지 떨어졌다.

송구봉과 가까운 친구사이로 지내온 영의정 이산해는 "구봉은 인재인데, 구태여 아비의 지난 일을 들추어 불이익을 준다면, 이는 나라의 손실이다." 하면서 구명에 나섰지만, 송씨 형제들에 대한 배척파의 미움과 증오심을 달래기에는 역부족이었다.

송구봉이 노비가 되고 체포령까지 떨어진 것은, 안씨 일가의 원한이 세월과 정권을 건너뛰어 65년 전에 있었던 신사무옥이 송사련의 무고에 의한 것임을 확인시킨 결과물이다. 따라서 장본인 애비는 이미 죽고 없다 해도 한 맺힌 복수심이 그의 자식들에게까지 향한 것이다.

● 3. 묘와 재실

● 4. 묘 입구에 문경공 선양사업회 건물이 보인다.

"원래 그들은 우리 집안의 노비출신이다. 그러므로 그 자식들도 당연히 우리의 노비임이 분명하다. 그런 노비 주제에 제법 학식을 뽐내면서 고관들과 벗하며 잘 지내고 있다니. 우리 안씨 집안은 멸문지화를 당했는데….” 생각할수록 피가 거꾸로 솟구치는 감정을 어찌 감추랴. 송구봉에 대한 동인들의 공격이 노골화되고 있는 지금이, 그들에게는 원한을 되갚을 수 있는 절호의 기회였던 것이다.

송씨 일가에 대한 세상의 인심이 뒤바뀌었으므로, 송구봉은 젊은 시절에 가까이 지냈던 정철의 주선으로 전라도 광주로 내려가 몸을 숨기기도 하였고, 한양으로 올라왔을 때에는 왕명으로 구속과 석방을 반복하다가, 또 다시 전라도 광산 충남 부여등지로 피신을 거듭할 수밖에 없었으며, 한 때는 자수하여 평안도 희천·강계 등에서 유배생활을 하다가 임진왜란이 일어나자 그 다음해에 풀려나왔다.

임진왜란의 와중에 홍산현에서 자수하여 한양으로 압송되어 취조하는 과정에서, 동인들의 악감정으로 고문당하다가 죽을 것을 염려한 선조가 평안도에 유배를 명하였다고 하니, 국왕도 그의 인물됨을 알아본 것이리라. 뿐만 아니라 유배지는 물론 도망자의 고달픈 현장에서는 그때마다 현감·관찰사 등이 옛정을 잊지 않고 그에게 남모르는 도움을 주었다고도 한다.

63세 이후에는 충남 당진군 마양촌(현 송산면 매곡리) 숨은골에 있는 첨지중추부사 김진려(金進礪)의 농막에 거처를 정하고 숨어지냈다. 농사나 지으면서 자신을 숨기고 살아가려했지만, 그가 이곳에 정착해 있다는 소문을 듣고 여러 곳에서 유생들이 찾아들었기 때문에 그의 작은 농막은 배움의 열기로 가득하였다 한다.

때로는 관계에 진출한 제자들의 정치적 자문에 응하기도 하였다.

여주목사로 있는 정엽은 어려운 일이 있을 때마다 그에게 사람을 보내 옛 스승의 고견을 들었다한다. 도피생활의 역경 속에서도 유생들이 찾아와 정세와 학문을 논하고 집필과 저술활동을 멈추지 않았지만, 66세 되던 8월 숨은 골의 농막에서 운명하여 마양촌 능선 넘어 뒷산에 묻혔다.

선생의 사후 안장지는 충남 당진시 원당동 산 147번지에 임좌병향으로 양지 바른 곳에 자리하여 호젓한 기운이 있으나, 혈의 좌우에 곡살풍을 면할 수 없어 보이는 것이 안타깝다. 사후 영면한 자리를 보면 그분의 생전모습을 알 수 있다는 말이 떠오른다.

서인이 집권했던 인조3년에는 제자 김장생 등이, 스승의 노비신분이 잘못된 법적용에 의한 것임을 들어 양민으로 환원시킬 것을 주장하는 신원소를 올렸으나 받아들여지지 않았다. 그러다가 사후 153년이 되는 영조28년에서야 어렵게 사헌부 지평으로 추증하였고, 1910년 일제에 병합되기 직전에 제학(提學)으로 추증하며 문경(文敬)이라는 시호를 내렸으니, 사후 311년 만에 멍에의 굴레를 내려놓을 수 있었다. 이제는 당파싸움도 없고 적서의 구별도 없는 좋은 세상을 만났으니, 저승에서나마 편히 쉴 수 있기를 기대해 본다.

불우한 철학자 구봉 송익필

4. 경부선 철도를 돌린 전의이씨 복호혈

이태사의 귀인단좌혈

　충남 공주시를 북변으로부터 반궁수로 휘감아 도는 금강을 따라 동쪽에서 서쪽으로 4차선 32번 국도를 달리다가, 신공주대교를 지나서 우측 도로변에 금강홍수통제소 옆길로 들어서면, 오른쪽으로 「전의 이태사 선산사적비(全義李太師先山事蹟碑)」를 만난다.

　비석 옆길을 따라 우측 산길을 400여 미터 올라가면, 그리 높지 않은 야산의 8부 능선에 금강을 바라보며, 인좌신향(寅坐申向)으로 자리잡은 「귀인단좌형(貴人端坐形)」의 대명당이 바로 전의이태사의 묘이다.

　지금으로부터 1000여 년 전 금강나루에는 이씨 성을 가진 가난한 뱃사공이 살고 있었는데, 궁색하거나 곤경에 처한 사람을 보면 모든 일을 제쳐두고 내 일보다도 우선 급한 사람을 먼저 돌보는 착한 성품의 소유자였다. 어느새 공주 부근을 배회하거나 빈곤했던 걸인들에게 있어 그는 언제나 우상으로 존경받는 사람이 되었다.

　그러던 어느 날 길을 가던 스님이 강을 건너 달라기에 공손히 건네 주었다. 그런데 얼마 안 되어 되돌아와서는 또다시 건너달라는 것이었다. 한 숨 돌릴 사이도 없이 되풀이하기를 5~6회 하였는데도, 보통사람 같으면 화를 내고 그만둘 일을 이 뱃사공은 싫어하는 기색을 전혀 보이지 않았다.

　내심 지켜보던 스님이 마음속으로 감탄하면서 뱃사공의 안면을 들여다보더니 "상중인 것 같은데 친산(親山 : 부모의 무덤)은 좋은 자리에 썼느냐?"고 묻는다. 뱃사공이 "부친이 돌아가신 지 3년이 되었는데, 적당한 묏자리가 없어서 뒷산에 풍장(風葬 : 노천에 수목으로 가려놓는 장례)으로 모셔 놓았다."고 말하였다. 스님이 강 건너 산을 가리키며 "저 산복(山腹 : 산의 팔부능선에 해당하는 곳)이 길지이니 그곳에 장례를 치르도록 하라."고 일러주었다. 또한 "그 자리는 보통자리가 아니므로, 반드시 이다음에 누군가 찾아와서 절맥 운운하며 파묘를 할지 모르니, 천광(穿壙)시에는 생석회 백가마를 쓰도록 하라. 그리고 내가 몇 글자 적어 줄 터이니, 그것을 함께 묻도록 하라."하고 일러주고 바람같이 사라졌다.

　사실 노승은 뱃사공이 과연 소문대로 그렇게 덕이 많은 사람일까 시험하면서, 맞은편의 산에 좋은 자리를 정확하게 찍기 위해 배를 타고 강을 오르내렸던 것이다.

　스님이 일러주는 대로 준비를 하려하나 궁색한 살림살이였으므로 어려움이 한 둘이 아니었다. 하지만 그의 어려운 사정을 전해들은 주변사람들과 그동안 베풀어준 은덕에 보답하려는 공주 인근의 걸인들까지 합세하여 정성껏 도와주었다.

　가난뱅이 뱃사공이 부친의 별세 3년 만에 큰 명당을 얻어 장사를 지내게 되니 꿈만 같은 일이 아닐 수 없었다. 그후부터 「귀인단좌혈」의 명당기운이 서서히 일기 시작하더니, 뱃사공의 자손들이 눈에

● 1. 공주 금강변의 이태사 묘「귀인단좌혈」강 건너 공주시를 내려다보고 있다. 위치 : 충남 공주시 신관동 산50

띠게 부귀 영달하여 나날이 번창하기를 순풍에 돛 단 듯 하더라는 것이다.

　어느덧 세월이 흘러 도인과 명풍수가들이 각처에서 나타나 크게 활약하던 조선조 중엽 무렵, 임진왜란의 7년 전쟁으로 민생은 어지럽고 사회적으로 매우 혼란스러웠다.

　당대 최고의 풍수승(風水僧)이라고 사칭하면서 문정왕후를 현혹시켰던 요승 보우스님이 있었는가 하면, 유명한『격암유록』을 남겼지만 자신의 친산(부모의 산소)하나도 올바로 못 옮겼다는 '구천십장(九遷十葬)'의 남사고 선생이 이름을 날리던 시절이었다. 또한 호남 장성 출신의 명풍 백우당(栢友堂) 박상의가 조계상의 부모와 조부 묘를 경기도 화성의 야목리의 대명당으로 천묘시켜주는 등의

● 2. 전의 이태사 선산 사적비
　금강변 홍수 통제소 길 옆에 있다.

활약을 할 때였다.

그 박상의가 공주에 있는 이태사의 묘를 둘러보고는 후손에게 말하기를 "아무리 「귀인단좌혈」이라 해도 내룡맥이 끊어졌으니 발복은 일시적일 뿐, 앞으로 몇 대 안에 일족이 멸할 우려가 있다."고 하면서 급히 천묘할 것을 권했다.

그리하여 전의이씨 문중에서는 당대 일인자로 손꼽히는 지사의 말을 거역 할 수 없다고 중론을 모으고 파묘를 하게 되었는데, 곡괭이질을 해서 한 층을 걷어내자 그 안에서 글씨가 새겨진 돌이 하나 나왔다. 돌에는 "南來妖師朴尙義 但知 一節之死 未知萬代榮華之地(남래요사박상의 단지일절지사 미지만대영화지지)"라고 쓰여 있었다.

이를 풀이하면 , "남쪽에서 온 요사스런 술사 박상의가 단지 내룡의 한 마디가 죽은 것만을 알고, 자손만대로 영화를 누릴 땅인 줄을 모르는구나!" 하는 내용이다. 글씨가 선명한 지석(誌石)이 나오는 바람에 깜짝 놀란 산역꾼들이 원래대로 복원하고 놀란 가슴을 쓸어내렸다 한다. 그러나 필자의 육안으로는 내룡일절과 당판입수를 연결하는 부위가 결인속기[32]한 것을 두고 절맥이라고 한 것으로 보인다.

진양각(眞陽閣)의 유래(由來)

충남 공주시 신관동 금강 변에는 지금도 이태사의 재실 영모재(永慕齋)와 그때 묘터를 일러준 그 스님을 기리는 사당 진양각(眞陽閣)이 깨끗하게 단장된 형태로 소중히 보존된 모습을 볼 수 있으니, 전의이씨 문중의 아름다운 마음씨를 다시 한 번 되돌아보기에 충분하다.

아래에 진양각 앞에 있는 안내문을 요약하여 옮긴다.[33]

---

32) 결인속기(結咽束氣) : 힘차게 솟구치기 위하여 웅크린 모습.
33) 편집자주 : 이 진양각 안내문은 전의이씨의 후손이 세운 것이다. 『진양재집(眞陽齋集)』이 어떤 책인지 혹은 주호선사가 실제 인물인지는 확인하지 못하였다.

◉ 3. 이태사묘 재실 「영모재」

◉ 4. 주호선사의 석승상을 모신 「진양각」

『진양재집(眞陽齋集)』의 기록에 의하면 당나라 헌종 6년 10월에 주호(朱昊)선사가 공주 순방길에 이곳 금강 장기 나루에서 배를 부리면서 효행이 지극하고 이웃을 도우며 나그네를 건네주는 등 그 관인함이 멀리까지 떨친 이방이(李芳伊)의 효행과 인선적덕에 감탄하여 며칠을 머물면서 시험해 보았으나 역시 그의 올바른 행동에 감동된 바 있어 그의 망부(亡父)인 석재(碩才)의 묏자리를 정해주고 그달 초 9일 축시에 하관케 하였다고 한다.

"이 묘 자리는 산리상(山理上) 그 형상이 만발전의 꽃과 같고 보름 전의 달과 같이 희망이 솟아나는 곳이어서 장사 지낸지 200여 년 무렵부터는 자손이 크게 떨칠 것이며 부귀영화가 이어질 것이니 진실로 이 묘지는 천지신이 덕업이 높은 분에게 내려주는 명당자리로서 금강이 마르지 않는 한 자손이 끊이지 아니하리라." 하였다는 것이다.

방이(諱 芳伊)는 전의이씨 시조인 태사공 도(諱 棹)의 선계로서 연대로 따지면 고조나 증조인 듯하지만, 과연 방이(諱 芳伊)께서 장사 지낸지 200여 년이 못된 120여 년 만에 후손인 도(諱 棹)께서 고려 개국공신이 되어 고려 개국익찬공신 삼중대광태사 전의후(高麗開國翊贊功臣三重大匡太師全山侯)로 발신하시고, 이어 시대마다 효행과 지덕을 겸비한 문무현관이 속출하였고 지금 후손이 전국에 30여만 명에 이르는 대 거족이 되었다.

그러한 고로 주호선사의 은덕을 추모하기 위하여 묘소 우 하측 언덕에 선사를 상징하는 조그마한 석승상을 조각하여 봉안하고 추모하여오던 당사(堂祠)가 전승되어 지금까지 이어져온 것이다.

어느 때 누가 이룩한 것인지는 모르나 당시에 조상님들께서 은혜에 대한 감사의 표정을 상징한 유물과 유적의 하나인 것만은 분명해 보인다. 우리종족은 누구나 이 유물유적을 통하여 선조님들의 감사정신을 받들고 남을 돕고 보은의 정신을 가져야 된다는 것을 잊지 말아야 하며, 선조의 유적을 기리 보존하고 후세에 교훈으로 삼아야 할 것이다. 그러나 1982년 폭우로 인하여 시설이 도괴 되어 다음해에 좀 더 견고하고 아담하게 신축하여 기존의 승상을 봉안하고 고증 문헌의 이름을 따서 진양각(眞陽閣)이라 편액을 붙인다.

계해 1983년 7월 9일

全義 禮安 李氏 花樹會本部 會長 李熙昇

왕건이 하사한 이름 이도(李棹)

전의이씨는 조선조에서 정승 5명, 대제학 1명, 청백리 7명, 공신 6명, 문과급제자 178명을 배출한 명문으로서, 1000여 년의 유구한 문중역사를 이어오고 있다.

금강나루터의 뱃사공이 시조 이도(李棹)의 몇 대 조이며, 휘자(諱字)는 무엇인지 전해오는 기록이 없다. 그래서 전의이씨 태사공(全義李氏太師公)으로 호칭해서 전설속으로 남기고, 전의이씨 시조는 고려 개국공신 이도를 일세조로 한 것으로 보인다.

이도의 초명은 이치(李齒)였는데, 그 역시 금강나루에서 뱃사공을 하고 있었다. 그 때 태조 왕건이 견훤을 정벌하려고 5만 대군을 이끌고 남하하여 금강어구에 도착해보니, 큰 비가 내려 강물이 범람하고 도로가 유실되는 등 앞으로 진격할 수 없게 되었다. 이때 뱃사공을 하던 이치 등이 선박 수백 척을 동원하여 왕건의 군대가 무사히 강을 건널 수 있도록 하였다. 견훤의 군사들은 강물이 크게 불어 왕건의 군대가 도강을 못할 것이라 생각하고 방심하던 차에, 왕건의 대군이 들이닥쳐 대패하고 말았다.

견훤을 쉽게 물리치고 승리한 왕건은 자신을 도와준 이치에게 '도(棹 : 노를 젓는다는 뜻)'라는 이름을 하사하고, 통합삼한 삼중대광 태사 익찬공신(統合三韓三重大匡太師翊贊功臣)의 벼슬을 내리고 전의후(全義侯)에 봉했다. 그 후 연기군 전의면 이성산 아래쪽으로 이사하여 정착함으로써, 후손들이 '전의'를 본관으로 하고 이도를 시조 1세로 하여 세계를 이어오고 있는 것이라 한다.

이도가 살았던 이성(李城 : 운주산에 있는 성)은 충남지방문화재 77호로 지정되어 있으며, 운주산 북쪽의 산봉우리에 돌로 축성하였는데, 성의 내부는 넓고 평평하여 둘레가 1,884척이고, 성안에는 식용할 수 있는 우물이 있었다고 한다. 이도는 고려 건국과 때를 같이하여 전의지방 토호세력으로 자리매김하여 1000여 년을 이어왔으며, 경제기획원 2002년도 인구조사 결과에 의하면 남한에 13만 여 명이 살고 있는 것으로 알려져 있다.

경부선 철도를 돌려 놓은 복호혈과 개바위

　이도의 묘는 충남 연기군 전의면 유천리에 회룡고조형의 부드러운 산세가 북향을 하고 있는데, 마치 그 모습이 배부른 호랑이가 느긋하게 엎드려 있다하여 복호혈(伏虎穴)이라 부른다. 명나라에서 조선에 있는 명당을 조사할 때 '조선제일명당(朝鮮第一明堂)'으로 이곳을 보고 했다고 한다.

　북향묘의 특성상 내룡맥이 수평으로 들어오기 때문에 용의 기세가 좀 약한 듯 하지만, 좌우의 용호가 호종사가 되어 같이 따라 들어와 용세를 배가시킴으로써 한룡(閑龍)이 왕룡(旺龍)으로 변화한 것이다. 즉 배부른 호랑이가 느긋하게 엎드린 모습이라 해도, 그 기세가 태왕한 것으로 평가해야 하는 것이다.

　당판 또한 후부하여 배부른 호랑이가 제격이니, 후손들이 의식주 문제를 걱정하지 않도록 부귀영화가 뒤따르는 것이 필연일 것이고, 뿐만 아니라 정승과 청백리가 연이어 배출되는 명문거족의 모태로서 전혀 손색이 없는 것이다.

　시조 묘 앞 300여 미터 되는 곳에는 국도 1호선과 경부선 철도가 나란히 놓여있는데, 철도의 상행선과 하행선사이 좁은 공간에는 어미개가 엎드려 여러 마리의 강아지에게 젖을 먹이고 있는 모습이라는 구암(狗岩)과 그 사적비가 있다.

　경부선 철로변에 있는「태사공묘지국내 구암실적 급보존사실(太師公墓地局內狗巖實蹟及保存事實)」이라는 구암(狗巖) 보존비문에는 "광무 6년(1902) 봄에 경부철도 부설을 할 때, 철로의 직선이

● 5. 전의 이씨 복호혈 기맥도

● 6. 경부선 철도를 돌려 놓은 전의이씨 시조의 복호혈.

구암을 곧바로 충해서 무수한 모구 유자가 상전벽해에 대변을 당하는지라, 의정대신 근명씨와 전검사 건호씨, 성균사업 학노씨, 참판

성열씨, 득노씨… 등과 각처의 후손들이, 철도총재 또는 주경공사 등에게 구암의 보존을 백방으로 탄원했다."는 사실을 기록해 놓았다.

결국 '개바위'는 평화스러운 호랑이의 곳간으로 필수조건이므로, 경부선 철도와 국도 1호선까지 '개바위' 옆을 곡선으로 해서 비켜가도록 한 것이다. 전의이씨 후손들은 지금도 범과 개가 서로 평안과 긴장의 관계를 형성하는 것으로, 개바위가 복호혈과 상생의 대명당을 보존하는 필수조건이라는 믿음이 있다고 한다.

● 7. 경부선 철로변 개바위와 사적비

● 8. 전의이씨 1세조 이도의 묘 전경
　위치 : 세종시 전의면 유천리 산 3-1
　〈도선국사가 소점한 복호혈 : 명나라에 조선 제일명당으로 보고 하였다한다〉

● 9. 1세조 이도의 묘 후경. 범이 엎드려 경부선 철로와 개바위를 바라보고 있는 복호혈이다.

● 10. 구암과 시조묘를 마주 보고 있는 재실 숭의당
　　 위치 : 전의면 유천리 496

● 11. 전의이씨 시조 이도(李棹)의 신도비
　　 구암과 재실 숭의당을 바라보면서 묘역입구를 지키고 있다.

지금으로부터 100여 년 전에 건설된 경부선 철도는 조선인의 피와 눈물 없이는 이룩될 수 없었을 것이다. 애초부터 한반도의 철도는 일본의 조선침략과 수탈이 목적이었다. 노임과 용지 보상 등에서 수많은 착취를 하면서도, 전의이씨 문중에게는 의외로 선처를 베풀어 오늘날까지 명당이 보전될 수 있었던 것은 명당터와 관련이 있다고 보아야하지 않을까? 이곳이 조선제일의 명당터가 아니었다면 천여 년 간 수많은 국란과 병화를 이겨 낼 수 있었겠는가?

경부선 철도는 전의역을 출발하여 천안 쪽으로 1.6km쯤 달리다 보면, 곡선반경이 심하여 상·하행선 모두 감속해야 되는 데[34] 그 이유가 바로 구암(狗岩 : 개바위)을 보존하기 위해 그랬다는 것이다.

물론 당시는 산모퉁이를 돌고 도는 단선 철로였지만, 철도의 특성상 곡선반경 또는 구배가 심한 것은 기피 대상이다. 그렇다 해도 호랑이(伏虎穴)와 그 먹이(狗岩) 사이를 철도가 가로지르면, 호랑이가 다른 먹이를 구하기 위하여 다른 곳으로 옮기면 더 큰 일인 것이다. 때마침 민중의 민심을 자극할 수 없었던 민감한 시기인데다, 전의이씨 문중의 가세가 크게 번창하였고 현달한 인물이 많이 배출되었기 때문에, 복호혈과 구암 사이를 가르지 못하고 곡선반경을 급하게 좁힌 철길을 놓을 수밖에 없었던 것이다. 이 역시 명당이 명당을 보호했다고 봄이 옳을 것이다.

---

[34] 상행선은 곡선반경이 600m(R-600)이고, 하행선은 곡선반경이 500m(R-500)이니, 선로등급이 2급 선로 중에서 최하반경구배에 해당한다. 충북·태백선은 선로등급이 3급선에 해당하고, 1급선은 KTX선로를 말한다.

전의이씨와 「가전충효 세수인경」

　옛날 한강 남쪽 부평도호부 궁동은, 경기도 부평군에서 경기도 부천군으로 관할구역이 변경되었고, 1963년 서울영등포구에 편입되기 전까지는 기름진 논밭과 야산이 한데 어우러진 곳이다. 한양근교에 접하였으므로, 조선조의 관료들이 퇴임 후 말년을 보내기 좋은 주거지로 선택한 곳 중의 하나였을 것이다.

　궁동의 와룡산 아래 양지말에는 안동권씨가 살고, 청룡쪽 음지말에는 전의이씨가 18대를 이어오는 집성촌이 있다. 전의이씨 11세가 되는 이정간·이문간 형제가, 조선 초기에 궁동 산10번지 일대에 30여만 평의 사패지를 하사 받은 것이 집성촌의 시작이다.

　이정간(李貞幹)은 나이 70에 100세 가까운 노모를 모시기 위해 강원도관찰사를 사임했는데, 세종이 이를 알고 그의 효심을 높이 사 자헌대부 중추원사로 승진시킨 후 궤장35)을 하사하였다.

　또한 공은 나이 80세 되던 해에 100세를 넘기는 노모를 즐겁게 해드리기 위해 색동옷을 입고 재롱을 부렸다고 한다.

　그 후 세종대왕께서 공의 죽음에 임박했을 때 "家傳忠孝 世守仁敬(충성과 효도로 가업을 전승하며, 인덕과 공경으로 세세손손 이어 나가라)"라는 어필을 내렸는데, 전의이씨 문중에서는 이 어필을 가

---

35) 궤장(几杖) : 국가에 공이 있는 늙은 대신이 조회를 설 때 앉을 수 있는 안석(기대 앉을 수 있는 이동식 의자)와 지팡이. 이정간이 가선대부로 치사하자, 세종이 자헌대부로 품계를 올려서 중추원사(中樞院使)에 임명하고, 새서(璽書)를 내리고 궤장을 하사한 것이다. 안석과 지팡이는 찬성(贊成)을 지내지 않으면 얻지 못하는 것인데, 효행(孝行)으로써 얻었던 것이다

훈으로 삼아 후손들을 위한 장학사업과 효 장려운동을 실천하고 있다한다.

12. 세종대왕의 어필

전의이씨와 예안이씨

전의이씨는 고려 고종 때 수군(水軍)으로 크게 활약한 이천(李仟, 7세손)의 아들3형제에서 가문의 중흥을 이루었다.

큰아들 정순대부 이자원은 성균관대사성을 지냈고, 장손자 이언충은 충열왕 때 문과 급제하여 예문관 대제학을 지냈으며, 둘째아들 문장공 이혼은 원종 때 문과 급제 후 여러 관직을 거쳐 첨의정승(僉議政丞)이 되고 예안이씨(禮安李氏)의 시조로 분적하였다. 물론 분적한 후에도 계속 시조묘역 향사에 빠짐없이 참여하여 동종임을 잊지 않았으며, 최근에는 전의이씨 문중으로 합보를 추진중이라 하니 본받을 만한 문중이다.

보통은 분파 전 원래의 큰댁에서는 자기네와 같은 문중이라 하고, 떨어져나간 작은댁 문중에서는 그런 사실을 부정하는 것이 일반적이기 때문에, 예안과 전의문중의 합보를 위한 노력이 더욱 돋보이는 것이다.

5. 민중의 낙원을 꿈꾸던 토정선생

한산이씨의 유래와 씨족사

충청남도 서천군 한산을 관향으로 하는 한산이씨(韓山李氏)는, 시조 이윤경(李允卿)이 고려 숙종 때부터 지방의 호족으로 세습하여 오면서 명문의 기틀을 다졌다.

6세손 곡(穀)이 고려 충숙왕 때 원나라의 제과(制科)에 급제하여 원외랑(員外郎)으로 재직할 때에는, 원나라 순제(順帝)에게 건의하여 고려여인을 바치는 공녀제도를 중지시키기도 하였다. 이곡은 그 후 귀국하여 정당문학을 거쳐 찬성사가 되고 한산군(韓山君)에 봉해졌으며, 백이정(白頤正)·우탁(禹倬) 등과 함께 경학(經學)의 대가로 꼽히는 등 출중한 인물이었다.

한산이씨 가문의 대표적인 인물로는 단연 목은 이색(李穡)을 꼽을 수 있는데, 그는 시조의 7세손으로서 포은 정몽주(鄭夢周)·야은 길재(吉再) 등과 함께 여말(麗末) 삼은(三隱)으로 일컬어지는 인물이기도 하다. 이색은 공민왕 2년에 향시에 장원하고, 서장관이 되어 원나라에 가서도 회시에 1등을 하고 한림원에 등용되었으나, 이듬해에 귀국하여 보문각과 예문각의 대제학 등을 거쳐 벼슬이 문하시중에 이르렀고 한산부원군에 봉해졌으며 성리학 발전에 공헌하였다. 공의 문하에서 권근(權近)·변계량(卞季良)·김종직(金宗直) 등 훌륭한 학자와 명신이 많이 배출되어 우리나라 성리학의 주류를 이루게 된 것이다.

1392년 이성계 일파가 세력을 잡고 조선을 개국하자, 장단·청주·여흥·장흥 등지로 유배되고 추방당하였으나 끝까지 절의를 지키다가 여강으로 가는 길에 숨을 거두었다. 태조는 그의 학덕을 높이 사서 조선개국에 협력하기를 간청하였지만, 끝까지 불사이군의 절의를 버리지 않았다. 정도전 등이 그를 극형에 처하도록 주청하였으나, 태조는 옛 친구의 예로서 후하게 대하여 주었다고 한다.

목은의 슬하에 태어난 아들 3형제는 모두 문과에 급제하여 출사하였으나, 장남 문양공 종덕(種德)과 차남 인제공 종학(種學)은 아버지와 함께 탄핵을 받아서 파직과 투옥 등으로 전전하다가, 새 왕조에 협력하기를 끝내 거부하고 살해되었다. 그러나 막내 양경공 종선(種善)은 귀양을 다녀온 후 세종 때에 함경도관찰사와 중추원사에 이르렀으며, 그의 장손자 이개(李塏)는 성삼문·박팽년 등과 단종 복위를 꾀하다가 처형당한 사육신이 되었다. 또 종선의 셋째아들 문열공 (文烈公) 이계전(李季甸)은 세조의 공신이 되어 한성부원군에 봉해지고 대제학과 영중추원사를 지냈다.

2013년 4월 27일, 충남 서천군 기산면 영모리에서 한산 이씨 후손 및 주민 등 800여 명이 참석한 가운데, 문헌서원의 복원 및 전통역사마을 조성사업 준공식을 성대하게 치렀는데, 이 사업은 2007년부터 5년간 국고보조가 73억 원이나 투입된 대 역사이다. 문헌서원의 진

● 1. 문헌서원 : 충남 서천군 기산면 영모리에 있다. 목은 이색과 8분의 위패를 모신 영모재. 교육관 등 17개동을 신개축하였고 매년3월 중정일에 제향을 올린다. 사진출처 : 한산이씨 대종보.

수당과 동재를 개축하였으며, 서재를 복원하고 외삼문과 강당을 이전하여 담장을 재설치 하였고, 영모재·교육관 등 17개 동을 신개축함과 아울러, 주차장 진입로의 확장 등 편의시설을 두루 갖춤으로써 한산이씨의 전통문화확립에 큰 도움이 되어 타문중의 부러움을 사는 사업이었다.

서천군에서는 이 사업의 준공을 계기로 목은 선생을 소재로 한 역사·문화체험 프로그램을 개발하고, 문헌서원 뿐만 아니라 인근의 관련유적을 정비함으로써 역사문화도시로서의 이미지를 제고하고 관광자원과 전통문화자원을 연계한 지역문화발전에 적극 나설 계획이라고 한다.

문헌서원(文獻書院)은 선조 7년 판서 이성중(李誠中 : 전주이씨)이 한산군수로 부임하여, 서천 기린산 기슭에 묘우를 짓고 「효정사」

라는 편액을 걸어 이곡(李穀)과 이색(李穡) 두 분을 제향하기 시작하여 왔으나, 임진왜란과 정유재란을 거치면서 소실된 뒤에 복원하였고, 조선 말기에는 흥선대원군의 서원철폐령에 또다시 훼철되는 등 수난을 당하면서 현재에 이르러 크게 복원된 것이다. 이곳에는 이곡·이색·이종덕(李種德)·이종학(李種學)·이종선(李種善)·이맹균(李孟畇)·이개(李塏)·이자(李耔)선생 등 여덟 분의 위패가 봉안되어 매년 3월 중정일(中丁日)에 제향을 올리고 있다.

민중의 낙원을 꿈꾸던 토정 이지함선생

토정(土亭) 이지함(李之菡 : 중종12~선조11년)은 문열공 이계전의 현손(玄孫)이다. '토정 이지함'하면 우선 떠오르는 것이 『토정비결』이다. 그러나 토정선생의 묘역에서 만나본 후손의 전언에 의하면, 『토정비결』이 토정선생이 지은 것이라는 근거는 어디에도 없을 뿐만 아니라, 실제로 『토정비결』이 세상에 알려진 것은 토정 사후 200년이 지난 시기이므로, 누군가 토정선생의 이름을 빌린 것이 아닌가 하는 추측이 지배적이라는 것이다. 물론 그는 유학을 비롯하여 노장사상, 천문, 지리, 산술 등 온갖 학문에 뛰어난 재주를 가졌던 걸출한 인재였다.

그러나 필자가 우연히 접하게 된 김서윤의 역사소설 『토정 이지함, 민중의 낙원을 꿈꾸다』라는 서책에서도 잘 묘사되어 있거니와, 충남 보령시 주교면 고정리의 해안가에 어우러져 있는 선생의 부모·형제·아들·조카 등 13기의 분묘는 참으로 신묘하다고 할 것이다. 현대판 가족묘에서도 보기 힘든 특이한 모습인데, 필자가 그 묘역의 재혈(裁穴)과 기맥(氣脈)의 모습 등을 살펴본 이후로는, 토정선생이야말로 현시대를 살아가는 식자들보다도 한발 더 앞서나갔던 선각자이며, 상당히 진보적인 정치가였음을 깨닫게 되어 여기에 소개하고자 한다.

이지함은 조선 중엽에 벌써 사회복지사업을 실천했으며, 오늘날에도 배울 점이 많은 탁월한 경세제민(經世濟民)을 실천한 정치가로서, 이상적인 사회개량을 실천하려했다는 점을 주목하고 싶다. 이지함은 빈민들의 굶주린 삶을 보고 그냥 지나치지 못했던 따뜻한 가슴을 지닌 사람이었다.

그는 조선 중종 12년 충남 보령에서 태어났으며, 어려서 부모를 여의고 전국을 떠돌아 다녔다. 양반으로 태어났지만 신분제 사회의 모순과 문제점을 잘 알게 된 이후로는 그 해결책을 찾고자 노력했으나 그러한 기회는 쉽게 오지 않았다.

천대받았던 상업의 중요성을 누구보다 먼저 깨닫고 스스로 농사를 짓고 소금을 만들었으며, 또한 늦은 나이에 벼슬길에 올랐지만 궁핍한 백성을 위해 모든 힘을 기울인 정황이 여러 곳에서 나타난다. 그 실례로 포천 현감으로 있을 때, 땅이 척박하여 풍년이 되어도 백성이 먹을 양식이 없게 되자, 백성을 구제하기 위하여 주인 없는 무인도를 얻어 굶주린 백성에게 고기를 잡고 소금을 만들어 식량을 마련할 것을 계획하고, 전라도와 황해도의 땅을 빌리고자 상소를 올렸다. 그러나 조정에서 이를 받아들이지 않자 포천 현감을 사직하였다. 또 아산 현감이 되어서는 주위의 반대를 무릅쓰고 조선 최초의 사회복지기관인 걸인청을 만들어 빈민 구제에 힘쓰기도 했다.

고달픈 백성들과 그를 둘러싼 주변 사람들에게, 신분 차이가 없고 평등한 위치에서 가난한 사람도 잘사는 세상을 만들려는 진심과 혜안을 보여주었다. 백성의 어려운 삶을 어루만져주고 비참한 눈물을 닦아주던 조선의 진정한 목민관(牧民官)이었던 것이다.

토정선생에 관한 시대적 배경

토정은, 목은 이색 선생의 6대손이 되고 수원판관을 지낸 이치(李穉)의 아들 3형제 중 막내로 태어나 파란만장한 삶을 살다간 사상가이다. 그의 아버지 이치는 의금부도사와 수원판관 등을 지냈으나, 때마침 불어 닥친 갑자사화에 연루되어 진도에 유배되었다. 그후 석방되기는 했으나 토정이 14세 되던 해에 세상을 뜨고, 2년 후에는 어머니 광산김씨 마저 운명하였으니, 토정은 십대 중반에 부모님 두 분을 여의고 큰형님을 따라 서울로 올라와서 살게 되었다.

이 시대는 조선의 사화와 당쟁이 극심했던 때였으므로, 과거에 급제하여 벼슬길에 나가야한다는 사회적인 유혹을 거절하고, 전국을 유람하며 방랑하였던 토정을 보며 세상 사람들이 기인(奇人)이라 한 것 같다.

큰형님 지번(之蕃)에게서 글을 배웠으나 큰형의 가르침만으로는 만족할 수 없었다. 그러던 그에게 개성 송도에서 후학을 가르치던 화담(花潭) 서경덕(徐敬德)의 문하에서 학문을 배울 수 있게 된 것은 크나큰 행운이라 할 수 있다.

후일에 토정이 수학(數學)·의학·점서(占筮)·천문·지리·음양 등의 술서에 능통하게 된 것도, 젊은 시절에 좋은 스승을 만났기에 가능했을 것이다. 화담과 토정은 서로 비슷한 점이 많은 사이로 알려져 있다. 이들의 공통점은 전국을 유람하는 방랑기질과 호연지기(浩然之氣)이다. 그리고 조선 후기 권력의 부침이 반복되는 사화의 와중에서, 서민들이 불안과 공포 속에서 가난하고 피폐한 삶을 살고 있었던 시대에 서민에 대한 동정심 역시 스승과 제자의 공통점이라고 볼 수 있다. 물론 차이점도 있다. 서경덕선생은 권력의 모든 손길을 뿌리쳤으나, 토정선생은 선조 6년 57세의 나이에 유일(遺逸)로 천거되어 늦은 나이에 관리가 되기도 했다.

권력에 대해서는 토정이 화담보다 더 싫어했을 수도 있다. 생애의 대부분을 마포 강변에서 토정(土亭 : 흙 움막집)을 짓고 생활하며, 가난한 사람들과 이웃하고 청빈하게 지낸 것이다. 사람들이 그를 토정선생36)이라 부른 것도 그러한 이유이다.

토정의 사회경제 사상은 포천 현감을 사직하는 상소문 등에 잘 나타나 있는데, 그 상소문에는 농업과 상업의 상호 보완관계를 강조하였을 뿐만 아니라, 광산 개발과 해외 통상을 주장하는 상당히 진보적인 것이었다.

---

36) 그의 호는 토정(土亭)·수산(水山)이고, 자(字)는 형백(馨伯) 또는 형중(馨仲)이다.

그는 구민대책(救民對策)으로 올린 상소문에서, 농사만 짓고 있는 사람들을 염전사업에 투입하여 소득을 올릴 수 있도록 해야 한다고 주장했다. 서해안에서 자라 염전에 익숙했던 그인지라, 이런 의견을 내놓았을 것이다. 땅뿐만 아니라 바다도 백 가지 재용(財用)이 가능한 창고라 할 수 있으며, 모름지기 지도자는 이런 것들을 십분 활용해 가난한 백성들을 먹여 살려야 한다는 그의 주장이야말로 몇백 년을 앞서가는 선견지명이 아닌가!

그러나 토정에 대한 당시 지배계층의 평가는 그리 좋지 않았다. 율곡의 권유에도 불구하고 주자의 성리학만을 고집하지 않는 사상적 개방성을 보였고, 이러한 이유로 도가적 기행을 보인 인물로 평가된 것이다. 율곡은 어디로 튈지 모르는 그의 성격과 돌발적인 행동을 들어, 그를 관직에 쓰는 것에 반대했다는 기록이 있다.

사계 김장생의 부친이 사헌부 감찰로 있을 때 율곡선생에게 "토정을 제갈량과 비교하면 어느 정도입니까?" 하니, "토정은 적절히 쓰일 수 있는 재목이 아닙니다. 그를 물건에 비유한다면 기이한 꽃과 풀(奇花異草)이고, 진기한 새(珍禽)나 괴상한 돌(怪石)일지는 몰라도, 좋은 비단이나 콩과 밤처럼 쓸 수 있는 것은 아닐 것이오." 했다고 한다.

이 말을 나중에 전해들은 토정이 말하기를 "그 말씀의 취지가 엄정하고 귀한 것은 알겠으나, 세상이 좋은 비단이나 콩과 밤만 가려서 쓴다면, 천년이 가도 새롭게 적용할 무엇이 나올 것이며, 옛 일만 답습하는 지리멸렬을 어떻게 벗어나겠는가?"라고 하였다 한다.

그러나 퇴계는 토정을 평가하기를 "주자 성리학만을 고집하지 않고 현실에 맞는 방책을 과감히 제안하는 큰 선비이다." 또는 "혹시 권도(權道)에 대해 말씀하신 고견을 다시 들을 수 있겠는지요?" 하며 대접하였다. 그런 요청에 토정은 거침없이 대답했다.

"예. 사또 같은 대인(大人)을 뵙게 된 것이 큰 영광입니다." "권도는 공부하는 사람들이 현실 방도나 계책에 대해서 등한시하는 풍토를 바로잡고자 하는 생각입니다."

"권(權)은 따지고 저울질한다는 의미이고, 도(道)는 현실에 맞게 변통하는 지혜를 말합니다. 이를테면 실용정신 같은 것입니다. 현실을 감안해 목적을 달성하도록 취하는 구체적인 방안과 대책으로 산업을 진흥해야 한다는 생각입니다." 라고 하였다.

남명 조식(曺植) 선생은 당시의 유학자로 퇴계와 버금갈 만큼 훌륭한 학자였다. 하루는 조식이 한강 기슭을 지나가다 근처에 토정이 흙집을 짓고 산다는 얘기를 듣고는, 토정을 만나보고 싶은 마음을 억제할 수 없어 하인에게 술을 준비하도록 한 후 토정의 토막을 찾아갔다.

술상 위에서는 인품과 학문을 소중히 여기는 사람들 사이의 대화가 이루어졌고, 토정의 인품과 학식에 감탄한 조식은 토정을 중국 송나라의 시성(詩聖)으로 세속을 초월한 도연명(陶淵明)에게 비유하고는, 도연명의 의고(擬古)시 한편을 읊었다.

시를 읊은 조식은 토정을 도연명이 말하는 동방의 한 선비와 같다고 하였으며, 토정 자신도 면괴하게 느낄 만큼 조식 같은 훌륭한 학자에게서 큰 평가를 받은 셈이 되었다고 하는데, 여기에 의고시를 소개한다.

동방에 한 선비가 있으니 옷차림은 항상 남루하였고
한 달에 아홉 끼가 고작이요(三旬九食)[37]
십년토록 관직 하나로 지내더라.
신고가 이루 말할 수 없건만 늘 밝은 얼굴이요
내 그분을 보고자 이른 아침에 찾아 갔더니
푸른 소나무는 길옆에 울창한데
흰 구름은 처마 끝에 잠들었더라.

토정의 일화

기인으로 취급받던 토정에게는 당연히 수많은 일화가 따라다니는데, 그중 걸인청의 일화와 쇠갓에 대한 일화 두 가지만 소개한다.

포천현감으로 있을 때에는 임진강의 범람을 예견하고 미리 예방하여 장마의 큰 피해를 막는 등 훌륭한 치적을 쌓았지만 이듬해에 그 직을 내려놓았고, 5년 후에는 아산현감이 되어 민생문제 해결에 큰 관심을 가졌으나 임기를 1년도 못 채우고 선조 11년(1578년) 62세를 일기로 재임 중 세상을 하직하였다.

그는 아산현감으로 부임한 후 곧바로 걸인청(乞人廳)을 만들었다. 관내에 떠돌던 걸인들을 모아 관아의 곡식으로 먹이고 일을 시키면서, 걸인과 노약자의 구호에 힘쓰는 등 민생문제에 큰 관심을 기울

[37) 삼순구우식(三旬九遇食) : 집안이 가난하여 굶주린다는 말로서, 3순 즉 30일에 아홉 끼니만 식사를 한다는 뜻

였다. 조선 중기에 실시한 이와 같은 사회복지 제도는, 현대의 사회복지 정책에서도 충분히 연구가치가 있는 혁신적 정책이다.

 이러한 사회복지 제도에 의문을 가진 한 관리가 토정선생에게 "사또님, 가난 구제는 나라님도 못한다고 하는데, 관청의 일을 거지들 위주로 해서야 되겠습니까?"라고 물으니, "나라를 다스리는 것은 백성을 잘살게 하는 것인데, 그 밖에 더 큰 일이 무엇이 있단 말인가?"라고 단호하게 일축했다고 한다. 이 일화는 토정에게는 당연한 처사이지만 관아의 아전에게는 그대로 따르기 어려운 파격적인 사상이었을 것이다.

 어릴 때부터 고아로 자라온 토정인지라 춥고 배고픈 서민의 애환을 누구보다 잘 알았다. 어느 날 새로 지은 도포 하나를 입고 나갔다가, 거지 아이들을 보고는 세 명에게 골고루 잘라서 나눠준 적도 있었다고 한다.

 사람들은 그가 열흘을 먹지도 않고 한여름에도 물을 마시지 않고 천리를 걷는 사람이라고 말했다. 거기에는 바로 토정의 쇠갓 이야기가 있다. 토정 선생은 그 시대에서 말하는 정말 참다운 양반이었다. 비록 가난하기 이를 데 없었지만 바깥출입에 의관을 정제하기를 잊지 않았다. 그러나 문제는 관례(冠禮) 이후로 수십 년간 써온 갓이 낡을 대로 낡아버려 쓸 수가 없게 되어버린 것이다. 거기다가 밥을 지을 솥마저 구멍이 나서 더 이상 쓸 수가 없게 되었다. 궁리하던 끝에 쇠갓(쇠로 만든 갓)을 장만하여 두 가지 목적으로 쓰게 된 것이다. 갓으로도 쓰고 솥으로도 사용할 수 있게 갓 모양을 한 솥을 장만한 것이다. 쇠갓은 뒤집어 놓고 밥을 지으면 솥이고, 밥을 짓고 나서 깨끗이 닦은 후 말렸다가 끈을 달아 머리에 쓰면 훌륭한 갓이 되었던 것이다.

　하지만 토정선생이 쇠갓을 쓰고 나갈 때면, 집에 남은 부인은 끼니를 걱정할 수밖에 없었다. 그래서 부인은 토정선생의 귀가를 애타게 기다렸다고 한다. 하지만 쇠갓이 있으면 뭐하나 쇠갓에 끓일 양식이 없는데…. 필요할 때는 남편이 쓰고 나가서 사용할 수가 없고, 쇠갓이 돌아왔을 때는 끓일 양식이 없었던 것이다.

토정 이지함과 가족묘

　토정선생에 대해서는, 선생의 묘와 가족의 묘가 한 곳에 어우러져 있는 조선중기의 가족묘를 빼놓고는 설명할 수가 없어 풍수의 관점에서 최소한의 요점을 정리해본다.

　토정선생과 그 가족묘는 앞에서도 언급했듯이 충남 보령시에 자리 잡고 있는데, 이곳은 보령의 오천항 나들목에 위치하고 있다. 광활한 서해의 대해수가 옹기종기 사이좋게 어우러진 안산과 조산을 아우르면서, 한폭의 그림같은 서해의 풍광을 품어 안은 모습이 전국 어디에서도 찾아볼 수 없는 명국이다.

　보령뿐만 아니라 충남의 진산이라 할 수 있는 오서산(791m)을 태조산으로 하여, 그 간룡(幹龍)이 남서진하다가 진당산에서 숨을 고른 후, 고정리에 이르러 고만재에서 중대산을 벗 삼아 무거운 짐을 내려놓으며 서해바다를 등지고, 오던 길을 향하여 웅크리며 좌정

❶ 2. 충남 보령에 있는 토정 이지함의 가족묘 : 안산과 서해 바닷물과 조산이 겹겹으로 에워싼 모습. 안산과 주차장 사이에 바닷물을 매립하는 공사현장이 보인다. 충남 보령시 주교면 고정리 산27-3

❶ 3. 보령 솔섬 앞바다 매립 기맥도

하였다. 크게 보아 회룡고조의 작국(作局)으로 볼 수 있는 곳이다.

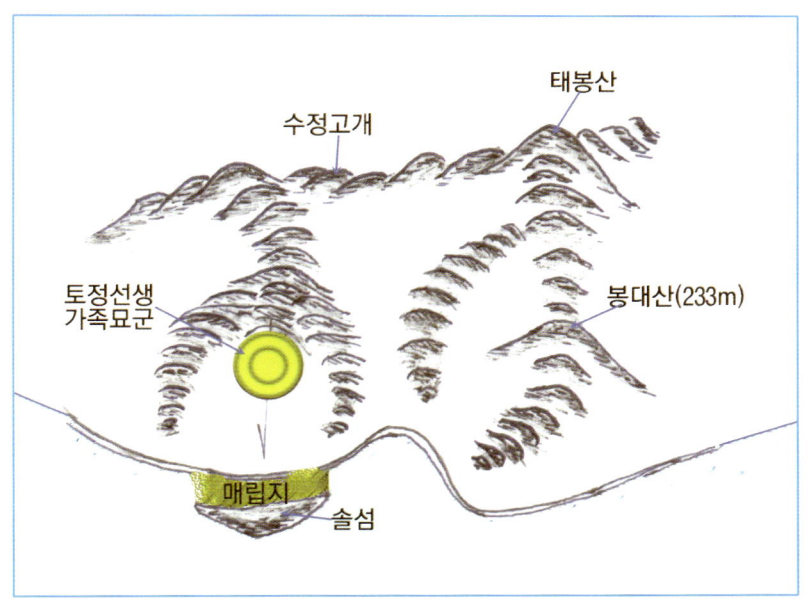

4. 토정선생의 가족묘

　외청룡에는 힘찬 중대산이 환포(環抱)하고, 우측 백호봉의 후부함은 서쪽 해수의 허결함과 해풍의 침입을 단숨에 해결하였다. 그 우뚝 솟아 좌정한 모습이 훌륭한 사격으로서 청룡과 짝을 이룰만하고, 좌우의 균형을 잡아주어 안정감이 한결 돋보인다. 내룡 또한 왕룡이다. 변화의 생기가 태왕하니 후덕하게 취기한 당판을 거느릴 만하다.

　입수취기 지점에서 좌선으로 변화한 용맥은, 토정선생의 묘 자리에서 다시 우선으로 내려가 전순주작에 위치한 형조판서 경전(慶全 : 영의정 이산해의 차남)의 묘에서 멈추어 섰다. 결론부터 말해서 이곳 13기의 묘 중에서 이경전의 묏자리가 제일이다.

　『답산심혈론(踏山尋穴論)』에 "근삼원칠(近三遠七 : 가까이에서 3

● 5. 토정선생의 가족묘 기맥도

번 먼 곳에서 7번을 살펴라)"이라 했으니, 묘소 앞 주차장쯤에서 올려다보면 제일 중심에 위치한 찬성공(贊成公 : 토정의 부친)과 성암공(省菴公 : 토정의 큰형님 이지번)의 묘 자리가 첫눈에 들어오지만, 기맥은 백호선익 쪽으로 기울었다.

재혈(裁穴)한 모습이 청룡선익 쪽은 비워두고 백호선익 쪽으로 치우친 것을 보면, 아마도 토정선생 때부터 기맥의 흐름을 알아보고 토정의 장자(이산두) 및 차자(이산휘)의 묘를 한곳에 치우쳐 썼을 것으로 추측할 수 있다. 이산두의 묘는 두 부인의 묘와 함께 토정의 바로 윗자리에 품자(品字) 형태로 재혈되었는데, 21세의 젊은 나이에 부친 토정보다 먼저 하세하였기 때문에 토정선생이 재혈(裁穴)한 것으로 볼 수 있다.

또한 이곳 13기의 묘 중에서 이경전의 묘를 제외한 12기의 묘는, 모두 한 단 높은 일종의 큰 혈 덩어리 위에 올려놓았는데, 어느 의미

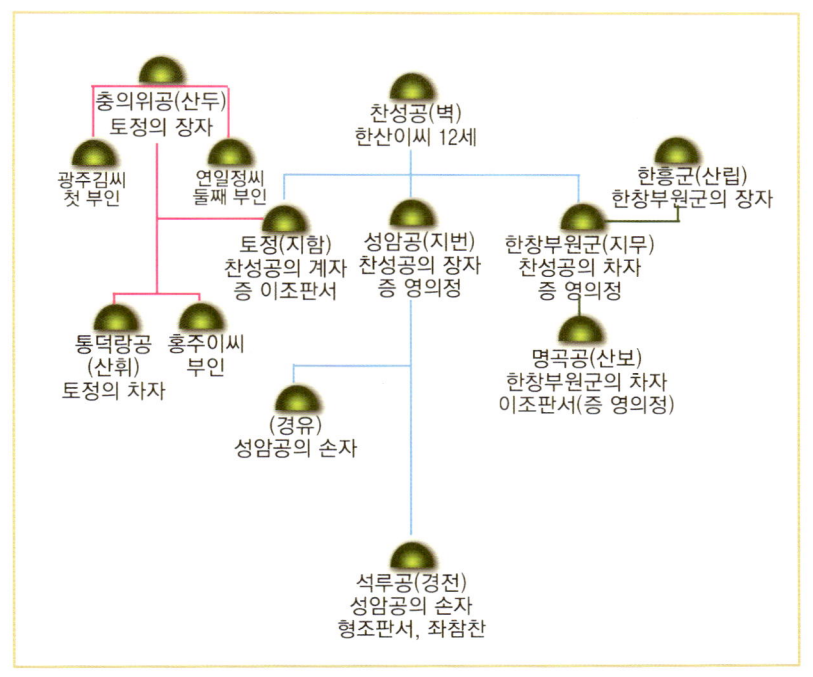

● 6. 한산이씨 12세~15세 묘역배치도
　 토정 이지함과 부모·형제·조카 등 13기의 분묘가 한자리에 있는
　 조선중기의 가족묘

에서는 그것이 맞는 재혈일 수 있다. 그러나 12기의 묘가 있는 그 자리에서는, 안타깝게도 안산과 조산의 중간에 위치한 명당수인 서해 바닷물이 양쪽으로 나뉘어져 보인다.

　그림4에서 보듯이 안산과 묘역의 중간사이에 있던 바닷물이 매립토에 의해서 육지로 변하였으므로, 바닷물을 확실하게 둘로 나눈 결과가 되어 참으로 안타깝게 된 것이다. 그렇지만 제일 아래에 위치한 이경전의 자리에서는 그 갈라진 모습이 안 보인다는 것에 유의하여야 한다.

　즉 명당수(明堂水)를 둘로 나누었으니 재견수(再見水) 또는 양견

305

수(兩見水)가 되었다. 풍수에서 '산(山)은 인정을 관리하고 물(水)은 재물을 관리하는 것'이므로 이것은 재물이 잘못됨을 의미하는 것이다.

그래서 그랬는가?

토정이 예언하기를 "이렇게 묘를 쓰면 훗날 자신의 후손들은 가난을 면치 못하지만, 큰형님의 후손은 크게 번성할 것"이라 했다고 한다. 예언에 관한한 토정이 누구인가? 내 후손보다 틀림없이 큰댁의 후손이 잘되리라는 것쯤은 분명히 아셨을 텐데, 한 평생을 청빈함에서 벗어나지 못했으면서도, 나 보다는 형님의 후손을 위하는 선생의 용단에서 도인의 풍모를 다시 한 번 느끼는 것이다.

필자가 최근에 얻어 본 격월간지인 한산이씨 대종보 『큰뫼』에 의하면, 역시 이 문중에서는 토정의 장조카가 되는 영의정 이산해의 둘째 아들인 이경전(李慶全)[38]의 후손이 제일 번창했음을 확인할 수 있었다.

또한 토정은 슬하에 산두(山斗)·산휘(山輝)·산룡(山龍)·산겸(山謙) 등 네 아들을 두었는데, 다들 끝이 좋지 못했다.

장자 산두는 21세에 요절했고, 둘째 산휘는 호랑이에게 물려 죽고, 셋째 산룡은 역질에 걸려 죽었으며, 넷째 산겸은 임진왜란 때 의병장으로 싸웠으나 오히려 역모죄를 받게 되는 등 불행한 가세를 면치 못하였다. 토정은 자식들의 운명을 예견해 볼 수는 있었으나, 이는 신의 영역이라 천명으로 받아들였다고 보아야 하지 않을까?

---

38) 토정 이지함의 장형은 이지번(李之蕃)이고, 이지번의 장남이 영의정 이산해(李山海)이며, 형조판서 이경전(李慶全)은 이산해의 차남이다.

● 7. 토정 이지함 선생의 약력 및 초상과 시가 있는 입비

● 8. 토정 선생이 타고 다니던 것으로 추정되는 돌배 두 개 - 중간의 검은 돌은 안내문 표지석

한편 묘역입구에 있는 반석 두 개는 토정선생이 타고 다니던 돌배(돌로 만든 배)로 추정된다고 하는 안내표석이 있는데, 크고 넙적한 돌을 물 위에 띄워 배를 삼은 것이 아니라, 뗏목을 만들어 그 위에 올려놓고 무게중심을 맞추는데 사용했으리라는 추측을 해본다. 토정은 배를 다루는 솜씨가 뛰어나, 직접 배의 키를 잡고 큰 바다에 나가기를 평지처럼 하였다고, 그의 조카 영의정 이산해가 묘갈명에 적을 정도이다.

확실한 것은 토정은 당시 조선사회의 이단아(異端兒)였으며 기인(奇人)으로 여겨졌던 사상가(思想家)였다는 것이다. 토정 선생은 사후에 이조판서에 추증되었으며, 시호는 문강(文康)이다.

6. 근·현대사의 최고명문 해평윤씨

비룡승천의 대길지를 얻다

구한말 이후 개화기에서부터 근·현세에 이르기까지 우리나라에서 가장 많은 인물을 배출한 가문이라면, 누구나 윤보선 전 대통령의 해평윤씨(海平尹氏) 문중을 첫째로 꼽는다. 단지 대통령을 배출했기 때문만이 아니라, 『한국인명사전』에 윤보선대통령의 고조부 이하 후손되는 일가붙이가 무려 50여 명이나 등재되었기 때문이다.

근·현대에 걸쳐 8촌 이내에서 이렇게 많은 인물이 배출된 가문을 찾기 어려울 뿐만 아니라, 이를 뒷받침할 만한 그럴듯한 구전과 증거들이 현존함으로써 풍수지망생들에게는 좋은 학습자료가 되고 있다.

해평윤씨는 누구나 부러워하는 명당이 셋이나 있는데, 첫째는 충남 아산 동천리에 있는 비룡승천 대길지이고, 둘째는 아산 신항리의 윤보선대통령이 출생하여 어린 시절을 보냈던 생가이며, 셋째는 윤대통령이 소년시절부터 말년까지 지냈던 서울시내 한복판에 있는 종로 안국동의 북촌집이다.

● 1. 안국동 집의 솟을대문

아산시 음봉면 동천리에 있는 "비룡승천(飛龍昇天) 대명당은 서울에서 지근거리라는 이점도 있지만, 대명당으로 유명한 만큼 경향 각지의 지리가들이라면 보통 서너 번 정도는 다녀오는 곳이다.

역사적으로 증명된 좋은 명당 터에는 그럴듯하게 미화된 전설이 있기 마련인데, 조선조에 청풍부사 윤택(尹澤)의 아드님 되는 윤득실(尹得實)은 통덕랑을 지내다가, 조정 안팎에서 벌어지는 당파싸움에 염증을 느끼고 충남 아산으로 낙향하여 농사를 지으며 가난하게 살다가 일찍 죽었다고 한다.

그의 아들은 아버지를 여의고 더욱 어려워진 가정 형편이지만, 항상 적선하기를 잊지 말라는 아버지 윤득실의 유훈을 받들면서 농사일을 열심히 하고 살아가는 착한 농사꾼이었다.

그러던 어느 날 밭에서 농사일을 하고 있는 남편의 점심밥을 가져온 젊은 부인이 "오는 길에 고행 중에 있는 어느 스님이 기진맥진하여 쓰러진 것을 보았지만, 아녀자의 힘으로는 어찌해 볼 도리가 없어 그대로 지나쳐 왔다."고 말하였다. 이 말에 대노하여 아내를 꾸짖고는, 황급히 달려가 기진맥진하여 사경을 헤매는 노스님을 업어다가 따스한 아랫목에 뉘고는 극진히 보살펴 기력을 되찾게 해주었다. 그러자 노스님은 언제인가 보아두었던 명당자리의 임자가 여기 있는 갸륵한 두 젊은이라는 것을 알아보고는, 보살핌에 대한 보답으로 비룡산 아래에 있는 명당혈터를 일러주고는 떠나갔다고 한다.

또 다른 구전에는 낙향한 가난한 선비인 윤씨 집에 어느 스님이 탁발을 왔는데, 먹을 양식도 귀하던 시절이라 마땅히 시주할 것이 없었다 한다. 그럼에도 불구하고 이집 할머니는 얼른 옆집으로 달려가 보리쌀을 한 됫박 꾸어다가 스님 바랑에 넣어드렸다. 몇 달이 지날 무렵 또다시 그 스님이 탁발을 나왔는데, 그때도 옆집에서 빌려다가 시주를 했다. 그 다음 세 번째 탁발을 또다시 왔지만 성의를 다하여 시주하는 안주인의 정성을 보고는, 그의 고운 마음에 역시 명당자리를 일러주게 되었다는 것이다.

도교에서는 삼천공덕(三千功德)을 쌓지 않으면 신선(神仙)이 될 수 없다하고, 풍수에서는 삼대적선지가(三代積善之家)에 비로소 혈(穴)을 얻게 된다는 믿음이 있다.

필자의 경험으로는, 삼대적선까지는 모르지만 명당은 임자가 따로 있다고 생각한다. 예나 지금이나 혈이란 금전이나 권력으로 차지할 수 있는 물건이 아닌 것이다. 보이지 않는 무엇이 방해하거나, 강권에 의하여 조장(造葬)을 하더라도, 임자가 아니면 결국 천장(遷葬)을 해야 되기 때문이다.

◆ 2. 윤보선 대통령 내외의 묘. 위치 : 아산시 음봉면 동천리 산 28-2

◆ 3. 안산과 현군사(賢君沙)의 길상

● 4. 윤보선의 부모 윤치소부부의 합장묘

● 5. 윤보선의 고조 윤득실 합장 묘

 그렇게 하여 스님이 일러주었다는 동천리의 음택 대길지는, 지리가라면 누구나 탐내는 주산과 입수와 안산이 자리잡고 있다. 이 자리를 이구동성으로 「비룡승천 대길지」로 호칭하듯이, 목체로 곱게 취기 하여 우뚝 솟은 주산의 모습은 참으로 승천하는 용의 형상 그 이상이다.

주산의 기상이 양명하고 깨끗한 자태는 학을 닮은 선비이며, 군계일학(群鷄一鶴)의 빼어난 기상이 상서롭기 그지없는 대길지인 것이다.

굴곡 기복을 거듭하며 왕룡으로 솟구쳐 정돌 취기한 입수처는 훈[39]이요, 태극이요, 십자맥(十字脈)이다. 지리가라면 대귀하고 극품이라는 것을 모를 리 없는 것이다.

입수 십자맥(入首十字脈)이란 화복론(禍福論)으로 쉽게 설명하자면 군왕지지(君王之地)라는 것이다. 정돌 취기한 모습이 아름다운 것 중에서도, 당판 십자(堂坂十字)보다 입수 십자를 으뜸으로 치는 것은 부(富)보다는 귀(貴)를 선호하기 때문이다.

다음으로는 청룡 안산봉의 현군사(賢君砂)가 그렇게 아름다울 수가 없다. 명칭과 이론은 다를지라도, 정승이 의관을 마주하고 대하는 모습임에 의심의 여지가 없다.

주산 내룡의 기세로서 그 가문의 기세를 가늠하는 것이고, 안산의 모습은 나의 상대요 또한 나의 모습도 되는 것이다. 어느 인물이 알고 싶으면, 그 사람이 주로 상대하는 친근한 사람이 누구인지를 보면 알 수 있는 이치와 다를 바 없다. 사실 이 자리는 이미 명문가를 이룬 후에 답산하기 때문에, 누구나 마음 놓고 극진한 찬사를 늘어놓는데 대하여 부담이 없는 곳이기도 하다.

그렇지만 가장 아쉬운 점은, 서북풍의 찬바람을 막아주어야 하는 내백호가 없고 외백호 뿐인데, 그 외백호와 혈장사이에 가림막이

---

39) 훈(暈) : 해나 달의 주위를 두른 둥근 테 모습과 같은 극귀사(極貴砂).

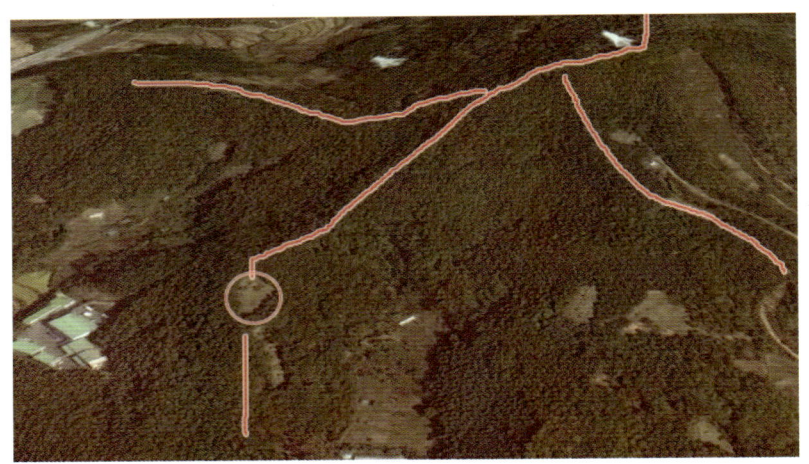

● 6. 윤보선묘 기맥도

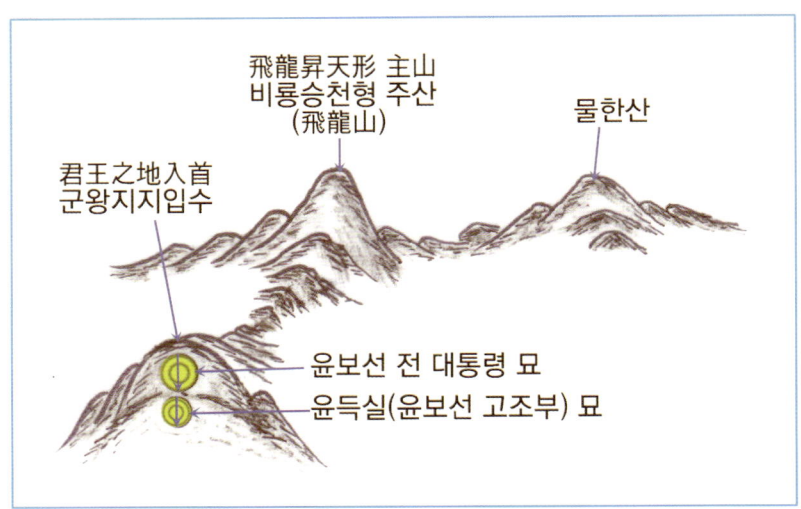

● 7. 윤보선 전 대통령 고조부의 비룡승천 대명당

없어 허결한 것과, 외백호 또한 혈장을 잘 보호하지 못하고 돌아앉아 있으므로, 재물과 아녀자 문제는 별로 득이 될 것이 없다는 결론이다.

　내룡맥을 따라 늘어선 여러 기의 묘소 중, 윤득실의 묘를 으뜸으로 치는 것은, 그 자리가 허결한 백호문제를 해결할 수 있는 백호선익이 가장 실하고 태왕한 자리이기 때문이다.[40] 이런 점으로 인하여 술사들이 평가하기를 "이 곳은 서손 발복지이다."라고 하는데, 그 이유는 청룡선익 보다 백호선익이 현저하게 태왕하기 때문이다. 근·현세에 이르러 이 곳 만큼 한집안이 크게 번창한 예를 찾아볼 수 없지만, 아무리 좋은 명당이라도 결점 없는 자리는 있을 수 없나 보다.

동천리 비룡산(飛龍山) 아래에는 제일 상좌에 윤보선 전 대통령 내외분의 합장묘가 있고, 9백여 보 아래쪽에 누구나 제일명당으로 손꼽는 윤 대통령 고조부(윤득실)의 합장묘와 증조부(윤취동), 부모(윤치소), 증조비(高靈申氏) 등의 순으로 단정하고 소박하게 조성된 산소가 있어 전국의 풍수지망생들의 단골 답산지가 되고 있는 곳이다. 그 중에서도 고조와 증조의 묘소를 진혈로 보는 술사들이 대다수일 것이다.

윤보선 대통령의 묘는 백호방위가 건해풍을 받아 장풍득기를 할 수 없도록 되어있다. 허결한 백호방위에 사성을 높이 성토하고, 울창한 나무를 심어 바람을 막으려는 비보(裨補)를 했다 해도, 마음의 위안 그 이상은 바랄 수 없을 것으로 보인다.

묘 비석은 두 자 내외로 와비 또는 입비 하나씩만 설치함으로써, 여타 문중에서 흔히 보기 어려운 검소한 모습으로, 전혀 잡다한 조형물이 없어 정갈한 것이 본받을 만하다.

---

40) 청룡·백호 없이도 혈이 맺힐 수 있는 것은, 좌우 선익이 튼튼하면 그것으로 청룡·백호를 대신할 수 있다는 이치와 같다.

윤보선 대통령의 신항리 생가 명당

● 8. 아산시 둔포면 신항리 143-1 윤보선 생가

 윤보선(尹潽善) 전 대통령이 태어나서 8세까지 유년기를 보냈던 충남 아산시 둔포면 신항리 새말의 생가는 「중요민속자료 제196호」로 지정되어 보존되고 있다.

 이집은 윤보선 전 대통령의 선친인 윤치소선생이 1903년에 시작하여 1905년까지 건립한 집이라고 하며, 밖의 사랑채는 1920년대에 추가로 지은 것으로 추정하고 있다.

 안채는 전형적인 중부지방의 양반가옥 형태로 구성되었으나, 부엌이 서쪽이 아닌 동쪽으로 배치한 점이 특징으로 꼽힌다. 사랑채 오른쪽에는 안채로 연결되는 별채가 있고, 높다란 정자를 연상할 수 있는 추녀와 지붕의 모습 등, 누마루 집으로 꾸며 외부손님들이 자유롭게 접근할 수 있도록 한 기법 등은 고관대작들의 전형이 아닌가 생각된다. 지나가는 과객이라면 누구나 손쉽게 며칠씩 묵어가면서 시론을 토론하며, 귀중한 정보들을 전해주고 얻어가도록 설계한 것이다.

윤보선 전 대통령 생가는 일반 주택과는 전혀 다른 대궐의 부속채와 같은 모습으로, 중부 평야지방의 양반가옥 형태를 간직한 근대 건축물로서 보존되고 있는 것이다.

명당을 만들어놓은 주변 국세를 살펴보면, 백두대간에서 출맥한 한남금북정맥이 칠장산(492m)에서 서남쪽으로 뻗어 오다가, 그 한 가지가 천안 성거산(579m)에서 출원하여, 정 서쪽으로 50여 리를 내달려 고룡산(295m)에서 숨을 고르고, 다시 국수봉으로 이어져 그 한 지맥이 북동진하여 마을의 진산을 이루는 형세다.

신항리 새말부락은 문전옥답이 기름진 평야지대에 도톰하게 솟아난 작은 구릉을 등지고, 자기의 조산인 두리봉을 바라보며 앉아 있는 모습이 풍수에서 말하는 회룡고조 형국의 명당이다. 회룡고조 형국은 어머니의 품에 안겨 젖을 물고 있는 어린아이와 같은 형세로 해석하는 명당 형국중의 하나이다. 외부의 풍파는 어머니가 다 막아주는 아늑한 형태이므로, 근심걱정 하나 없는 태평성대를 누리면서 살아가는 편안한 지세임을 말한다.

풍수에서는, 태어나서 잔뼈가 굵어지는 유년기에 살았던 생가의 영향을 제일 많이 받는 것으로 믿고 있다. 풍수에서 말하는 양택은 조상의 음택 이상으로, 우리 인간이 한평생을 살아가는 문제와 밀접한 연관이 있는 것으로 보는 것이다.

 실제로 양택이란 자기 스스로 선택할 수 있는 것임에도 불구하고, 그 집은 주인을 닮고 주인은 또한 그 집을 닮았다고 해석한다. 허름한 집에 거주하면 차림새가 허름해지고, 멋쟁이 빌딩에서 근무하는 신사·숙녀는 옷맵시뿐만 아니라 걸음걸이부터 경쾌하기 마련 아닌가!

 필자가 30여 년간 현장을 답사해본 경험으로는, 역대 대통령들은 물론이고 재벌총수의 경우에도, 조상 묘지의 음택뿐만 아니라, 태어나 유년기를 보냈던 생가터 또한 명당혈에 들어 있었다.

 박정희 전 대통령은 할머니의 음택도 대길지이지만, 구미시 상모동 생가터 역시 금오산 낙맥에 맺힌 「금귀포란형(金龜抱卵形)」의 대길지임을 알 수 있었고, 그 외에도 김영삼·전두환·노태우 등 전직 대통령의 생가는 모두 명당터에 해당한다는 것을 확인함으로써 양택의 중요성을 새삼 깨달은바 있었다.

 요즘은 매장문화에 대변화가 일어나서 서울지역은 서민의 80% 이상이 화장을 선호하지만, 그래도 다행스러운 것은 양택풍수가 예전보다 더욱 활발한 모습을 보이고 있다는 것이다. 다만 실내 장식 위주인 인테리어풍수에 머물지 말고, 산천의 흐름과 형국을 살피고, 최소한 배산임수의 중요성은 잊지 말 것을 당부 드리고 싶다.

종로구 안국동 윤보선 전 대통령의 고택

필자는 10여 년 전 우연한 기회에 조촐한 종교음악회에 참가할 기회가 있어서, 종로구 안국동에 있는 윤보선 전 대통령의 고택 내부 모습을 구경할 수 있는 행운이 있었다. 현재까지도 이 고택 안채에는 윤대통령의 장손(윤상구) 가족이 살림을 하고 있어 일반가옥이나 다름이 없으므로, 쉽게 공개 할 수 있는 여건이 못 되는 곳이다.

이집은 해위 윤보선(海葦 尹潽善) 전 대통령이 10살 되던 해 부터 일생동안 거주하던 곳이다. 원광대 조용헌 교수가 2001년 8월호『신동아』에 연재한 「한국의 명가 명택」에 기록된 바에 의하면, 140여 년 전 구한말 시대에 '민부처'라는 사람이 건축하여, 박영효 대감이 얼마간 살았으나, 1910년 한일합방 이후 윤대통령의 부친이 구입하여 그 후 계속 종가로 유지되고 있는 것이라 한다.

이 집이 위치한 혈의 정기는 옛 경기고교가 있던 화동에서부터 소격동과 조계사(한국일보사옥 쪽)로 이어지는 내백호 줄기와, 가회동에서 계동의 인촌고택을 휘돌아 원서동 현대사옥까지로 내청룡이 뻗어있고, 또한 재동초등학교에서 명문당 출판사 앞길에 이르는 내룡맥을 타고 앉아있어서, 빽빽하게 들어선 건물들 사이에서도 상당한 당판취기가 느껴지는 곳이다.

좁은 솟을대문을 들어서면 안채를 중심으로 남북 양쪽에 고풍스러운 잔디정원과 작은 연못이 꾸며져 있고, 규모 작은 문간채와 사랑채가 남아있다. 적당한 크기의 정원수와 녹색 잔디가 잘 어우러져, 고풍스러운 격조와 품위가 배어있는 개화기의 전통 양반가옥의 귀중한 문화유산이 서울의 한복판에 잘 보존되고 있는 것이다.

작은 연못과 산정채는 산속의 별장을 보는 듯한 호젓함과 한가함을 주는 공간이었고, 남쪽의 전순주작 아래쪽에는 담장 하나를 사이에 두고 헌법재판소가 자리잡고 있다.

이곳의 산정채는 한국 현대사의 살아있는 현장으로서의 역할을 톡톡히 한 곳이다. 정쟁의 중요한 일들이 이 산정채에서 논의되었고, 4·19 이후 장면내각의 탄생에서부터, 1980년대 '서울의 봄' 때에는 해위선생이 당시 야당의 양대 거물인 김영삼·김대중씨를 이곳으로 불러 야당후보 단일화를 당부했던 역사적인 일이 이곳에서 있었다.

윤보선 전 대통령이 10여 세 이후부터 살았다고 하는 서울 종로구 안국동 고택의 풍수적 조건들을 살펴보자면, 서울의 4대문 안은 장풍득기(藏風得氣)가 잘된 곳이므로, 그 중심부인 안국동 고택은 풍수의 첫째 조건이라 할 수 있는 당판취기가 이보다 더 왕성할 수는 없는 것이다. 서울 중에서도 그 중심은 4대문 안쪽이고, 그 중에서도 북악산과 청계천 사이에 있는 땅이 남향을 할 수 있는 배산임수 형국의 대지에 속한다고 보아야 하기 때문이다.

또한 삼각산과 한강으로 이어진 천혜의 배산임수 형국은 도읍지로서 면모를 갖춘 대명당임에 틀림없으며, 그 중에서도 행정구역상 종로구에 속하는 이 지역은 토질이 강하고 윤택하다.

혈토(穴土)라고 하는 것은 암석이 삭아서 흙으로 변모하는 과정에 있는 흙을 말하는데, 흔히들 마사토(磨砂土)와 비교하지만, 마사토와는 전혀 다른 비석비토(非石非土)의 생기가 충만하고 윤기가 있는 토질을 말한다.

  혈토는 정으로 파내면 돌덩이처럼 떨어져 나오지만, 작은 덩어리를 손으로 쥐어짜면 부스러지기도 하며, 미세한 수분이 손바닥에 남게 될 정도의 조습이 맞아야하는 것이다.

  토색(土色)은 밝은 황색이 주류를 이루지만, 적·백·흑·청·황의 오색무늬가 물결 층을 이루어서 호랑이의 등껍질을 보는 듯하며, 밝으면 상급이고, 조습이 잘 어우러져 건조하거나 습하지 않아야 단단한 생기가 머물 수 있는 것이다.

  원서동 비원 옆에 있는 현대사옥 역시 명당으로 꼽히는 곳인데, 오래전 이 건물 신축 당시에 터파기 공사에서 나온 흙을 경기도 이천의 도예촌에서 비싼 값으로 구입해 갔다고 한다. 혈토로서의 진가를 인정한 것인지는 알 수 없어도, 최소한 밝고 윤택한 토질이 귀한 대접을 받은 것으로 생각이 든다.

  그 뿐만 아니라 삼각산에서 인왕산으로 이어지는 명산 정기를 가장 많이 받은 혈토로서, 최소한 종로일대의 지반층 토질은 모두 밝고 단단하여, 짱짱한 혈토의 기운이 넘쳐나는 곳임을 부정할 수 없는 것이다.

『한국인명사전』의 해평윤씨 근·현대 인물

  앞서 말한대로 해평윤씨는 대통령을 배출하였을 뿐만 아니라, 근·현대에 활약한 인물로만 『한국인명사전』에 무려 50여 명이나 등재

된 명문이다. 물론 조선시대에도 선조 때에 문장과 글씨에 뛰어났던 영의정 윤두수(해위의 10대조)를 비롯해서, 그 아들 5형제가 모두 과거에 급제하여 가문을 크게 빛내기도 하였다. 첫째 윤방은 인조 때에 영의정을 하여 부자영의정으로 이름을 떨쳤고, 둘째 윤흔은 참판, 셋째 윤휘는 공조판서, 넷째 윤훤은 병조판서, 막내 윤우가 병마절도사를 지냈는데, 윤보선은 윤훤의 직계가 된다.

윤훤의 아들 윤순지는 공조판서와 대제학이었고, 그 아들 윤계는 형조판서, 그 아들 윤세강은 첨정, 그 아들 윤택은 청풍부사이고, 윤택의 아들이자 해위의 고조부인 윤득실은 의정부참찬이었으며, 해위의 증조는 중추부지사 윤취동이다.

문중의 기록을 보면 윤보선 대통령의 조부 때부터 또다시 번성하였음을 알 수 있다. 큰할아버지가 구한말 법무대신 윤웅렬(尹雄烈)이고, 치호(致昊 : 애국가 작사), 치왕(致旺 : 의학박사), 치창(致昌 : 주 터키대사)의 세 아들을 두었다. 농림부장관 영선(永善)은 치호의 아들이고, 의학박사 도선은 치왕의 아들이며, 뉴욕대 교수 종선과 미국무부 공무원 원희는 치창의 아들과 딸이다.

해위의 친할아버지는 안성군수와 육군참장을 지낸 윤영렬(尹英烈)이다. 윤영렬은 6형제와 두 자매를 두었는데, 첫째 치오(致旿)는 대한제국 학무국장으로서 일선(日善 : 서울대총장)과 명선(明善 : 공주갑부 김갑순의 사위)의 두 아들을 두었고, 둘째 치소(致昭 : 중의원 의관)는 큰아들 보선(潽善 : 대통령)과 둘째 완선(浣善 : 경도제대 졸), 셋째 원선(源善 : 경기도지사), 넷째 택선(擇善 : 국회전문위원), 그리고 초대 내무부장관과 서울시장을 지냈던 치영(致暎)은 윤영렬의 여섯째 아들이다.

　윤보선(1897~1990) 대통령의 부인 공덕귀(孔德貴)(1911~1997) 여사는, 38세 되던 1949년에 미국프린스턴대학 신학부에 전액 장학금을 확보하고 유학을 준비중이었다 한다. 그러나 양가를 너무도 잘 아는 주변의 여러 목사들이 강권하여 유학을 포기하고, 당시 서울시장에 재임 중인 윤보선과 함태영 목사 주례로 결혼하여 장남 상구(商求)와 동구(同求) 두 형제를 두었다.

　당시 52세인 해위는 재혼이었다 하며, 양쪽집안 모두 독실한 기독교 집안이다. 공덕귀 여사는 한국기독교학생총연맹(KSCF) 이사장을 지낸 종교가였으며 시민운동가였다. 또한 그녀는 영어·일어·프랑스어·라틴어·히브리어 등 5개 국어를 유창하게 구사하여, 의전상 영부인이 접대해야하는 업무는 물론 외국인 내빈과 저명인사들을 면담하는 일등을 훌륭히 해냈다 한다.

7. 광산김씨를 일으킨 허씨부인

사계 김장생과 광산김씨

　사계 김장생(沙溪 金長生 : 명종3~인조 9년)은 우리나라 예학의 태두이며 기호학파의 거두이다. 조선 중기의 대학자이고, 광산김씨(光山金氏)의 정신적 지주가 되어 내려온 인물이다.

　광산김씨를 삼한갑족 또는 명문거족이라 부르는 것은, 예문종가(禮文宗家)로서 명신거유와 열사들이 줄을 잇고 유학의 대통을 계승하였으며, 국민순화와 학문발전에 크게 공헌하였기 때문일 것이다.

　뿐만 아니라 나라의 스승으로 우러러 받드는 동국18현[41]에 사계와 그의 아들 신독재 김집(愼獨齋 金集)이 들어서, 문묘(文廟)에 나란히 배향(配享)되었으니 칭송받을만한 가문이 아니겠는가!

　사계(沙溪)는 구봉과 율곡으로부터 학문을 익혔고, 그의 수제자였

---

41) 동국18현 : 신라2현으로는 설총(薛聰)과 최치원(崔致遠), 고려2현으로는 안향(安珦:초명은 안유安裕)과 정몽주(鄭夢周)를 말하며, 조선14현으로는 김굉필(金宏弼)·정여창(鄭汝昌)·조광조(趙光祖)·이언적(李彦迪)·이황(李滉)·김인후(金麟厚)·이이(李珥)·성혼(成渾)·김장생(金長生)·김집(金集)·조헌(趙憲)·송시열(宋時烈)·송준길(宋俊吉)·박세채(朴世采) 선생을 말한다.

던 송시열과 송준길 또한 동국18현으로 문묘에 배향되었으니, 그의 학문이 얼마나 빛나는 행동철학적 예학(禮學)이었던가를 알 수 있다.

사계는 31세가 되던 해에 학행으로 천거되어 6품직에 오르고, 창릉과 순릉의 참봉 등을 거쳐, 동몽교관·현감·부사·군수 등으로 출사하여 선조 35년에는 청백리에 녹선되기도 하였다.

광해군 5년에 '칠서의 옥'이라하는 계축옥사(癸丑獄事)⁴²⁾가 일어났을 때에 심한 문초를 받다가 무혐의로 누명을 벗은 뒤, 모든 관직을 버리고 고향인 연산으로 내려와 학문연구에 전념하기도 하였다.

연산에 은거한지 10년 되던 해 인조반정이 일어났고, 인조는 그에게 장령·집의 등의 벼슬을 내렸다. 그후 다시 낙향하였고, 특명으로 형조참판에 임명되었다가 곧 사퇴하고, 그 이후로는 모든 관직을 접고 연산에서 교육에 전심하였다.

한때는 구봉의 문하에서 예학을 전수받았고, 그 후 율곡의 문하에서 성리학을 배우고 동시에 예론을 깊이 연구하였다. 문하로는 아들 집(集)을 필두로 우암 송시열·동춘당 송준길 등의 대 유학자를 배출하여 서인을 중심으로 한 기호학파를 이룸으로써, 조선 유학계에 영남학파의 퇴계(이황)·서애(류성룡) 등과 함께 쌍벽을 이루었다.

기호와 영남의 두 학파가 쌍벽을 이룬 것은 좋았는데, 그 문인들이 서로의 의견을 굽히지 않고 대립하게 된 것이 결국은 동서붕당으로

---

42) 계축옥사 : 대북파 정인홍·이이첨 등이, 김제남이 광해군을 몰아내고 영창대군을 옹립하려한다는 무고를 해서 일어난 옥사이다. 영창대군 등 많은 사람이 죽임을 당하는 등 소북파가 큰 타격을 받았다.

연결되어 당쟁을 유발하게 되지 않았나 생각이 든다. 또한 그 여파가 오늘날에도 동서갈등의 근원지가 되고 있다는 생각이 들어 이글을 쓰는 나의 손끝도 조심스럽기만 하다.

광산김씨의 유래와 양천허씨 할머니의 후손

우리나라 성씨 중에서 대표적인 명문거족으로 손꼽히는 광산김씨(光山金氏)는, 통일신라 말엽에 왕실의 후예인 김흥광(金興光)이 전국이 어지러울 것을 미리 예견하고 서라벌을 떠나 백제 무진주 서일동에 은거하면서 시작된다.

서일동에 은거하여 학문과 후진양성에 전념한 결과 평장사(平章事)를 많이 배출하였다고 하여, 그 지명이 평장동(담양군 대전면 평장리)으로 바뀌게 되었다고 한다. 그 후 무진주가 무주에서 광주부로 바뀌었고, 또다시 광산군으로 변천되었으므로, 그 후손들이 광산(光山)을 본관으로 삼아 세계를 이어오고 있는 것이다.

인구 90만을 자랑하는 광산김씨의 문중을 가장 빛낸 인물로는 사계 김장생을 꼽는다. 형조참판 등으로 관직이 높지도 않고 또 오래 머물지도 않은 사계를 으뜸으로 하는 것은, 우리나라 예학의 태두로서 아들 김집과 함께 문묘에 나란히 배향되어 나라의 스승으로 추앙받기 때문일 것이다.

김장생의 부친이 되는 김계휘(金繼輝)는 선조 때 대사헌을 지냈으며, 성리학과 예학에 능하여 나라에 큰일이 있을 때 마다 그에게 자문을 구하였다고 한다. 또 사계의 숙부 김은휘(金殷輝)는, 부친(송사련)의 잘못으로 송구봉이 세상의 지탄을 받고 궁지에 몰려 도피생활을 할 때 10여 년간이나 숨겨주고 돌보아 주는 등 양심적인 사람들을 남몰래 구해주곤 했다.

어린 김장생이 후일 우리나라 예학의 태두가 되기까지에는, 이율곡과 송구봉이라는 큰 스승을 만나는 행운이 있었기 때문이다. 13세에 불과한 사계가 구봉에게 배움을 청하게 된 데에는, 그의 부친 김계휘의 배려가 컸을 것으로 생각된다.

대사헌 김계휘는 구봉의 학문과 인품을 알아보고 자신의 어린 아들을 보내 교육을 받도록 했는데, 그 역시 송씨 집안의 내력[43]을 알고 있었지만, 구봉선생의 자질이 훌륭했으므로 집안 내력을 문제 삼지 않았다. 구봉과 절친했던 영의정 이산해까지 나서서 "송구봉은 나라의 큰 기둥감인데, 선대의 일을 들추어 과거를 못 보게 한다는 것은 국가적으로도 크나큰 손실 일뿐만 아니라 잘못된 제도"라고 하며 송구봉의 구명에 나섰으나 소용이 없었던 당시의 시대적 배경을 무시할 정도로, 구봉의 인품이나 학문적 능력이 컸던 것이다.

조선조 500년간 대제학을 많이 배출한 성씨를 보면, 광산김씨 8명, 전주이씨와 연안이씨가 각기 7명, 달성서씨·의령남씨·안동김씨가 각각 6명이다. 월사 이정구선생 집안에서 대제학이 많이 나왔다

---

43) 송구봉의 조모가 서출이라는 멍에가 대를 이어 따라다녔고, 그의 부친 송사련이 신사무옥(辛巳誣獄)사건에 깊이 개입되어 사후 삭탈관작이 되고, 구봉 등을 노비로 환속시키라는 처분이 내려졌다.

고 하여 연안이씨를 대단한 선비집안이라고 하는데, 통계숫자를 보면 광산김씨가 앞선다. 더구나 광산김씨가 배출한 8명의 다 제학 중에서, 사계 김장생의 후손에서 7명이나 배출되었다는 것은 대단한 기록이다.

광산김씨를 대표하는 문정공파·문숙공파·량간공파의 3파 중, 특히 량간공파에서 인재들이 속출하여 가문을 더욱 빛나게 하였는데, 그 연유를 찾아 올라가면 사계의 7대 조모가 되는 증 정경부인 양천허씨(陽川許氏)를 빼놓고는 설명이 되지 않는다.

호랑이가 보살핀 젊은 아녀자의 갸륵한 마음씨

허씨부인은 태종때 대사헌을 지낸 허응(許應)의 따님이다. 고려말 우왕 3년에 태어나 세조 원년까지 79세의 수를 누리고 생을 마감하신 분이다. 또한 그녀의 할아버지도 고려 말에 개성윤(開城尹 : 개성시장)을 지냈으니 훌륭한 가문의 유복한 집안에서 태어나셨고, 시댁인 광산김씨 또한 훌륭한 가문으로서, 충청도 관찰사 김약채(金若采)의 큰며느리가 된 것이다.

그러나 남편 김문(金問)이 과거에 급제하여 한림원에 들어가 장래가 촉망되었으나 곧 사별하고 말았으니, 그때 허씨부인은 겨우 17세밖에 안 되는 어린 신부였다.

친정 부모가 나이어린 딸을 불쌍히 여겨 혼처를 구해놓고는, 차마 사돈댁에 알리지 못하고 망설이고 있을 무렵, 이를 눈치 챈 젊은 허씨부인이 개성에서 500여 리나 되는 연산(連山)의 시댁으로 들어갈 결심을 하고 연산으로 향하게 된다.

시댁으로 걸어오는 길은 멀고도 험난하여 젊은 장정이라도 보통 결심으로는 어려웠을 것이다. 그러나 젊은 아녀자의 집념과 갸륵한 마음씨에 하늘과 산신도 감동하였는지, 칠흑 같은 산중을 헤맬 때면 어김없이 호랑이가 나타나 길을 안내해주어 안전하게 산길을 찾아 걸을 수 있었다고 한다. 그렇게 안내하던 호랑이가 연산의 거정촌(居正村)이 바라보이는 곳에 이르러 자취를 감추었다하여, 그 마을 지명을 호랑이가 넘게 해준 마을이라는 뜻으로, '범호 자'와 '넘을 유자'를 써서 호유촌(虎踰村)으로 했다는 것이다.

한편 17세 어린신부 허씨의 태중에는 유복자가 있었고, 그가 곧

● 1. 양천허씨 부인의 묘. 위쪽은 김장생의 묘
　 위치 : 충남 논산시 연산면 고정리 산 7-4

사계의 6대조부가 되는 사헌부감찰 김철산(金鐵山)이다. 아마도 하늘은 유복자의 앞날을 예견하여 그를 도우려 했는지도 모른다.

또한 나라에서는 허씨부인의 높은 절행을 포상하여 정려문을 세우도록 명했고, 손자(광산부원군 김국광)의 벼슬이 높았으므로 정경부인(貞敬夫人)으로 추봉되었다.

정려를 세우도록 명하는 것은 사후에나 하는 것인데, 세종대왕께서 허씨부인의 장한 행실을 듣고 정려를 세울 것을 명하였는데 그때 부인의 나이 43세였다. 허씨부인의 정려(旌閭)는 현재 충남 논산시 연산면 고정리에 있으며, 「도유형문화재 제109호」로 지정되어 보존되고 있다.

증 정경부인 양천허씨 사실기 비문

아래의 내용은 비문을 옮겨 적은 것이다.

一. 선조비는 경혜공 양천허응의 따님으로 고려 우왕 3년 丁巳(1377년)에 태어나시어 선조고(間)에게 시집오시니 관찰사 약채의 맏며느리이시다.

二. 선조고께서 묘년(妙年)에 과거에 급제하시어 한림원에 들어가셨으나 얼마 아니 되어 돌아가셨으니, 일찍 남편상을 당하신 할머니의 나이 겨우 십칠세이셨다.

三. 친정부모께서 불쌍히 여겨 수절하려는 뜻을 앗고자 혼처를 정하였음을 선조비께서 아시고, 유복자를 업고 개성에서 오백여리나 되는 연산시댁으로 도보로 오실 제, 도중에서 범이 나타나 따라오다가 연산 근처에 이르러 거정촌이 바라보이는 곳에 와서야 범이 없어졌으니, 그 동네 이름을 호유촌(虎踰村)이라 하였다.

四. 세조 원년 을해(1455년)에 향년 칠십구세로 서거하시니 이곳 고정산(高井山)에 장례를 모셨다.

五. 높으신 절행(節行)을 나라에서 포상하여 정려문을 세우게 명하였으며, 뒤에 손자이신 의정공이 귀해졌으므로 정경부인을 추봉 받으셨다.

六. 할머니 돌아가신지 오백여 년을 지나는 동안 수를 헤아리기 어려울 만큼 자손이 번성함도, 대현 명경이 선후 배출함도, 우리나라에서 대가를 말할 제 반드시 우리 김문(金門)을 지칭함도 모두 이 할머니의 탁월하신 절행의 음덕으로 생각하노라.

(引考文獻碣文 및 順菴記 聞錄)

2. 양천허씨 사실기 와비 : 고정리 선산의 문중묘 하단 우측에 있다.

상하 구별 없이 재혈된 문중묘역

허씨부인의 장손자 김국광은 좌의정이고, 7대와 8대손이 사계와 신독재이며, 대제학은 사계의 손자 김익희, 증손 김만기·김만중, 현손 김진규, 5대손 김양택, 9대손 김상헌, 10대손 김영수 등 7명이 연이어 배출된 것이다.

조선조 500년간 대제학이라는 자리를 "세 명의 정승이 한 명의 대제학만 못하다(三政丞이 不如一大提學)"고 한 것만 보아도 알 수 있듯이, 대제학이라는 직위는 만인의 존경을 받는 국가의 스승으로서, 국왕과 마주하여 국사를 논하는 자리이니 정승보다 낫다고 한 것이다.

세간에서는 이를 두고 "인걸은 지령이라." 명당의 정기는 문벌의 흥성으로 반증된다고 하는 것이다.

광산김씨 문중묘역 중에서 허씨 할머니와 그 후손묘역에 관하여 풍수의 입장에서 간략한 관산평을 하기로 한다.

우선 허씨 할머니와 큰손자 김국광(좌의정), 증손 김극뉴(金克忸, 대사간), 그리고 7대손 김장생의 네 분 묏자리는 진혈(眞穴)의 대길지로 보는 데 별 이론이 없다.

허씨 할머니 묘는 7대손 김장생의 전순 또는 주작자리라고 하는 곳이고, 김국광의 묘는 부인과 상하장으로 모셨는데 윗자리인 부인(장수황씨)의 혈처를 대길지라 하는 것이다. 또 인계면에 있는 김극뉴의 묘는 조선 8대 명당으로 이름난 곳이고, 창녕조씨 부인과 합장으로 모신 사계의 묘는 대와혈로써 호남 8대 명당으로 이름나 있다.

● 3. 허씨부인의 맏손자 김국광(하)과 부인(상)의 묘역
　위치 : 충남 계룡시 두마면 왕대리 산 21-1

● 4. 사계 김장생 묘에서 바라본 안산 모습

● 5. 광산김씨 김장생의 문중묘 기맥도

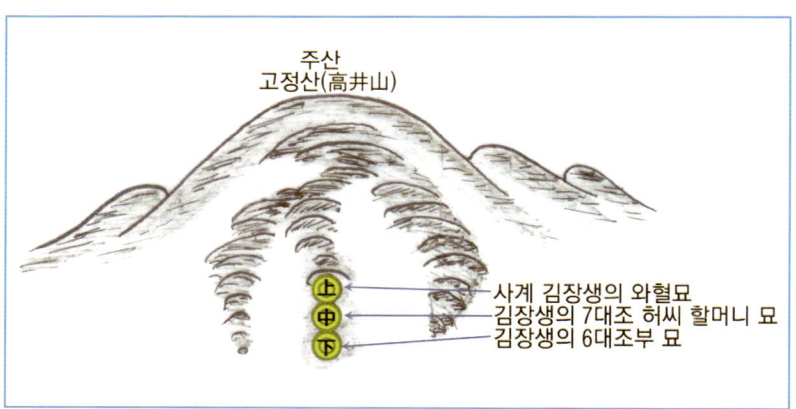

● 6. 사계 김장생 문중 묘

전북순창군 인계면 마흘리 인계초등학교 뒷동산 언덕에 있는 김장생의 고조 김극뉴(대사간)의 묘를 일명 「말(馬)명당」또는 조선 8명당이라 하는데, 이곳은 원래 함양박씨 박예(朴隸 : 문양공파 통훈대부 사헌부감찰)의 묘역이었다.

박예는 슬하에 아들이 없었고, 김국광의 아들 김극뉴가 사위로서 장인 묘하에 상하장으로 모셔졌으므로, 400여 년이 지난 오늘날에도 자연스럽게 광산김씨의 외손봉사를 받아오고 있는 것이다. 그렇다면 2~3대에 한 번씩 좋은 자리에 조상을 모셨다고 볼 수 있다.

또 하나의 특징은 선·후대를 구별하지 않고 묘를 썼다는 것이다. 7대조 할머니의 묘를 중심으로, 위에는 사계선생 묘가 있고 아랫자리에는 6대조 묘가 있으며, 또 그 상하에 5대와 6대 후손의 묘가 선·후대를 가리지 않고 배치되어 있다.

사계선생 문중 묘역에서 분명히 배울 것은 배워야 하지 않을까? 더구나 그는 우리나라 예학의 최고 스승이 아닌가? 파주 자운서원에 모셔져있는 이율곡선생의 묘역 또한 상하 구별 없이 썼다. 명문거족으로 이름 있는 집안의 장법(葬法)에서 많은 것을 보고 배워야 하지 않을까 한다.

부록

1. 화장 문화에 대한 소고

풍수의 기본을 깨우쳐주신 도인 대웅(大雄) 엘리야 님

● 대웅 엘리야 이선형님

필자의 풍수사상에 중대한 방향설정을 해주신 큰 스승은 단연코 대웅(大雄) 엘리야 이선형(李璇珩)님이시다. 대도인께서는 풍수를 전문으로 하는 지리가(地理家)는 아니지만, 영계(靈界)를 관장하는 신을 자유자재로 부리는 상통천문(上通天文)하신 어른이셨다. 필자는 20여 년 전에 큰 스승 밑에서, 영계와 신에 관한 가르침을 여러 제자들과 함께 10여 년에 걸쳐 전수받을 기회가 있었다.

스승께서는 병고에 시달리는 가난한 이웃을 신통력으로 보살펴주시면서도 절대 금전적인 대가를 받지 않으셨고, 제자들에게는 스스로 배워서 해결하도록 방법을 일러주셨다. 초인적인 신통력과 신비적인 영험은 충분히 신흥종교를 창시하고 남을만한 능력이 있었음에도, 언제나 당신을 신앙하지 말라고 몸을 낮추셨다.

말년에는 충남 서산의 해미읍성 근동에 거처하셨는데, 소문을 들고 각처에서 찾아오는 분들에게는 "이렇게 누추한 곳에 사는 촌로가 그런 것을 어떻게 아나요?" 하면서, 아무리 나이어린 사람이 이치에 맞지 않는 질문을 하더라도 꼭 존대말로 겸손하게 성심껏 답변하셨다.

또한 기도를 위한 목적이나 신병치료를 위한 이유 등으로 그곳(해미면 반양리)에 몇 달만 머물면, 남자건 여자이건 또는 학식이 높고 낮음에 관계없이, 신통력이 생겨서 오가는 사람의 모습뿐만 아니라 그 사람을 지배하는 주관 신을 훤히 꿰뚫어 보는 초능력이 생기는 것을 수차 보았다.

신(神)은 기(氣)로 존재하기 때문에 일반 사람에게는 빛이나 바람의 형상으로 나타나기도 하지만, 그렇다고 기 자체가 신은 아니다. 기로 이루어진 존재가 신이기 때문에, 조상신과 풍수의 관계를 연구함에 신(神)과 기(氣)의 관계를 아는 것이 필수요건이 될 수밖에 없는 것이다.

조선중기의 성인으로 불리는 화담 서경덕선생은 「기일원론(氣一元論)」에서 "우주만물의 생멸(生滅)은 기(氣)의 모임과 흩어지는 현상에 지나지 않는다."고 설파하였다.

또한 「귀신생사론」에서 "죽고 사는 것, 사람과 귀신은 단지 기의 모이고 흩어지는 현상일 뿐이다. 모이고 흩어지는 것은 있되, 유와 무는 없으니 기의 본체가 그러하다." 고 하였으며, 기는 모이고 흩어지기는 하지만 영원히 소멸되는 것은 아니라고 하였다.

마치 물이 얼면 얼음이 되지만 녹으면 다시 물로 돌아가듯이, 기는 모여서 물체를 이루지만 그것이 흩어지면 다시 기로 돌아가는 것이라는 것이다.

풍수에서 자주 인용되는 조상신과 후손과의 관계에서「동기감응론(同氣感應論)」이라는 것이 있다. 옛날 중국 한(漢)나라의 궁궐(미양궁)에 걸려있던 동종(銅鐘)이 갑자기 소리를 내면서 울렸으므로 그 연유를 조사해보니, 그 동종의 원료를 채굴했던 수 백리 서쪽 구리광산이 지진으로 인하여 허물어졌었다는 기록이 있다. 이와 같이 미천한 물질도 동체간(同體間)에 감응이 있는데, 하물며 만물의 영장인 우리의 인체가 같은 혈족 간에 감응이 없을 리가 있겠는가?

또한 1960년 노벨화학상을 받은 미국의 화학자 윌라드리비 박사는, 인체에서는 14종의 서로 다른 주파수로 파장을 방사하고 있다는 연구결과를 발표하였는데, 더욱 놀라운 것은 인간은 사후에도 100여 년간은 같은 주파수로 방사활동을 계속한다는 것이다. 이것은 주파수가 같은 조상의 파장이 후손의 DNA에 영향을 줄 수 있다는 근거가 될 수 있다.

필자는 10여 년 전 한국원적외선협회에서, 「청옥(백옥의 한 종류)에서 나오는 원적외선이 인체에 미치는 영향에 대한 연구」를 접할 기회가 있었는데, 이 연구에 의하여 사람을 포함하여 세상에 존재하는 모든 물체에서는 원적외선(氣)을 방출한다는 사실을 알게 되었다.

적외선은 근적외선·중적외선·원적외선으로 구분하고, 그중에서 인체에 가장 유익한 파장대가 원적외선 파장영역이다. 원적외선을 인체에 방사하면 혈액순환을 돕고 신진대사를 촉진시켜서, 빠른 시간 내에 피로를 없애고 원기를 회복시킨다는 것이다.

　우리의 선조들은, 뜨겁게 달군 재래식 온돌방의 구들장과 황토방 바닥에서 방출되는 원적외선이 '건강지킴이'라는 것을 이미 잘 알고 있었다. 하루 종일 허리가 휘도록 논밭에서 일하던 농부가, 다음날 아침이면 언제 힘들었느냐는 듯 거뜬할 수 있는 원동력이 바로 뜨끈뜨끈한 아랫목의 황토구들장이라는 것이다.

　원적외선이란 눈에는 보이지 않지만, 피부에 닿으면 따뜻한 느낌을 주는 빛[복사]의 일종이다. 낮은 온도에서도 원적외선을 잘 방출하는 것으로는, 백옥·청옥 또는 요즘 유행하는 세라믹(Ceramic) 등이 있는데, 원적외선을 영어로 에너지(Energy)라 표현하고, 우리는 힘이라 하고 기운 즉 '기(氣)'라고 부르는 것이다.

　원적외선은 공진할 수 있는 진동수(주파수)를 가진 물체를 만나면, 그 물체의 분자와 공진을 일으켜 활발하게 활동하며, 그 물질내부에서부터 열을 내도록 하는 성질이 있다.

　그런데 인체의 방사율(주파수)은 $8 \sim 14 \mu m$이므로, 인체에 유익한 물체가 되려면 당연히 인체와 같은 방사율을 가진 물체라야 합당할 것이다. 그러므로 같은 DNA를 소유하고 방사율과 혈통이 같은 동족은, 그 선조와 후손이 일맥상통(一脈相通)하는 것이 당연하지 않겠는가!

　풍수지리가 책만으로 터득할 수없는 것은, 기(氣)를 느낄 수 있는 기감(氣感)을 문자로 표현하는데 한계가 있기 때문이다. 그래서 풍수의 대가이신 하남 장용득(河南 張龍得)선생은 "산자산(山自山)이요, 서자서(書自書)라" 설파 하셨다.

인체의 5요소 넋(魄)·혼(魂)·신(神)·영(靈)·육(肉)

또한 대웅엘리야 도인께서 스쳐 지나가듯이 하신 말씀 중에, 화장과 매장의 차이점을 이해하는데 도움이 될 만한 것이 있어 간단히 소개하고자 한다. 도인께서는 인체를 구성하고 있는 요소를 넋(魄)·혼(魂)·신(神)·영(靈)·육(肉)의 5대 요소로 크게 분류하여 설명하셨다.

🔸 우주조화의 기(宇宙造化의 氣)
395×540mm, 대웅 엘리아님께서 인증하신 필자의 기(氣)그림(1997년 8월).

첫째 넋이란? 생각과 깨달음(覺)을 관장하는 것이다. 적진에서 보초를 서는 초병이, 잠깐 사이라도 본분을 망각하고 바위에 걸터앉아 그리운 고향에 두고 온 부모형제 생각에 젖어 있다가 큰 사고를 당했다면, 그 녀석 "넋이 나갔다" 또는 "넋을 놓고 있다가 당했다"라고 할 것이다. "넋"이 나가 엉뚱한 곳에 가서 딴 짓을 하고 있었으니, 자기의 막중한 임무를 깨닫지 못했던 것은 당연하지 않은가!

둘째 혼이란? 주로 말(言)하는 기능을 관장한다.

서울의 모 고등학교의 김 모 축구선수가 학생시절에 운동장에서 축구시합 도중 뇌진탕으로 판단될 정도의 큰 부상을 당하여, 수개월간 말 한마디 못하는 실어증이라는 희귀병으로 고생하였다.

넘어질 때의 충격으로 "혼불"이 이탈한 때문이라는 것을 알아본 도인께서 간단히 치료하셨고, 계속 운동을 할 수 있게 되어 프로축구선수로 활약할 수 있게 되었다. 그가 은퇴 후에 서산농고의 감독으로 활동할 무렵, 도인의 인사소개로 자세한 경험담을 들어본 일이 있었다.

험한 산길을 혼자 걷다가 맹수를 만났을 때, 또는 자다가 집에 불이 나서 위급상황을 알리려고 고함을 질러도 옆 사람이 알아듣지 못하는 답답한 상황이 벌어질 때 "혼이 났었다" 또는 "혼이 나갔다"고 한다. 그로 인하여 혼이 다시 들어올 때까지는 말하기 능력이 상실된다는 것이다.

셋째 신(神)이란? 운동(動)신경을 관장하며, 나를 보호하는 수호신(守護神)의 역할을 하는 에너지를 말한다.

기독교에서는 수호천사(守護天使)라 하고, 불교에서는 호법신장(護法神將)이라 하는 것과 흡사한 표현이다. 원광대학의 모 교수는, 어느 분야에서 일가를 이루고 성공한 사람에게는 항상 그림자처럼 따라다니며 돌봐주는 보호령(保護靈)이 있다고 하였는데, 그 령(靈)은 대개 그 사람의 조상신이라는 것이다.

보호령은 일반적으로 말하는 접신(接神)과는 차원이 다르다. 영적인 에너지가 몸에 들어와 자리 잡고 신통한 능력이 생기는 접신이 되면 무속인이 되는 것이고, 보호령은 그 사람의 뒤에서 그림자처럼 따라다니며 본능적인 직감으로 난관을 헤쳐 나갈 수 있도록 도와줄 뿐이다. 그러므로 수호신의 개념에 더 가까운 것이다.

또한 자기의 능력범위를 초월하여 힘든 줄도 모르고 일하는 모습을 보고 저사람 "신바람 났다"고 한다. 즉 신바람이 나면 분명코 무의식적으로 자기 능력의 몇 배로 일할 수 있는 힘이 어디선가 나오는데, 이러한 능력은 육체(肉體)와 육신(肉神)이 합작하기 때문이며, 이는 자신의 의지와는 상관없이 나타나는 현상일 수 있다.

때문에 수호신의 역할은 무의식중에 일어나게 하는 것이고, 자기 자신은 깨닫기 힘들기 때문에, 어려운 일을 해결할 때 "마음먹기 나름"이라고 하는 것이다.

넷째 영(靈)이란? 육체를 통제하고 지배하는 최고의 사령(司令)으로서 생(生)과 사(死)를 주관한다.

영체(靈體)는 기체도 아니고 고체도 아니며, 마치 구름이 되어 날아다니는 운무(雲霧)와도 같다. 사람이 죽음에 이르러 육신(肉身)이 시신(屍身)으로 변하는 순간 육체를 이탈하는데, 그 순간 한 생명체에서 안개보다 훨씬 미세한 수만 개의 영체입자(靈體粒子)로 분화하여 허공을 떠돌게 된다. 그러다가 새 생명이 탄생하려는 순간, 그 생명체로 찾아들어가 제2의 새 생명체로 환생(還生)하려는 노력을 반복하는데, 그 성공률은 몇만 분의 일도 못 된다고 한다.

생명체 중에는 집단 영체를 소유한 동물도 있는데, 개미와 벌 또는 바다생물 중에서 발견된다. 즉 물고기 떼와 가창오리 떼가 한 몸통이 움직이는 것과 같이 집단이 일사불란하고도 빠르게 움직일 수 있는 것은 집단영체로 이루어졌기 때문에 가능하다는 것이다.

다섯째 육(肉)이란? 인체에서 육안으로도 확인할 수 있는 것은 육신뿐이다.

육신에는 우리 몸을 수호하는 수많은 인체기관이 있으나, 생사의 갈림길에서 육신이 시신으로 변하는 순간, 넋·혼·신·영은 육체를 이탈하고 시신만 남게 된다.

시신은 또 매장하는 순간부터 시신을 수호하는 신(神)이 탄생하게 되는데, 그 시신을 수호하는 신의 거처는 그 시신이 묻혀있는 묘지가 된다.

말하자면, 세상 만물의 모든 물체는 작던 크던 한 생명체이며, 또한 그 생명체를 수호하는 수호신이 존재한다는 것이다. 나무는 나무의 수호신이 있고, 그것으로 의자를 만들면 의자의 신이 생기고, 책상을 만들면 책상신이 탄생한다. 암석에는 암석신이 있고, 그 돌을 다듬어 부처를 만들면 부처님의 신이 되듯이, 그 신(神)의 능력에 경중(輕重)은 있으되 종류는 천태만상이라는 것이다.

그래서 산을 중시하는 산(山)사람들은, 일단 산에 들면 하찮은 돌부리 하나라도 함부로 대하지 않으며, 미물에 지나지 않는 풀섶의 작은 풀뿌리 하나라도 함부로 훼손하지 않는 것이다.

화장과 납골당에 대한 소견

　화장은 십여 년 전만해도 정부차원에서 적극 장려하는 홍보대상이었으나, 이제는 홍보할 필요도 없이 70% 이상이 화장을 선호하는 시대가 되었다. 장례풍습이 예전과 다르게 급변하였고, 서울 근교는 매장 대신 80% 이상이 화장을 하여 납골당으로 모시고 있으며, 또한 전에는 볼 수 없었던 수목장이라는 제도까지 생겼다.

　여기서는 영적인 측면에서 바라본 화장에 대한 의견을 소개하고자 한다. 우선 망자(亡者)에 대한 화장법에서, 스님들과 같이 시신을 곧바로 화장하여 유골을 산화(散化)한다면, 그 시신은 수호신이 생성되기 전에 소멸된 것으로 보아야 한다. 그러므로 화장을 하려면 매장을 하기 전에 하고, 한 번 화장한 유골은 산화시켜서 흔적을 남기지 않는 것이 올바른 방법이 될 것이다.

　그러나 매장했던 조상을 화장하여 산화시켰다면 자신의 뿌리가 소멸된 셈이다. 정신세계에서는 후손의 정체성과 인간으로서의 근성이 희박해질 수 있으므로, 정신적인 지주가 될 수 있는 신앙생활을 하여서 자기의식을 가다듬을 필요가 있다. 정신적인 지주가 되는 인체의 근본뿌리인 매장되었던 조상이 소멸되었기 때문이라는 것이다.

　즉 이미 매장을 한 선조의 묘소를 파묘하여 유골을 화장한 것은 처음부터 화장한 것과 큰 차이가 있다는 것이다. 이미 조성된 조상의 분묘를 파묘하고 유골을 훼손하는 일은, 분명 조상에 대한 도리가 아니다. 그런데도 묘의 관리에 어려움이 있다고 하여 조상묘역을 훼철하고 없애버리는 일이 종종 있는데, 이는 참으로 어리석은 일로 간절하게 말리고 싶다.

천수를 다하고 저승으로 가는 것과, 타의에 의해 생을 마감하는 일이 어찌 같은가? 자신의 의지와 상관없이, 어느 날 거처를 잃어버린 조상이 어떻게 생각할 것인가? 다시 한 번 심사숙고해야 할 일인 것이다.

우리 인간의 뿌리는 조상에 있고, 그 조상의 수호신이 거처하는 곳이 그 조상의 유택이다. 그런데 하루아침에 거처를 잃은 그 조상 시신의 수호신은 노숙자와 같은 신세가 된 것이다. 집 없는 사람은 걸인이고, 집 없는 신은 귀신이라 한다. 빗물이 새고 밤하늘에 별이 보이는 오두막살이라 해도 내 집이 이 하늘 아래에서는 지상최고인 것이다.

그런데 더욱더 안타까운 것은 요즘 유행하는 납골문화(納骨文化)이다. 먼 훗날 납골당이라는 석물은 자연을 해치는 큰 공해거리가 되지 않을까 염려스럽다. 얼마 전 우리학회에서는 경인아라뱃길 옆에 있는 김포의 의령남씨 문중묘역을 탐방하였었다. 그곳에는 마침 거창하게 석물로 만든 납골묘지와, 평탄한 잔디밭에 작은 표석을 하나씩 뉘어 놓은 묘역들이 있어서 회원들의 의견을 물었다.

이곳에 소풍을 와서 잠시라도 휴식을 취하려 한다면 두 곳 중 어느 쪽을 안식처로 택하겠습니까? 독자 여러분은 어느 쪽입니까? 묘역 관리에 어려움이 있어 부득이 화장을 해야 할 형편이라면, 서구식 평장으로 매장을 하고 조그마한 표석이라도 하나 뉘어 두면 어떨까!

2. 풍수용어와 해설

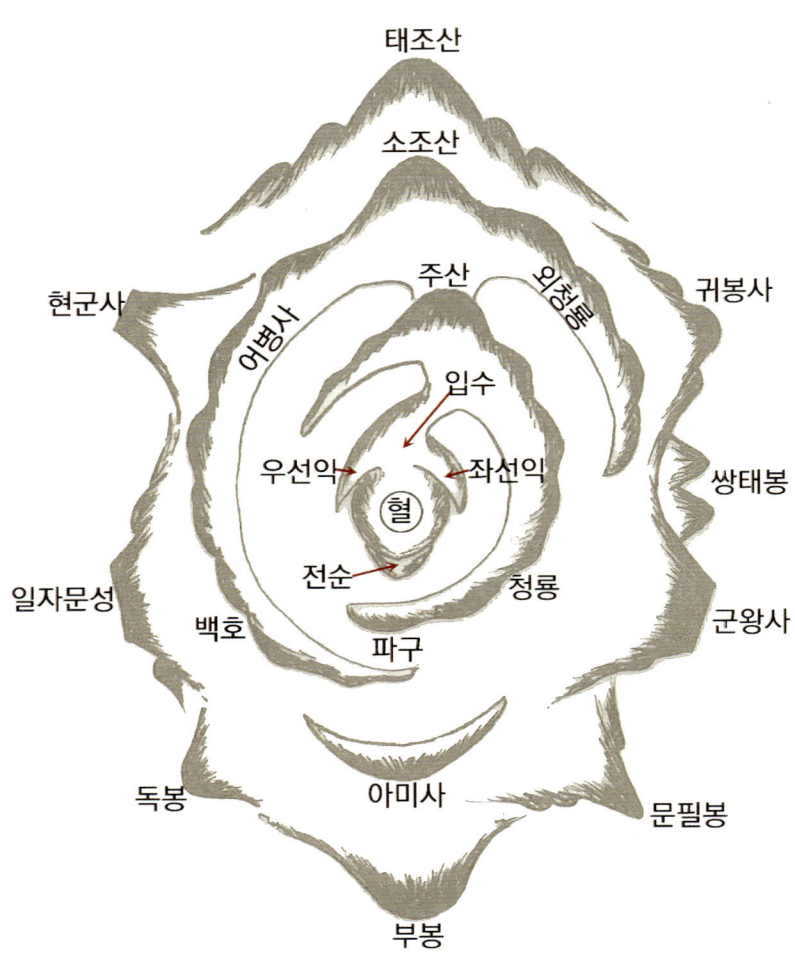

【가나다순】

- 군왕사(君王砂) : 황제 또는 황후가 나온다(極貴砂).
- 귀봉사(貴峰砂) : 군수 또는 도지사와 같은 관리가 나온다.
- 독봉(獨峰) : 마을의 유지가 나온다.
- 문필봉(文筆峰) : 명필 또는 문장가가 나온다.
- 부봉(富峰) : 거부(巨富)가 나온다.
- 선익(蟬翼) : 혈의 좌우에서 외풍을 막아주는 보호막.
- 소조산(小祖山) : 태조산과 주산을 이어주는 산.
- 쌍태봉(雙胎峰) : 쌍둥이 자손이 나온다.
- 아미사(蛾眉砂) : 미인이 나온다.
- 어병사(御屛砂) : 왕 또는 왕비가 나온다.
- 일자문성(一字文星) : 재상 또는 장군이 나온다.
- 입수(入首) : 내룡맥이 혈장에 머리를 쳐들고 들어오는 곳.
- 전순(氈脣) : 산천의 정기가 혈에 머물도록 받쳐주는 곳.
- 주산(主山) : 혈의 주근원이 되는 산(양택에서는 진산:鎭山).
- 태조산(太祖山) : 모든 산들의 으뜸이 되는 산.
- 파구(破口) : 명당수가 빠져 나가는 출입구.
- 현군사(賢君砂) : 성현 또는 군자가 나온다.
- 혈(穴) : 산천의 정기가 머물러 뭉친 곳(당판이라고도 한다).

3. 찾아보기

ㄱ

가락군의 묘	30
가야산	226
가전충효 세수인경	287
개바위와 사적비	283
건원릉	12,14,26
건원릉 조감도	28
경주이씨 문중 묘역	44
광산김씨	324
광통교	22,23
국선생전(麴先生傳)	90
국조오례의	25
귀인단좌혈	272,274
금구음수형(金龜飮水形)	144
금계포란	64
기(氣)그림	342
김계권의 묘	94
김국광과 부인의 묘역	333
김상헌 묘	98
김생해	03
김인백의 묘	70
김장생의 문중묘 기맥도	334
김포반도	163,166

ㄴ

남연군 묘	222,225,239
남이섬	188~189
남이장군과 남이섬	182
납골당	346
내팔거팔(來八去八)	97
넋(魄)·혼(魂)·신(神)·영(靈)·육(肉)	342

ㄷ

당판취기	29
대구서씨	106
대웅(大雄) 엘리야	338
도선국사	284
동구릉의 기맥도	27
동국이상국집	83
동명성왕	86
두산재(斗山齋)	36

ㅁ

마애삼존불상	228
명안공주	140
문헌서원	292
「물형론」	29
미인원(美人怨)	83
민심언의 묘	63~166
민심언의 선견지명	160
민징원 묘역	165

ㅂ

박가흥 묘	219

350

박상의	152,157
박원종	204,215,216
백사 이항복 묘	48
백운 이규보선생 문학비	76
보덕사 극락전	237
보령 솔섬 앞바다 매립 기맥도	302
복호혈	272,281,282,284
비룡승천 대명당	314
비룡승천의 대길지	308

ㅅ

사거용인	252
사계 김장생 묘	333
산자수명(山紫水明)	134
삼혹호선생	72
상여	230
생거진천	252
세계문화유산	12
세조	52
세종대왕의 어필	288
송강 정철	242
송강의 묏자리를 잡아준 우암	242
송구봉	264,267
송시열의 묘	255
순천박씨	214
순흥안씨	261
숭의당	285
승평부대부인	207~212
신덕왕후	15,19
신도(神道)와 홍살문	14
신빈김씨	52,58

ㅇ

안국동	309
안동권씨	64
안산독봉	173
야목리 묘역 조감도	157
약봉 묘의 기맥도	117
약봉 서성	107
양천허씨 사실기	330,331
여주이씨	72
여흥민씨	160,165
역장(逆葬)에 대하여	132
역장묘	123
연화반개형 대명당	143
영모재	277
영일정씨 씨족사	242
예안이씨	288
오두인의 묘	137
오사겸 묘	140
오사겸의 내룡과 입수	143
오성 대감	44
오정방의 묘혈	140
오페르트의 도굴사건	238
옥호저수 대명당	92,97,99
왕자의 난	16
용강서원	192,194,200,201
용봉(龍鳳)상여	231
용소혈대명당	55
우암 송시열의 묘	254
운중잠룡혈	137,141
월사 이정구선생 묘	120,124
월사가문(月沙家門)	120
월산대군 묘	205,207,209
유네스코	12
유영각(遺影閣)	75

351

윤보선 생가	316	창녕조씨	150,156
윤보선묘 기맥도	314	청룡안산	232
의령남씨	182	청풍김씨(淸風金氏)	60,67
이규보	77	치산명당	253
이규보의 묘역	72,74	**ㅌ**	
이도(李棹)	279,285	태조 이성계의 건원릉	13
이덕형	43	토정 이지함	301
이석형	129	토정선생의 가족묘	303
이선형님	338	**ㅍ**	
이정구선생의 묘	123	풍산홍씨	168,174
이지함선생	293	풍수용어	348
이천서씨	106	**ㅎ**	
이항복선생의 묘	42,45	하옥대감과 흥선군	235
인생지한(人生之恨)	81	학조대사	93,99
인체의 5요소	342	한국옥룡지리학회	40,52,115,155
ㅈ		한산이씨	290,305
자미원	224	함흥차사 박순	194
장독대명당	60	해주오씨	134
장용득(張龍得)선생	125	해평윤씨	308,321
장흥임씨 묘	202	허관구	33
전의이씨	282,288	허씨부인	324
절화행(折花行)	89	허유전	30,35
정몽주와 이석형	129	허유전묘 탐색기	33
정송강사	250	현군사(賢君沙)의 길상	311
조계상	148,156	호리병	99
조계우	151	홍구(洪龜)	175
조구서	151	홍국영	177
조선제일명당	284	홍이상	169,172
『조천기행록』	122	화장	346
주호선사	277	황룡산 용강서원	200
진양각의 유래	276	흥선대원군	222,235
ㅊ		『한국인명사전』	321

충청도

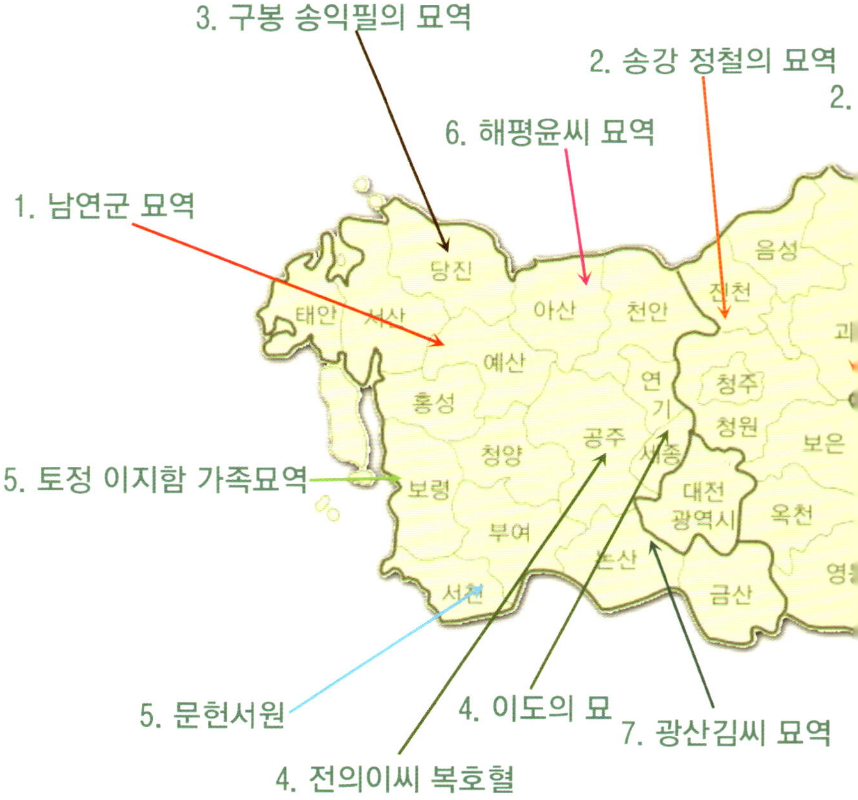

3. 구봉 송익필의 묘역
2. 송강 정철의 묘역
6. 해평윤씨 묘역
1. 남연군 묘역
5. 토정 이지함 가족묘역
5. 문헌서원
4. 이도의 묘
4. 전의이씨 복호혈
7. 광산김씨 묘역